Wolfgang Taube

Qualitativ hochwertige Stadtinformationssysteme
Über die Strukturierung des Informationsraumes

Berichte aus der Informatik

Wolfgang Taube

Qualitativ hochwertige Stadtinformationssysteme

Zur Strukturierung des Informationsraumes

D 46 (Diss. Universität Bremen)

Shaker Verlag
Aachen 1998

Die Deutsche Bibliothek - CIP-Einheitsaufnahme

Taube, Wolfgang:
Qualitativ hochwertige Stadtinformationssysteme / Wolfgang Taube.
- Als Ms. gedr. -
Aachen : Shaker, 1998
   (Berichte aus der Informatik)
    Zugl.: Bremen, Univ., Diss., 1997
ISBN 3-8265-3481-6

ISBN 3-8265-3481-6
ISSN 0945-0807

Shaker Verlag GmbH • Postfach 1290 • 52013 Aachen
Telefon: 02407 / 95 96 - 0 • Telefax: 02407 / 95 96 - 9
Internet: www.shaker.de • eMail: info@shaker.de

Inhaltsverzeichnis

0 Vorwort

Diese Arbeit beruht auf den Ergebnissen eines Forschungsprojektes zur Entwicklung von Stadtinformationen, das vom BMFT gefördert und von 1994 - 1996 an der Universität Bremen unter der Leitung von Professor Dr. H. Kubicek durchgeführt wurde. Im Rahmen dieses Projektes wurde prototypisch ein Stadtinformationssystem für die Stadt Bremen realisiert. Der Autor war an diesem Projekt intensiv beteiligt (vergl. [KUBICEK UND TAUBE 1996], [KUBICEK ET AL. 1997]) und hat maßgeblich den Entwurf der Datenbasis und die Entwicklung von Pflegewerkzeugen vorangetrieben.

Ohne die Diskussionen in der Projektgruppe wäre diese Arbeit nicht entstanden. Mein Dank gilt vor allem Herbert Kubicek, der auch in schwierigen Projektzeiten die Projektgruppe zusammengehalten und das Projekt im Spannungsverhältnis von Forschung und praktischer Realisierung unermüdlich vorangetrieben hat. Mein Dank gilt weiterhin Frieder Nake, der mir durch seine Diskussionslust die Lebendigkeit der Informatik näherbrachte und der mich in der Auseinandersetzung mit dieser Wissenschaft wohlwollend unterstützt hat.

Das in dieser Arbeit vorgestellte System stellt den Entwicklungsstand vom August 1996 dar und ist inzwischen im offiziellen Bremer Stadtinformationssystem 'www.bremen.de' aufgegangen und dort weiterentwickelt worden.

1 Einleitung

Unsere Gesellschaft befindet sich im Übergang von der Industriegesellschaft zur Informationsgesellschaft. Auch wenn diese These bereits seit Jahrzehnten in der wissenschaftlichen Literatur diskutiert wird, so gewinnt die zugrundeliegende gesellschaftliche und technische Entwicklung erst in der letzten Zeit an prägender Kraft. Mit dem Auftauchen des Internet auf der massenmedialen Bühne und der breiten und relativ problemlosen Verfügbarkeit von Netzzugängen nimmt die Informationsgesellschaft auch in der Öffentlichkeit Gestalt an.

Für viele Menschen wird die entstehende Informationsgesellschaft durch die Verfügbarkeit von Informationssystemen im Alltag konkret erfahrbar. Es sind nicht mehr nur monofunktionale Geräte wie Bank- oder Fahrscheinautomaten sondern verstärkt breiter nutzbare Informationssysteme, die die Leistungsfähigkeit moderner vernetzter Informations- und Kommunikationssysteme deutlich machen.

Für die vielfältigen Informationsbedürfnisse, die im Zusammenhang mit alltäglichen Aktivitäten wie Arztbesuchen, Schulanmeldungen oder der Freizeitgestaltung existieren, sind in den letzten Jahre spezielle Informationssysteme entstanden. Diese Stadtinformationssysteme sollen die Orientierung im Alltag erleichtern und insgesamt dem Ziel der 'Informierten Stadt' dienen.

Stadtinformationssysteme sind ein für die Informationsgesellschaft typisches Produkt. Sie fassen Informationen aus heterogenen Quellen zusammen und integrieren sie zu einem qualitativ neuen Informationsangebot. Dabei wird ein neuer, in sich gegliederter Informationsraum geschaffen, in dem sich unterschiedliche Nutzergruppen bewegen können.

Wie auch bei anderen neuen Technologien fallen die ersten Realisierungen oft hinter den Erwartungen und selbstgesetzten Ansprüchen zurück. Diese Diskrepanz ist gerade ein notwendiger Antrieb, um die weitere Entwicklung voranzutreiben und das Potential dieser Systeme auszuloten und auszuschöpfen.

In dieser Arbeit geht es um die Entwicklung und Weiterentwicklung von Stadtinformationssystemen, die einen hohen Gebrauchswert für ihre Nutzer besitzen und die mit einem vertretbaren Aufwand entwickelt werden können. Ziel ist die Identifizierung von Faktoren für eine effiziente und dauerhafte Realisierung qualitativ hochwertiger Stadtinformationssysteme.

Im Kapitel 2 werden Potentiale von Stadtinformationssystemen mit dem gegenwärtigen Stand der Realisierung verglichen.

Im Mittelpunkt des Kapitel 3 steht die Untersuchung der Qualitätsanforderungen an Stadtinformationssysteme: Mit einem Qualitätsbegriff, der sowohl die Produkteigenschaften als auch den Produktionsprozeß von Stadtinformationssystemen umfaßt, integriere ich die statische Qualitätsbewertung mit der dynamischen Sicht auf ein sich ständig veränderndes Produkt.

Die Argumentation wird anhand der Beschreibung des in Bremen prototypisch realisierten Stadtinformationssystems 'Bremer Infothek' entwickelt. Die bei der Entwicklung dieses Systems gemachten Erfahrungen bilden die Basis für verallgemeinerungsfähige Ergebnisse zur Gestaltung von Stadtinformationssystemen.

Im Kapitel 4 wird die Datenmodellierung einer Stadt am Beispiel des Bremer Systems entwickelt, im Kapitel 5 der technische Aufbau des Systems vorgestellt. Die grundlegende Architektur des Systems mit einer differenzierten Objektverwaltung in einer Datenbank und der dynamischen Generierung der Präsentation der Objekte sind die Voraussetzung für komfortable Suchmechanismen und eine effiziente Organisation der Informationslogistik.

Im Kapitel 6 werden verschiedene Ansätze zur Suche in großen Datenbeständen und ein Modell für ihre Integration in ein Stadtinformationssystem entwickelt. Im Kapitel 7 wird auf die Produktion der Inhalte eingegangen und die arbeitsteilige Organisation dieses Produktionsprozesses mit den dafür notwendigen Werkzeugen beschrieben.

Das Kapitel 8 faßt die Ergebnisse zusammen und gibt einen Ausblick. Der bewußte Umgang mit einem Informationsraum, in dem wir uns zur Lösung unserer Informationsprobleme bewegen, erweist sich als wichtige Basisqualifikation für die kommende Informationsgesellschaft.

2 Stadtinformationssysteme

Stadtinformationssysteme sind elektronische Informationssysteme, die Informationen im Zusammenhang mit einer Stadt oder einer Kommune bereitstellen. Heute werden diese Systeme überwiegend in Form von öffentlich zugänglichen Informations-Kiosken, über T-Online und über das World Wide Web (WWW) angeboten.

2.1 *Überblick*

Wie eine zu Beginn des Jahres 1996 durchgeführte Bestandsaufnahme gezeigt hat [HORST UND KOMOROWSKI 1996], waren von allen deutschen Städten mit mehr als 100.000 Einwohnern 60% online präsent, darunter 4% nur in Datex-J, 38% nur im WWW und 18% in beiden Systemen. Während die Angebote in Datex-J zu 39% von öffentlichen Stellen und zu 61% von kommerziellen Anbietern, zumeist Verlagen, stammen, dominieren bei der Präsentation der Städte die Hochschulen als Anbieter mit 61%. Nur 6% der Städte werden von öffentlichen Stellen und nur 25% von kommerziellen Anbietern dargestellt. Die Angebote selbst bestehen unabhängig von der Art der Anbieter überwiegend aus einer Aneinanderreihung einzelner Seiten.

Das inhaltliche Angebot ist recht unterschiedlich, aber bestimmte Angebote kristallisieren sich als Standard heraus: Veranstaltungen, Adressen von Behörden und kulturellen Einrichtungen, Stadt- und Fahrpläne, Historisches und Sehenswürdigkeiten, Wirtschaftsinformationen.

Neben den in T-Online und dem WWW verfügbaren Stadtinformationssystemen gibt es eine ganze Reihe von proprietären Informationskiosken, die im öffentlichen Raum plaziert sind. Die einfachste Version besteht aus einem isolierten PC mit in der Regel einem Touch-screen-Bildschirm, bei dem die Interaktion mit dem System durch die Berührung der Bildschirmoberfläche mit einem Finger erfolgt. Auf dem Bildschirm werden Texte oder Bilder angezeigt, die durch Zeigeoperationen mit dem Finger ausgewählt werden und so dem Benutzer ein Navigieren durch die Informationsangebote ermöglichen. Solche Systeme sind in vielen kleineren Städten und Gemeinden wie z.B. Sigmaringen oder Kehl vorwiegend für touristische Zwecke installiert.

Größere Systeme wie sie etwa von der Firma Hohner oder dem Verlag Kommunikation und Wirtschaft betrieben werden, nutzen ebenfalls die Technik der Informationskioske, verbinden diese allerdings mit Datenleitungen, um eine größere Aktualität zu erreichen. Diese Systeme wurden bereits vor einigen Jahren entwickelt und können ebenfalls als Online-Systeme bezeichnet werden. Wegen der damals fehlenden Standards wurden sie auf einer proprietären technischen Basis entwickelt und haben deshalb heute kaum Chancen auf eine weite Verbreitung.

2.2 Frühe Ansätze

Die Idee öffentlicher computergestützter Informationssysteme wurde in den U.S.A. schon in den frühen 70er Jahren propagiert. Sackman u.a. entwarfen das Konzept einer Information Utility, die analog zu Gas, Wasser und Strom jeden Haushalt mit einem kommunalen Rechenzentrum verbinden und von dort mit Informationen versorgen sollte [SACKMAN UND NIE 1970]. In Kalifornien wurde mit dem Community Memory praktisch versucht, in der Alternativbewegung ein alternatives Medium zu konstituieren. Das Community Memory Projekt gilt heute als Ausgangspunkt einer mittlerweile ausdifferenzierten Entwicklung unterschiedlicher Community oder Civic Networks (vgl. [KUBICEK UND WAGNER 1995] und [SCHULER 1994]).

In Deutschland wurde eher das infrastrukturell angelegte Information Utility Konzept verfolgt. Bei der Planung und Einführung von Bildschirmtext wurden neben kommerziellen Informationsabrufen (Elektronische Zeitung) und Transaktionen wie Telebanking und Teleshopping auch Anwendungen im kommunalen Bereich stark betont. Mit entsprechender Werbung und Unterstützung kommunaler Verbände sind dann auch viele Gemeinden mit teilweise hohen Investitionen in Bildschirmtext eingestiegen. Die Deutsche Bundespost kündigte 1977 folgende Anwendungsmöglichkeiten des geplanten Bildschirmtextdienstes an:

---

1 Informationen für mehrere Teilnehmer

1.1 Abrufinformationen für alle Teilnehmer

- Aktuelle Übersichtsinformationen, z.B. Nachrichten, Sport, Lotto/Toto

- Informationen von Behörden: Besuchszeiten, Sitzungsterminen, lokale Verordnungen

- Informationen über Reisen und Verkehr: Zimmernachweise, Reisewetter, Fahrplanauskünfte

- Informationen über kulturelle und sonstige Veranstaltungen: Theater- und Konzertprogramme, lokaler Veranstaltungskalender, Kinoprogramme

- Informationen der Wirtschaft: Branchenverzeichnis, Kurse, Konditionen

- Informationen für Haushalte: Hobby, Rezepte, Kleinanzeigen, Verkaufsangebote, Immobilien, Stellenangebote

1.2 Abrufinformationen für Teilnehmergruppen

- Informationen für gewerbliche Verbraucher: Bezugsquellenverzeichnisse, interne Fernsprechauskunft

- Informationen für Freiberufe: Ärzte (Medikamentenverzeichnis, Kurmöglichkeiten), Apotheken, Rechtsanwälte (Rechtsauskünfte), Steuerberatung

- Informationen für Mitglieder von Vereinen, Clubs: Veranstaltungshinweise, Wahlergebnisse, Satzungsänderungen

1.3 Mitteilungen an mehrere Teilnehmer

- Hinweise auf Geschäftseröffnungen, Mitgliederversammlungen, Mitteilungen an Klienten und Patienten

---

Die Kommunale Gemeinschaftsstelle für Verwaltungsvereinfachung (KGSt) erstellte 1984 eine umfangreiche Arbeitshilfe, um den Kommunen den Einstieg in das Bildschirmtextsystem zu erleichtern [KGST 1984]. 1985 wurden insgesamt 70 kommunale Btx-Systeme mit Bürgerinformation und ca. 150 mit Touristen- und Standortinformation gezählt (vergl. [WILLMS 1987], [LUKAT 1986]). Davon waren Anfang 1996 noch ca. 30 übrig.

Der Deutsche Städtetag empfahl 1981 seinen Mitgliedern mit dem Hinweis auf die folgenden kommunalen Angebote, sich um die Breitbandkabelnetze zu kümmern [DEUTSCHER STÄDTETAG 1981].

Abrufdienste

- Verzeichnis der Zuständigkeiten, Telefonnummern, Adressen und Besuchszeiten
- Sozialberatung als Vorinformation vor einer persönlichen Vorsprache im Amt
- Ausfüllen von Formularen, z.B. für Rentenanträge, Sozialhilfe, Wohngeld
- Familien-, Jugend- und Seniorenberatung
- Hinweise zu Jugendfreizeitstätten, Kinder- und Jugendheimen, Altenwohnanlagen
- Gesundheitsberatung
- Abruf amtlicher Verlautbarungen
- verbesserte Nutzung der Stadtbücherei, z.B. durch Abruf aller Veröffentlichungen zu einem bestimmten Sachthema
- Hotelbettenanzeige

Fernwirkdienste

- Messen und Steuern von Heizungsanlagen sowie des Verbrauchs von Gas, Wasser und Strom
- Warn- und Überwachungssysteme z.B. für Glatteis, Verkehrsanlagen
- Überwachen von Kinderspielplätzen durch die Polizei zur Gewährleistung größerer Sicherheit
- Einbruchs- und Diebstahlsicherungen und Überwachung in Haushalten und öffentlichen Gebäuden

---

Diese frühen Ansätze für kommunale Informationen sind weitgehend nicht realisiert worden. Die heute vor allem im Zusammenhang mit dem Internet vertretenen euphorischen Ansichten über die kommunalen Nutzungsmöglichkeiten der Datenautobahnen müssen aus dem Scheitern der Versuche der 80er Jahre lernen und es besser machen.

Gründe für das Scheitern waren:

- nicht ausreichende Leistungsfähigkeit der technischen Netzinfrastruktur
- mangelnde Bedienbarkeit der Systeme
- fehlende Inhalte

Vor allem die mangelnde Akzeptanz von kommunalen Informationsangeboten im Bildschirmtextdienst der Deutschen Bundespost hängt mit der umständlichen Bedienung, unzumutbar langsamen Datenübertragungsraten von 2400 bit/s, fehlenden visuellen Gestaltungsmöglichkeiten und der umständlichen und proprietären Datenhaltung zusammen. Darüber hinaus wurde von den frühen Vertretern dieser Systeme der Aufwand für die Datenerfassung und die Datenpflege unterschätzt.

Bildschirmtext bot von der technischen Struktur des Suchbaums her sowie aufgrund der organisatorischen und rechtlichen Entscheidung, ausschließlich auf eine individuelle Verschlagwortung durch die jeweiligen Anbieter zu setzen, nur denjenigen Erfolgserlebnisse, die genau wußten, was sie suchen und auch schon die Seitennummer kannten. Zwischenzeitlich war mit der Umbenennung in Datex-J im Rahmen sogenannter Qualitätscontainer eine redaktionell bearbeitete Verschlagwortung über alle dem Container zugehörigen Anbieter und Angebote eingeführt worden. Aber wie man aus thematisch engeren und auf professionelle Nutzer ausgerichteten Information Retrieval Systemen weiß, stecken viele Teufel in den semantischen Details. Kein Wunder, daß Datex-J oder T-Online, wie es nun heißt, überwiegend für Homebanking, wenige hochgradig strukturierte Informationsangebote einzelner Anbieter, wie etwa die Fahrplanauskunft der Deutschen Bundesbahn, aber nicht als umfassendes Informationssystem und erst recht nicht im kommunalen Rahmen genutzt wird.[1]

Die aus den U.S.A. kommenden Online-Dienste unterscheiden sich in vielerlei Hinsicht nicht grundlegend vom Bildschirmtextsystem. Der deutsche Ableger von America Online zieht daraus die Konsequenz, in erster Linie Unterhaltungs- und Kommunikationsdienstleistungen anzubieten und erst gar nicht die Information in den Vordergund zu stellen.

2.3 Potential

Die Potentiale elektronischer Informationssysteme sind trotz dieser ernüchternden Erfahrung weiter vorhanden. Es ist aber klar geworden, daß es von der grundsätzlichen technischen Machbarkeit hin zur sozio-technischen Implementierung ein großer Schritt ist.

Die Vorteile elektronischer Information gegenüber gedruckter sind im Prinzip offensichtlich (vgl. [KUBICEK 1995A]). Man kann größere Informationsbestände gezielter erschließen und leichter aktualisieren, verstreute Informationsbestände können verknüpft werden (z.B. ein Veranstaltungskalender mit einem Stadtplan und einem Fahrplan), Abfragen können raum- und zeitbezogen individualisiert werden (z.B. „Wo ist die nächste Apotheke?"), und durch die Kombination von Texten mit Graphiken und Bildern kann man zumindest die gleiche Anschaulichkeit erreichen wie bei gedruckten Broschüren bei erhöhter Aktualität.

---

[1] Behördenwegweiser in Berlin und Hamburg sind hier als rühmliche Ausnahmen zu nennen, die Struktur dieser Systeme ist allerdings auch entsprechend einfach gehalten.

6

Die eigentlichen Vorteile elektronischer Informationssysteme liegen aber in ihrem Charakter als Abrufmedium im Gegensatz zum Verteilmedium und in der grundsätzlichen Möglichkeit der symmetrischen Kommunikation.

Im Gegensatz zu den Massenmedien Zeitung, Radio und Fernsehen hat der Benutzer bei elektronischen Medien eine aktivere Rolle. Er kann (und muß) sich seine Informationen zusammenstellen. Damit muß das Informationsangebot nicht mehr auf einen durchschnittlichen Konsumenten ausgerichtet und so auf einen kleinsten gemeinsamen Nenner reduziert werden [LEVY 1996A], sondern kann auch spezielle Angebote enthalten, die u.U. nur für eine kleine Gruppe von Interesse sind. So entfällt die Notwendigkeit zur Selektion und es können auch die Sonderanliegen spezieller Gruppen formuliert und potentiell der Öffentlichkeit präsentiert werden. Zu diesen speziellen Gruppeninteressen gehört z.b. auch die Beteiligung an öffentlichen Planungsvorhaben, für die der Platz der Lokalzeitung nicht ausreicht.

Darüber hinaus wird das Zeitfenster vergrößert, in dem Informationen verfügbar sind. Es ist nicht mehr notwendig, daß jeder Einzelne mühsam seine Zeitungsausschnitte auf Vorrat sammelt, um sie im Bedarfsfall zur Hand zu haben. Vielmehr kann man die notwendigen Informationen im Bedarfsfall direkt abrufen.

Aus Sicht einer Demokratisierung der Gesellschaft ist sicher die Möglichkeit der symmetrischen Kommunikation in den elektronischen Medien der wichtigste Punkt. Die auf der technischen Basis von Computernetzwerken entwickelten elektronischen Informationssysteme ermöglichen von vornherein nicht nur den Abruf von Informationen durch Nutzer, sondern auch die Einspeisung von Informationen durch die Nutzer in das Informationssystem. Dies ist z.B. in den Kabelnetzen der Fernsehgesellschaften technisch nicht möglich und muß mühsam über eine Kombination mit dem Telefonsystem über die Set-top-Boxen nachträglich integriert werden.

Diese technisch mögliche Aktivierungsmöglichkeit der Benutzer führt zu geradezu euphorischen Hoffnungen. Levy sieht die Nutzung der vernetzten elektronischen Medien „als Praxis einer interaktiven, reziproken Kommunikation in und zwischen Gemeinschaften, als Horizont einer lebendigen, heterogenen und nicht zu totalisierenden virtuellen Welt, an der jeder Mensch teilnehmen und zu der jeder etwa beitragen kann." [LEVY 1996A: S. 71F.]

Möglichkeiten zur Demokratisierung sieht Levy nicht so sehr in Abstimmungen per Netz, sondern in der „Ausarbeitung der städtischen Probleme durch eine Vergemeinschaftlichung der Kompetenzen, Ressourcen und Ideen" [LEVY 1996: S. 161], in der kooperativen Problemlösung jenseits der politischen territorialen Organisationen.

Unter Rückgriff auf Habermas identifiziert Ess grundlegende Anforderungen an ein elektronisches System, das die Demokratisierung unterstützt [ESS 1994]. Zentraler Punkt ist für ihn die Möglichkeit für eine Person, an einem Diskurs teilzunehmen. Darüber hinaus müssen die einzelnen angesprochenen Punkte rational kritisierbar sein, und es darf kein innerer oder äußerer Zwang auf die Teilnehmer ausgeübt werden.

Vernetzte elektronische Systeme, die die Trennung von Autor und Leser überwinden und jeden Leser potentiell zum Autoren machen, sind ein erster Schritt. Mit der Möglichkeit, in Diskussionen im gleichen Medium direkt auf Beschreibungen der Sachverhalte zu verweisen, kann der zweite Punkt, die rationale Kritisierbarkeit unterstützt werden. Maurer, Schinnerl und Tomek sehen in der Verknüpfung von Kommunikationsbeiträgen mit Faktenbeschreibungen in Datenbanken die Chance für eine „Objektivierung von elektronischen Diskussionen" [MAURER, SCHINNERL UND TOMEK 1990: S. 131].

Gegenüber diesen hoffnungsvollen Perspektiven sieht Kittler die Chancen zur Demokratisierung durch neue Informationssysteme eher kritisch [KITTLER 1996]. Für ihn ist das Internet vor allem eine Notlösung für Probleme, die sich erst durch die Computerisierung ergeben haben. Ansätze für einen freien Zugang zu Informationen scheitern nicht an technischen Hürden, sondern an den rechtlichen Rahmenbedingungen und den kommerziellen Interessen von Informationsanbietern. Möglichkeiten zur Verstärkung von Demokratie, Öffentlichkeit und Partizipation steht er angesichts der militärischen Herkunft des Internets skeptisch gegenüber und sieht die Grundfunktionen zur Herstellung von Öffentlichkeit bereits im Briefverkehr gegeben.

Eine grundlegend neue Funktion elektronischer vernetzter Informationssysteme sehe ich in der Möglichkeit der unmittelbaren Veröffentlichung von Meinungsäußerungen von Individuen oder Gruppen. In allen anderen Medien sind die Schwellen zur Erreichung einer größeren Öffentlichkeit sehr hoch. Ohne Vertriebskanäle wie Zeitungen, die gleichzeitig als inhaltlicher Filter wirken, ist die Verbreitung schriftlicher Produkte fast unmöglich. Allein Radiosender sind in der Handhabung und Herstellung für kleinere Gruppen einfach genug und haben ein Potential, um direkt größere Gruppen zu erreichen. Allerdings sind Radiosender regional beschränkt und vor allem durch Gesetze und die Regulierungstätigkeit der Post soweit eingeschränkt worden, daß sie als Artikulationsmedien einzelner Personen oder Gruppen nicht in Frage kommen.

Elektronische Informationssysteme wie Stadtinformationssysteme und auch generell das Internet bieten von der technischen Basis die neuartige Möglichkeit, Meinungsäußerungen mit potentiell weltweiter Zugreifbarkeit zuzulassen. Diese technische Möglichkeit führt nicht automatisch zur Demokratisierung und wird durch vielfältige kulturelle und rechtliche Regelungen überformt. Sie gibt aber dem vorher durch die technischen Verteilmedien als passiv definierten Empfänger die Möglichkeit, aktiv zu werden. Ob aus der Möglichkeit eine Realität wird, hängt nicht zuletzt von der Gestaltung einzelner Informationssysteme ab.

2.4 Probleme & Schwachstellen

Auch wenn es inzwischen deutliche Fortschritte gegenüber den Informationssystemen der 80er Jahre gibt, bleibt auch heute eine große Diskrepanz zwischen den Versprechungen und der Realität von Stadtinformationssystemen.

Im Bildschirmtextsystem und heute in T-Online haben nur wenige Kommunen überhaupt ein thematisch umfassendes und inhaltlich tiefer gegliedertes Informationsangebot zustandegebracht. Und viele Kommunen sind nach einer ersten Euphorie wieder ausgestiegen. Doch zur Zeit entsteht ein vergleichbarer Ansturm auf das WWW, ohne daß sich die grundlegenden inhaltlichen und organisatorischen Strategien und Konzepte geändert haben. Wieder gibt es hochtrabende Erwartungen, die weit über ein detailliertes und aktuelles Informationsangebot hinaus gleich auch die elektronische Abwicklung von Verwaltungsangelegenheiten oder Buchungen sowie intensive Kommunikations-. und Partizipationsprozesse zwischen Bürgern und Verwaltungen umfassen. Doch in der Realität bieten die meisten Systeme (noch) keine umfassenderen oder detaillierteren und manchmal noch nicht einmal aktuelleren Informationen als die entsprechenden Faltblätter, Broschüren und gedruckten Verzeichnisse.

Wie oft bei der Anwendungsentwicklung der Informationstechnik werden die technischen Möglichkeiten aus der Sicht der Auftraggeber, das heißt hier des Informationsanbieters, erschlossen und genutzt. Momentan geht es anscheinend vor allem darum, überhaupt mit Seiten im Netz präsent zu sein. Solche Seiten kann man bei Präsentationen auch eindrucksvoll vor-"führen". Aber es wird kaum gefragt, welche anderen Menschen in welchen Situationen überhaupt zu Nutzern dieses Angebots werden wollen und können und wie sie dann das finden können, was sie suchen, auch wenn sie im Gegensatz zu Anbietern und Entwicklern die inhaltliche Ordnung, sofern überhaupt eine besteht, nicht kennen.

Das World Wide Web überwindet zwar technisch einige Grenzen der proprietären Systeme, vergrößert dadurch aber gleichzeitig die Problematik einer inhaltlichen Strukturierung, weil praktisch jeder zu jedem Thema veröffentlichen kann. Die Bezeichnung 'Surfen' ist insofern durchaus treffend, denn sie deutet nicht auf gezieltes Ansteuern und Erreichen, sondern eher auf ein Sich-Treiben-Lassen hin.

Die meisten Angebote von Städten im Internet erlauben auch kaum mehr. Der Spiegel titelte in seiner Online-Version im Januar 1996 seinen Bericht zu den deutschen Städten im Internet in Anspielung auf das oft als modellhaft angesehene Projekt 'Die internationale Stadt' mit 'Die internationale Provinz im Internet'. Schon im November 1995 urteilte die Wirtschaftswoche, daß sich die meisten Städte wie Amateure präsentierten und lieferte auch gleich die Erklärung: In vielen Fällen würde das Informationsangebot über Städte von Einzelpersonen oder -gruppen erstellt, die häufig der örtlichen Hochschule angehören und im Hinblick auf Informationsinhalte und -präsentation eben Amateure sind.

Die Interaktion beschränkt sich überwiegend auf eine hierarchische Menüstruktur, in der man sich durch Auswählen (Anklicken) schrittweise zur gesuchten Information durchhangelt. In wenigen Fällen gibt es als Hilfsmittel zur Navigation eingescannte Karten, auf denen man einzelne Objekte auswählen kann und dann weitere Informationen erhält.

Diese Art der Navigation ist völlig ausreichend, solange sich der Server im Aufbau befindet (bis vor kurzem eine der häufigsten Meldungen aller Server) und es sich um eine überschaubare Anzahl von Seiten handelt, die auf dem Server verwaltet werden. Wenn man allerdings bei größeren Städten anfängt, einen breiteren Querschnitt der Stadt in das System zu integrieren und damit die Anzahl der Einrichtungen und die Anzahl der möglichen Rubriken erhöht, so reicht eine Suche durch hierarchisches Durchhangeln nicht mehr aus. Wenn man sich erst durch fünf oder mehr Ebenen hindurcharbeiten muß, nur um dann festzustellen, daß das Gesuchte nicht dort, sondern an einem anderen Ast plaziert wurde oder in diesem System gar nicht existiert, so geht der Vorteil des elektronischen Mediums schnell verloren und man benutzt beim nächsten Mal wieder das Branchenfernsprechbuch.

Als übergreifender Suchmechanismus auf den gängigen WWW-Servern wird heute in der Regel maximal eine Zeichenkettensuche zur Verfügung gestellt, mit der alle Dokumente auf dem Server durchsucht werden. Daneben kann man auch globale Suchmaschinen wie WAIS, Lycos oder Yahoo verwenden, die ebenfalls nach diesem Prinzip arbeiten und große Teile des WWW erschließen. Diese Suchmöglichkeit ist zunächst einleuchtend und in allen Fällen, in denen man das Suchziel eindeutig durch Zeichenketten beschreiben kann, ein gutes Hilfsmittel. Leider sind derartige Fälle außerhalb der stark strukturierten fachwissenschaftlichen Informationsangebote relativ selten. Alltägliche Informationsbedürfnisse können zunächst oft nur vage formuliert und dann in einem erforschenden Suchvorgang konkretisiert werden. Außerdem sind sie im städtischen Raum oft regional orientiert.

Ein weiteres Problem ist die oft fehlende Aktualität der Informationen. Die zentralen Veranstaltungskalender von Städten, die für die Außendarstellung große Bedeutung besitzen, sind inzwischen fast durchgängig auf dem aktuellen Stand. Allerdings wird dies bei manchen Städten (z.B. Stuttgart) durch eine Beschränkung auf wenige repräsentative Veranstaltungen erreicht, deren Termine langfristig feststehen. Die speziellen Veranstaltungsinformationen von einzelnen Einrichtungen werden dagegen oft nicht regelmäßig gepflegt. So ruft der DGB in Ulm unter der Rubrik Veranstaltungen auch im September 1997 noch zum ersten Mai auf, und die Terminvorschau der Tagungen und Messen in Münster lädt im September ebenfalls für Mai und Juni ein. Dies deutet darauf hin, daß die Aktualität dann abnimmt, wenn die Datenpflege nicht zur Hauptaufgabe der Einrichtung gehört.

2.5 Untersuchungsbedarf

Das Hauptproblem bei den gegenwärtigen Informationsangeboten im WWW sind nicht fehlende Gestaltungsmöglichkeiten einzelner Seiten oder ein Mangel an Engagement zur Gewährleistung der Aktualität. Es fehlt vielmehr ein Verständnis für die Informationsbedürfnisse der Nutzer, und es gibt keine organisatorischen und technischen Konzepte zur Integration von unterschiedlichen Informationsangeboten. Dies äußert sich im fast vollständigen Verzicht auf inhaltliche Verschlagwortung der Informationsangebote sowie in fehlenden Querverweisen und dem fast beliebigen Nebeneinander von WWW-Servern selbst in der gleichen Organisation.

Ein neues computergestütztes Informationssystem ist aufwendig zu erstellen und zu pflegen und erfordert nicht unbeträchtliche Investitionen in Hard- und Software. So müssen Daten erfaßt und gepflegt werden, Zugangsmöglichkeiten müssen bereitgestellt und es muß ein Server betrieben werden. Dies ist nur dann sinnvoll, wenn der Nutzen dieses System groß genug ist gegenüber den konventionellen Methoden der Informationsbeschaffung. So muß der auf der gegenwärtigen technischen Basis realisierbare Nutzen sorgfältig untersucht werden und dabei auch die in der nächsten Zeit absehbare technische Entwicklung in die Überlegungen miteinbezogen werden.

Da der Aufbau der Datenbasis eines Stadtinformationssystems einen enormen Aufwand verursacht und die Struktur der Datenbasis die realisierbare Funktionalität stark bestimmt, ist der Entwurf der Datenbasis ein entscheidender Faktor für ein qualitativ hochwertiges Stadtinformationssystem. Die Struktur der Datenbasis ist dann die Grundlage für die Festlegung der Abläufe der Datenpflege und ihre Unterstützung durch geeignete Werkzeuge.

In den folgenden Kapiteln entwickle ich einen Vorschlag für die technische Basis von Stadtinformationssystemen und die organisatorischen Strukturen ihrer Datenpflege. Diese ermöglichen die Realisierung neuartiger Funktionen, die für ein wirklich benutzbares und informatives Stadtinformationssystem notwendig sind. Ausgangspunkt ist dabei eine Untersuchung der zentralen Faktoren für ein qualitativ hochwertiges Stadtinformationssystem.

3 Anforderungen an Stadtinformationssysteme

Die Veränderungen in der Organisation des Alltags in unserer modernen Gesellschaft bilden den Hintergrund, auf dem sich die Entwicklung von Stadtinformationssystemen vollzieht. Die zunehmende Differenzierung und die Möglichkeit und der Zwang, das eigene Leben aktiv zu gestalten, führen zu neuen Informationsbedürfnissen.

Um die im vorigen Kapitel beschriebenen Schwächen der heutigen Stadtinformationssysteme systematisch anzugehen und zu beseitigen, untersuche ich zunächst die Anforderungen an solche Systeme. Diese Systeme sind im Vergleich zu den bis vor wenigen Jahren vorherrschenden fachlichen und vorwiegend betrieblich genutzten Informationssystemen eine neue Klasse von Informationssystemen. Zentrales Merkmal ist ihre Vielfältigkeit. Sie werden von sehr heterogenen Benutzergruppen im Alltag benutzt und beziehen sich auf sehr unterschiedliche Gegenstandsbereiche.

3.1 Information im Alltag

Hier ist nicht der Ort, um die soziologische Diskussion um 'Technik und Alltag' aufzuarbeiten, die sich vornehmlich mit den Auswirkungen und Gefahren einer zunehmenden Technisierung des Alltags durch (Computer-)Technologie auseinandergesetzt hat.

Vielmehr geht es mir hier um die Entwicklung besonderer Gestaltungsanforderungen für Informationssysteme, die im Alltag genutzt werden können. Dazu ist ein Verständnis für das, was man unter Alltag verstehen kann, erforderlich.

3.1.1 Informationsbedürfnisse im Alltag

Unsere Gesellschaft befindet sich in einem tiefgreifenden Transformationsprozeß von einer industriell geprägten Gesellschaft in eine Informationsgesellschaft.

Ein zentrales Moment dieses Transformationsprozesses ist die Herauslösung sozialer Beziehungen aus festen und vorgegebenen Strukturen. Giddens faßt diesen Prozeß mit dem Begriff der Entbettung sozialer Systeme: „Unter Entbettung verstehe ich das 'Herausheben' sozialer Beziehungen aus ortsgebundenen Interaktionszusammenhängen und ihre unbegrenzte, Raum-Zeit-Spannen übergreifende Umstrukturierung." [GIDDENS 1995: S. 33] Diese Entbettung ist ein Kennzeichen moderner Gesellschaften und läßt sich sowohl in der Produktion als auch im Alltag nachweisen.

Die Veränderungen in der Produktion, beleuchtet durch Schlagworte wie Computerisierung und Globalisierung, führen zu neuen Anforderungen an die Beschäftigten. Die Bereitschaft zum lebenslangen Lernen, der Erwerb von Sozialkompetenz, die Fähigkeit zum Umgang mit ständigen Veränderungen, der Umgang mit zeitlich befristeten Arbeitsverhältnissen, der zunehmende Umgang mit Informationsprodukten führen zu neuen Formen der Lebensführung.

Neben den Veränderungen der Erwerbsarbeit ändert sich auch unser alltägliches Leben. Auf die begrifflichen Schwierigkeiten einer genaueren Bestimmung dessen, was Alltag ist, weist Elias [ELIAS 1978] in besonders plastischer Weise hin, wenn er fragt, was denn Nicht-Alltag sei und acht Möglichkeiten (von 'Feiertag' über 'berufliches oder öffentliches Leben' bis hin zu 'wahrem' Bewußtsein) anbietet, die alle nicht als allgemeine Bestimmungen befriedigen. Er lehnt die soziologische Konstruktion des Alltags als einer „Sondersphäre mit eigener Struktur und einer gewissen Autonomie" ab und fordert die genaue Bestimmung dessen ein, was jeweils mit Alltag und Nicht-Alltag im jeweiligen Kontext gemeint ist.

Im Zusammenhang dieser Arbeit sehe ich den Alltag vor allem im Gegensatz zur Erwerbsarbeit in Organisationen und fasse darunter alle Aktivitäten, die privat oder öffentlich unternommen werden und nicht durch die expliziten oder impliziten Unterstützungsleistungen der Erwerbsarbeit in Organisationen unterstützt werden. Damit folge ich Rammert und Biervert/Monse, die den Alltag ebenfalls als das „soziale Leben außerhalb der Erwerbsarbeit" fassen [RAMMERT 1993: S. 179], das „keiner formalen Steuerung unterliegt" [BIERVERT UND MONSE 1988: S. 99].

Bei meinen Überlegungen kann ich mich auf die Arbeiten einer Münchener Forschungsgruppe stützen, die die „Arbeit des Alltags" ([JURCZYK UND RERRICH 1993], [VOß 1991][2]) theoretisch und empirisch detailliert untersucht haben. Sie verstehen unter der alltäglichen Lebensführung das „ganz konkrete alltägliche Tun in den unterschiedlichen Lebensbereichen und die Methoden, wie es organisiert wird" [JURCZYK UND RERRICH 1993: S. 19]. Sie sehen in der Bewältigung des Alltags eine eigenständige Leistung, die wir alle immer wieder neu erbringen müssen:

„Die Bewältigung des Alltags ist zu einer komplexen Leistung eigener Art geworden. (...) Wir gehen davon aus, daß der Anforderungsdruck in der alltäglichen Lebensführung deshalb wächst, weil sich die Arbeits- und Lebensbedingungen pluralisieren, die gesellschaftlichen Strukturen ausdifferenzieren und die Orientierungen und Werte verschieben. Festgefügte Rahmenbedingungen des alltäglichen Lebens sind im Umbruch begriffen; traditionell vorgegebene Problemlösungsstrategien scheinen nicht mehr allgemein akzeptabel und werden infragegestellt; eigene, für die spezifische Lebenssituation passende Wege müssen gefunden und immer wieder neu gegangen werden." [JURCZYK UND RERRICH 1993: S. 25 f.].

Die Besonderheit der modernen alltäglichen Lebensführung besteht vor allem in der aktiven Konstruktion der Lebensbiographie und in der Auswahl aus Handlungsalter-

---

[2] Die Ergebnisse wurden im Rahmen eines Forschungsprojektes zur „Alltäglichen Lebensführung" erarbeitet.

nativen. Während in vormodernen Gesellschaften die Menschen in vorgegebene und stabile Rahmenbedingungen hineingewachsen sind [DUNKEL 1993], haben wir die Möglichkeit, aber auch den Druck, durch eine ganze Reihe von Entscheidungen unser Leben zu gestalten. Dies reicht von der ganz banalen Entscheidung, welche Freizeitaktivitäten wir unternehmen, über die Auswahl des sozialen Netzes an Freundschafts- und Bekanntschaftsbeziehungen bis hin zu grundlegenden Lebensentscheidungen wie die Ausbildungsauswahl.

Damit will ich nicht behaupten, daß wir in diesen Entscheidungen keinerlei Restriktionen unterliegen und das Reich der Freiheit angebrochen sei. All diese Entscheidungen müssen die durch die Gesellschaft gesetzten Rahmenbedingungen beachten. Aber auch der Arbeitslose hat Wahlmöglichkeiten - von Bewerbungsentscheidungen, Umschulungsmaßnahmen bis hin zum Ortswechsel -, die zwar keinen Arbeitsplatz garantieren, aber eine aktive Auswahl verlangen.

Diese Entbettung sozialer Beziehungen und ihre flexible und aktive Rekonstruktion produzieren einen riesigen Informationsbedarf. Jede Entscheidung zwischen Alternativen setzt erstens die Kenntnis der Alternativen und zweitens die Bewertung der Vor- und Nachteile der Alternativen voraus. Dies gilt sowohl für die Erwerbsarbeit wie für den Alltag. Wenn ich als Einkäufer nicht mehr nur mit den zwei ortsansässigen Lieferanten verhandele, sondern potentiell über Netze weltweit ausschreiben kann, so muß ich viel mehr Faktoren in meine Entscheidung miteinbeziehen und bewerten. Und allein die Auswahl der richtigen Krankenkasse wird angesichts der Seehoferschen 'Reformen' zu einem nicht trivialen (und vor allem nicht endenden) Informationsproblem.

Während aber im betrieblichen Bereich erhebliche Anstrengungen unternommen werden, die für die Arbeit erforderlichen Informationen durch geeignete Informationssysteme verfügbar zu machen, ist dies im Alltag nur als Nebenprodukt der Fall. Die Multimedia- und Internet-Begeisterung der letzten Jahre wurde eher durch die Verfügbarkeit der entsprechenden Technologie ausgelöst, die sich Anwendungen suchte. Ausgangspunkt waren nicht Untersuchungen über die Informationsbedürfnisse des Publikums, sondern die kaufkräftige Nachfrage nach bunten Aufmerksamkeitserregern. Dabei ist eine Orientierung am Markt nicht grundsätzlich abzulehnen, sie muß aber ergänzt werden durch die Berücksichtigung von Informationsbedürfnissen, für die kein Markt existiert.

Um die Informationsbedürfnisse bei der Organisation des Alltags näher zu bestimmen, müssen die bisher etwas summarisch gefaßten Bereiche des Alltags näher bestimmt werden.

Wichtige Bereiche sind

- Erziehung / Kindermanagement
- Freunde und Bekannte, Vereine

- Freizeitgestaltung, Sport
- Kultur
- soziale Absicherung
- Aus- und Fortbildung
- Reisen, Urlaub
- Behörden
- Notfälle
- Wohnung/Haus
- Fahrzeug

Diese Liste ist sicher nicht vollständig und läßt sich auch nicht nach überschneidungsfreien Bereichen ordnen. Ein wichtiger Bestimmungspunkt des Alltags ist, daß er komplex ist. „Die Menschen sind mit zunehmend mehr und mit ganz unterschiedlichen Dingen beschäftigt. Sie sind in die verschiedensten gesellschaftlichen Bereiche - Schule und Vereinswesen, Arbeitswelt und Familie, Behörden, Kultur, Reisen usw. - eingebunden." [JURCZYK UND RERRICH 1993: S. 27]. Wichtig ist hierbei vor allem die Aussage, daß diese Komplexität zugenommen hat und weiter zunehmen wird. Damit werden neue Hilfsmittel zur Bewältigung dieser Komplexität erforderlich.

Die einzelnen Problemlagen in diesen Bereichen sind extrem vielfältig. Beispiele sind: die Auswahl einer geeigneten Schule (Krabbelgruppe, Kindergarten) für die Kinder, Auswahl von Weiterbildungsveranstaltungen bei der Volkshochschule / bei anderen Weiterbildungsträgern, Kino- oder Konzertbesuch, Ummeldung eines Autos, Kauf einer Waschmaschine, Antrag auf Wohngeld, ... die Liste ließe sich beliebig fortsetzen.

Die zunehmende Komplexität der Alltagsbewältigung beruht auf zwei Entwicklungen: zum einen auf der Differenzierung von Funktionsbereichen, also der Aufteilung auf spezialisierte Funktionen, wie es etwa bei den unterschiedlichen Beratungsstellen deutlich wird. Es gibt umfangreiche Beratungsangebote für alltägliche Probleme von der Umweltberatung über Beratung in sozialen Notlagen bis hin zu Gesundheitsberatung. Diese Aufgaben werden zunehmend von einem undurchschaubaren Netz von Beratungsinstitutionen wahrgenommen, die teilweise kommunal und teilweise privat organisiert sind. Damit wird durchaus ein flexibles Eingehen auf sich verändernde und neu entstehende Problemlagen erreicht. Gleichzeitig entsteht damit das Informationsproblem, aus Sicht des Betroffenen die richtige Stelle zu finden.

Die zweite Entwicklung betrifft die Flexibilisierung vor allem der Zeitstrukturen. Bis vor kurzem waren etwa die Ladenöffnungszeiten fest geregelt und stellten deshalb auch kein Informationsproblem dar. Heute ist es völlig unklar, welches Geschäft ab 18.00 Uhr an welchem Tag noch geöffnet ist. So entsteht mit der Flexibilisierung ein Informationsproblem.

Informationen über Behörden mit ihren Öffnungszeiten, Zuständigkeiten und Formularen sind im Alltag für viele Menschen in der Stadt von besonderer Bedeutung. Für viele Bürgerinnen und Bürger ist die Erledigung von Behördengängen mit Schwierigkeiten verbunden: Sie suchen für ein bestimmtes Anliegen die dafür zuständige Behörde, sie müssen oft mehrfach kommen, da sie wichtige Unterlagen vergessen haben oder sie kennen die Öffnungszeiten und die nächste Straßenbahnhaltestelle nicht. Auch in diesem Bereich kann ein elektronisches Informationssystem ein wichtiges Orientierungshilfsmittel darstellen (vergl. [LENK, BRÜGGEMEIER, HEHMANN UND WILLMS 1990]).

Gemeinsam ist diesen Situationen, daß sie jeweils Informationen erfordern, um Entscheidungen treffen zu können. Oft geht es um eine Auswahl aus Alternativen, um eine Abwägung.

3.1.2 Besonderheiten alltagsorientierter Informationssysteme

Die oben beschriebenen Informationsbedürfnisse im Alltag erfordern spezielle Informationssysteme, die sich von den betrieblichen Anwendungen unterscheiden.

Kubicek und Schmid klassifizieren Computeranwendungen nach ihrem Strukturierungsgrad sowohl in der Dimension des Kontextes als auch in der der Funktionalität [KUBICEK UND SCHMID 1996: S. 13] und kommen zu folgender Einordnung:

Kontext Funktionalität	stark strukturiert	schwach strukturiert
stark strukturiert	Informationstechnik als Organisations- und Kontrolltechnik	überbetriebliche Anwendungsnetze inkl. Kundenselbstbedienung, Computerspiele
schwach strukturiert	Bürokommunikation	Computer als (Massen-) Medium, alltagsorientierte Informations- und Kommunikationssysteme

Mit dieser Taxonomie lassen sich die Diskussionen in den vergangenen Jahren um den Computereinsatz und die Systemgestaltung besser einordnen. Schwerpunkt des Einsatzes waren Computeranwendungen innerhalb von Organisationen mit stark strukturiertem Kontext und stark strukturierten Funktionalitäten. Diese betrieblichen Informationssysteme sind aufgabenbezogen, ihre Entwicklung bzw. Einführung erfolgt im Rahmen von Projektgruppen mit definierten Zielen und Aufgaben. Ein ganz wesentlicher Fortschritt der sozial orientierten Informatik war die Wahrnehmung

16

unterschiedlicher Interessen in der Organisation und ihre Berücksichtigung im Systementwicklungsprozeß. Diese Multiperspektivität bleibt aber auf den Rahmen der Aufgabenerledigung beschränkt und damit überschaubar.

Die Entwicklung im betrieblichen Bereich geht heute verstärkt in die Richtung Bürokommunikation, wobei der Kontext nach wie vor stark strukturiert ist, während die Funktionalität flexibel durch die Benutzer gestaltet werden kann. Im überbetrieblichen Bereich haben wir es zunächst, ähnlich wie im Alltag, mit schwach strukturierten Kontexten zu tun, die Funktionalität ist jedoch, wie man an Selbstbedienungsterminals sehen kann, stark festgelegt.

Alltagsorientierte Informations- und Kommunikationssysteme sind demgegenüber sowohl von der Funktionalität als auch vom Kontext her schwach strukturiert.

Bei schwach strukturierten und heterogenen Anwendungsbereichen tritt das Problem der Suche, der Auswahl aus einer großen Menge, auf. Dies ist bei stärker strukturierten Anwendungen nicht so ausgeprägt, da durch den Anwendungskontext bereits eine Auswahl vorgenommen wird. Der Planer in der Fertigungsvorbereitung eines Industriebetriebes muß sich nicht erst entscheiden, ob er heute die Börsenkurse, den Zugfahrplan oder den Kantinenplan abrufen soll, sondern hat in der Regel eine an die Anforderungen seines Arbeitsplatzes angepaßte Menüstruktur vorliegen, über die seine Aufgabenbereiche direkt zugreifbar sind[3].

Bei alltagsorientierten Systemen kann dieser Fokussierungsprozeß nicht von vornherein für die unterschiedlichen Kontexte vorgenommen werden, sondern muß in der Benutzungssituation von den Benutzern geleistet werden. Dazu muß das Informationsangebot anhand von typischen Nutzungssituationen so strukturiert werden, daß der Benutzer typische Nutzungsmuster wiedererkennt und gezielt auswählen kann (vergl. [KUBICEK UND TAUBE 1994]).

Das Problem wird noch verstärkt durch die Unterschiedlichkeit der möglichen Benutzer. Alltagsorientierte Systeme sollen von möglichst allen Bevölkerungsgruppen benutzt werden können, unabhängig von besonderen Qualifikationen und Fertigkeiten. Bei der Benutzung kann man auch nicht auf Vorerfahrungen zurückgreifen, da die Benutzung in der Regel aus einer bestimmten Problemlage heraus eher sporadisch und kurzfristig angelegt ist.

Um diese gelegentlichen Nutzer eines alltagsorientierten Systems zu unterstützen, muß die Interaktion mit dem System besonders einfach gestaltet werden und trotzdem die notwendige Funktionalität bereitstellen. Diese Aufgabe stellt eine Herausforderung an die Systementwicklung dar.

---

[3] Wenn betriebliche Anwendungssysteme durch den Anschluß an das Internet oder ein Intranet geöffnet werden, treten auch hier ähnliche Probleme wie bei alltagsorientierten Systemen auf. Dann sind sie aber auch keine klassischen betrieblichen Anwendungen mehr.

Wenn Stadtinformationssysteme einen Beitrag zur Integration des differenzierten Alltags leisten sollen, dann müssen sie für unterschiedliche Benutzergruppen die Suche nach den jeweils problembezogenen Informationen unterstützen. Durch die Verschiedenartigkeit der Informationsbedürfnisse und die Komplexität der modernen Stadt wird die Größe des Informationsraumes zum Problem. Eine sehr große Anzahl von Informationen über die Stadt muß vorgehalten werden, um die verschiedenen möglichen Informationsbedürfnisse zu befriedigen. Damit entsteht das Problem der Auswahl aus dieser Informationsmenge, das im nächsten Abschnitt behandelt wird.

3.2 Von Daten über Wissen zu Informationen: Erschließung

Der Begriff der Information mit seinen Ableitungen wie Informationsgesellschaft, Informationsflut u.ä. hat sich in den letzten Jahren zum allgegenwärtigen populären Schlagwort entwickelt. Dabei ist die genaue Bedeutung dieses Begriffs immer unklarer geworden und hat somit einen Betätigungsbereich für Wissenschaftler geschaffen, die über die Definitionen streiten können. Auch wenn diese Auseinandersetzungen manchmal unproduktiv erscheinen, werden in den unterschiedlichen Sichtweisen doch unterschiedliche Facetten der gesellschaftlichen Praxis deutlich.

Nun ist sicherlich Bell zuzustimmen, der Begriffsbildungen als "weder wahr noch falsch, sondern nützlich oder nicht" [BELL 1975: S. 27] bezeichnet. Die Nützlichkeit der von mir gewählten Unterscheidung muß sich in der produktiven Anwendung auf die Entwicklung alltagsorientierter kommunaler Informationssysteme erweisen.

Daten

Bereits der Begriff 'Daten' läßt sich unterschiedlich definieren. Luft sieht Daten als Kommunikationshandlung, als Darstellung von ausgewähltem Wissen über einen Diskursbereich [LUFT 1992: S. 50] und nimmt so die Bedeutungsebene in die Definition der Daten mit hinein. Demgegenüber sieht Steinmüller in Daten nur die „...technische Repräsentation von Informationen in Gestalt von Daten in Maschinen." [STEINMÜLLER 1981A: S. 74 f.] und für Fuchs-Kittowski ist es die „Syntax der Information" [FUCHS-KITTOWSKI 1992], die maschinell speicherbar und übertragbar ist.Ähnlich werden im Lexikon der Datenverarbeitung Daten als Kodierung von Sachverhalten gesehen. Daten sind „Gebilde aus Zeichen oder kontinuierliche Funktionen, die aufgrund bekannter oder unterstellter Abmachungen Informationen darstellen .... Die Bezeichnung Daten wird allgemein verwendet für meist numerische oder alphanumerische Angaben über die verschiedenen Dinge und Sachverhalte" [SCHNEIDER 1997].

Zur Abgrenzung gegenüber den Begriffen Wissen und Information, die die Bedeutungsebene von Repräsentationen einschließen, verstehe ich unter Daten die Kodierung von Sachverhalten in technischen Systemen, die durch Normen und andere kulturelle Übereinkünfte festgelegt sind.

Wissen

Der Begriff 'Wissen' ist ebenfalls schwer allgemein zu fassen und wird in unterschiedlichen Wissenschaftsbereichen sehr verschieden verwendet.

Für den Literaturwissenschaftler Michael Giesecke entsteht das Konzept des 'Wissens' mit dem Buchdruck: „Um die neue Qualität dieses Speichers {des gedruckten Buches - WT} gegenüber dem menschlichen, psychischen Gedächtnis, aber auch gegenüber den handschriftlich gespeicherten 'Erfahrungen' hervorzuheben, schuf man im deutschen Sprachraum den Begriff des 'Wissens'. Der Druck schafft Wissen in Form der gedruckten Bücher." [GIESECKE 1990: S. 86] Mit dem Begriff des Wissens wird also die intersubjektive Kodifizierung menschlicher Erfahrungen gefaßt.

Frieder Nake hat einen sehr umfassenden Wissensbegriff. Für ihn ist Wissen eng an den lebendigen Menschen gebunden: „Wir können uns Wissen nicht anders als mit dem lebendigen Menschen denken. Wissen ist so fein mit ihm, seinem Sein in dieser Welt verwoben, daß es ohne wesentliche Reduktion keine äußere Form annehmen, also als Wissen auch nicht verarbeitet werden kann." [NAKE 1992:S. 199] Dabei sieht er durchaus Möglichkeiten zur symbolischen Repräsentation von Wissen, das im Computer manipuliert werden kann. Dies macht aber nur einen kleinen Teil des menschlichen Wissens aus.

Er steht in der Tradition von Maturana und Varela, die das Modell einer vom Bewußtsein abgetrennten objektiven Welt ablehnen und davon ausgehen, daß wir unsere Welt im Handeln und eben auch im Sprachhandeln hervorbringen. Ein umfassendes Wissen über die in diesem Sinn verstandene Welt kann nicht im Computer dargestellt und manipuliert werden und ist ganz an den biologischen Menschen gebunden.

Und trotzdem gibt es Regelmäßigkeiten, die es uns gestatten, ein eingeschränktes menschliches Wissen über die Welt symbolisch zu repräsentieren und auf diesen Repräsentationen mehr oder weniger komplexe Operationen durchzuführen. Die Basis dafür besteht in der mit anderen Menschen in einer sozialen Gruppe geteilten Tradition und Lebenspraxis. „Eine Tradition basiert auf all jenen Verhaltensweisen, die in der Geschichte eines sozialen Systems selbstverständlich, regelmäßig und annehmbar geworden sind." [MATURANA UND VARELA 1987: S. 261] Diese interindividuellen und in einer Gruppe geteilten Regelmäßigkeiten bieten die Grundlage für die Orientierung der Individuen und damit auch für Informationssysteme, die uns bei der Suche nach Informationen im Alltag unterstützen.

Auch Winograd und Flores gehen von der Möglichkeit der symbolischen Repräsentation von Wissen und seiner Manipulationsmöglichkeit aus, wenn man den Anwendungsbereich nur eng genug faßt: „In dem Maße, in dem sich Bereiche gut definieren und entsprechende Regeln präzise festlegen lassen, ist der Entwurf von

'Expertensystemen' möglich, und wir können auch davon ausgehen, daß sie erfolgreich arbeiten werden." [WINOGRAD UND FLORES 1989: S. 220]

In der Künstlichen Intelligenz (KI) wird zwischen einer starken und einer schwachen KI-These unterschieden [GÖRZ 1995]. Nach der starken KI-These sind menschliche Bewußtseinsprozesse *nichts anderes* als Berechnungsprozesse und damit wird Intelligenz und Kognition auf bloße Informationsverarbeitung reduziert. In der schwachen Form dagegen wird der formalisierbare Teil des Denkens als ein Teilbereich der menschlichen Intelligenz gesehen. „Das, was formalisierbar ist, läßt sich grundsätzlich auch mit formalen Systemen darstellen und damit auf einem Computer berechnen. Vieles aber, was das menschliche Denken kennzeichnet und was wir mit intentionalen Termini wie Kreativität und Bewußtsein benennen, entzieht sich weitgehend einer Operationalisierung." [GÖRZ 1995: S. 2]

In der Künstlichen Intelligenz wird Wissen einfach als der Inhalt der Wissensbasis eines Systems genommen und unter einer Wissensbasis der Teil eines wissenbasierten Systems verstanden, in dem das Wissen so abgelegt ist, daß es von einer Inferenzmaschine manipuliert werden kann.

Strube und Schlieder fassen Wissen im Rahmen des kognitionswissenschaftlichen Paradigmas der Symbolverarbeitung als Menge von Repräsentationen, die zusammen mit geeigneten Inferenztechniken ein kognitives System zur Bewältigung einer Aufgabe befähigen. [STRUBE UND SCHLIEDER 1996]

In der Informationswissenschaft wird Wissen ganz allgemein als Bestand an Modellen über konkrete und abstrakte Objekte, Ereignisse und Sachverhalte gefaßt (vergl. [HENNINGS 1991A], [KUHLEN 1991]), also intersubjektiv und situationsunabhängig. Wissen muß irgendwie dargestellt, repräsentiert werden, wobei aber zunächst Wissen mit seiner Darstellung gleichgesetzt wird.

Information

Wie auch der Begriff des Wissens wird auch der Informationsbegriff sehr unterschiedlich verwendet und muß jeweils kontextbezogen definiert werden.

Die sogenannte 'Informationstheorie' von Claude Shannon - genauer: 'A mathematical theory of communication', die manchmal als „Grundbegriff der Informatik" [BAUER UND GOOS 1974: Bd. I, S. 1] gesehen wird, beschäftigt sich mit der Bestimmung einer mathematischen Definition des Informationsgehaltes einer Nachricht. Die 'communication theory' wurde in erster Linie formuliert, um Ingenieure beim Entwurf von Kommunikationssystemen zu unterstützen (vergl. [MACHLUP UND MANSFIELD 1983: S. 50]). Von daher ist ihr Kommunikationsbegriff zunächst eingeschränkt auf die technischen Probleme der Signalübertragung bei begrenzten Kanalkapazitäten und befaßt sich nicht mit den spezifischen semantischen Inhalten von Symbolen. Gerade die systematische Untersuchung der Bedeutung von Begriffen und die Möglichkeiten für interindividuelle Bezugnahme und Verständnis sind im Zusammenhang der Entwicklung von Informationssystemen zentrale Aufgaben.

Manecke und Seeger gehen in einem weitverbreiteten Standardwerk der Information und Dokumentation [BUDER, REHFELD, SEEGER UND STRAUCH 1997] ebenfalls von einem Sender-Kanal-Empfänger-Modell der Information aus und fassen diese als „Übermittlung (von etwas zunächst nicht näher Bestimmbaren) von einer aussendenden zu einer empfangenden Instanz" [MANECKE UND SEEGER 1997: S. 16]. Das Ziel der Informationsspezialisten besteht darin, „Informationen ...so aufzubereiten und zu vermitteln, daß es zielgerichtet an fachlich Tätige weiterverwendungsfähig ist. Der dabei verwendete Informationsbegriff ist semantisch (vom Inhalt der Quelle her) bestimmt." [MANECKE UND SEEGER 1997: S. 17]

In der sprachlichen Unbeholfenheit ('zielgerichtet an fachlich Tätige weiterverwendungsfähig ist') drückt sich das Problem der Informationsspezialisten aus: sie gehen von den Quellen aus und berücksichtigen den Adressaten der Information zu wenig und wollen ihn nach ihrem Bild formen.

Für einen selbstbewußten Umgang mit Informationen in einer Informationsgesellschaft müssen die Subjekte in den Vordergrund gestellt werden, die Probleme haben und sich im Rahmen der Problemlösung der Hilfsmittel der Informationswissenschaft bedienen. Dabei muß der Werkzeugcharakter von Information betont werden.

Für Steinmüller ist Information ein „immaterielles Modell eines Originals für Zwecke eines Subjektes" [STEINMÜLLER 1981A: S. 73]. Er betont dabei stark die Reduktion des Modells gegenüber dem Original und den subjektrelativen Charakter der Modellbildung, also die Bindung des Modells an die Zwecke eines Subjektes. Er unterscheidet dann nicht mehr zwischen Wissen und Information, sondern faßt Wissen als „spezielle Bündel von Informationsprozessen" [STEINMÜLLER 1981A: S. 75] bzw. unterscheidet Wissen von der Information nicht qualitativ, sondern nur nach den Stadien des Informationsprozesses. Wissen ist für ihn „gespeicherte Information" [STEINMÜLLER 1993: S. 236].

Mit der Betonung des Zweckbezuges von Information kommt er der informationswissenschaftlichen Sichtweise mit ihrem pragmatischen Primat der Information nahe. Allerdings bleibt er mit seiner Bestimmung sehr allgemein und kann die speziellen Probleme, die bei der Herstellung unterschiedlicher subjektrelativer Modelle und bei der späteren Nutzung entstehen, nicht im Detail fassen. Er rettet sich in die Anforderung, die das Datenschutzrecht entscheidend geprägt hat, nach genauer Festlegung von Herstellung und Verwendungszweck. „Denn jede Information ist, wegen der radikalen Strukturreduktion des Modells gegebenüber dem Original, streng subjektrelativ, benutzerbezogen. Eine...'objektive' Information existiert erst, wenn Herkunft und Verwendungszweck der Information definiert (und angegeben) sind. Objektivität ist definierte Intersubjektivität." [STEINMÜLLER 1981A: S. 75] Diese Festlegung des Verwendungszweckes wird zunehmend problematisch, wenn Datenbestände gerade für noch unbekannte Informationsbedürfnisse gespeichert werden, wie dies z.B. bei entscheidungsunterstützenden Systemen und auch bei Stadtinformationssystemen zunehmend der Fall ist.

Sogar ein eher technisch orientierter Nachrichteningenieur wie Karl Steinbuch betont nicht den Übertragungskanal sondern die Wirkung auf den Empfänger. Für Steinbuch ist Information die „durch Signale bewirkte Strukturveränderung in einem Empfänger". [STEINBUCH 1979: 55]. Diese Definition rückt den Empfänger der Signale in den Mittelpunkt der Betrachtung und macht deutlich, daß es ohne Empfänger keine Informationen gibt und daß gespeicherte Daten erst dann zu Informationen werden, wenn sie beim Empfänger etwas bewirken.

Ähnlich argumentiert Nilsson [NILSSON 1990], der streng zwischen den in einem Informationssystem gespeicherten Daten und ihrer Transformation als Information durch ein Individuum unterscheidet. Es sind Daten und nicht Informationen, die in einem Informationssystem gespeichert, abgerufen und verändert werden können. Wenn wir aber genauer die Faktoren bestimmen wollen, die aus Daten Informationen machen, müssen wir diese Transformation begrifflich besser fassen und die Werkzeuge bestimmen, die die Transformation unterstützen.

Den Abruf von Daten aus einem Informationssystem faßt Nilsson als eine besondere Art von Kommunikationsprozeß, der im Vergleich zu menschlichen Kommunikationsprozessen durch seine fehlende Rückkopplungsmöglichkeiten eingeschränkt und damit fehleranfällig ist [NILSSON 1990: S. 451]. Zur Verbesserung der Qualität schlägt er die explizite Darstellung von Kontexten und Zeitfaktoren vor.

Pragmatischer Primat

Der Informationswissenschaftler Rainer Kuhlen betont die Notwendigkeit zur Unterscheidung von Wissen und Information und faßt als Wissen den Bestand an gesicherten Modellen über Objekte bzw. Objektbereiche und Sachverhalte. [KUHLEN 1991: S. 59]. Auch wenn diese Modelle grundsätzlich subjektrelativ sind, so entstehen sie aus der gesellschaftlichen Praxis von Gruppen von Menschen und sind so zumindest intersubjektiv in diesen Gruppen gültig. Demgegenüber ist die Information grundsätzlich auf die jeweils besondere Konstellation von Problemwahrnehmung, Handlungsorientierung und Informationssuchenden bezogen.

Er beschreibt den Unterschied von Wissen und Information aus der informationswissenschaftlichen Sicht mit der Kurzformel: "Information ist ... Wissen in Aktion". [KUHLEN 1991: S. 63] Diese Sicht, in der informationswissenschaftlichen Literatur auch 'pragmatischer Primat' genannt, spiegelt den terminologischen Stand in der Informationswissenschaft wieder, der ich im wesentlichen folge.

Im Gegensatz zum eher statischen Wissen ist Information ganz auf den Handlungskontext eines Informationsaufnehmenden bezogen. Information muß für den Benutzer einen Neuigkeitswert haben und muß handlungsrelevant sein. (S. 62) In der pragmatischen Sichtweise ist Information etwas sehr Flüchtiges, sie entsteht immer wieder neu im Prozeß des Abrufes durch einen Informationsempfänger. Damit entsteht natürlich die Frage nach dem Etwas, das in einem Informationssystem gespeichert und verarbeitet wird. Die reine Sichtweise als 'Wissen' ist zu statisch, da ja nicht unterschiedslos beliebiges Wissen gespeichert wird, sondern der Zweck, also letztlich ein möglicher Handlungskontext, grundlegend ist für die Speicherung.

Man könnte nun auch ganz auf die Unterscheidung von Wissen und Information verzichten und - dem allgemeinen Sprachgebrauch folgend - den Inhalt von Informationssystemen als 'Information' bezeichnen. Damit hätte man keinen Begriff für die Handlungsrelevanz, für die Erschließung des möglicherweise gleichen Sachverhalts aus ganz unterschiedlichen Handlungskonstellationen und Zwecken.

Auch Kuhlen sieht das Problem der Flüchtigkeit der Information und räumt ein, daß man eigentlich von "potentiellen informationellen Einheiten" (S. 81) sprechen müßte und verzichtet nur zur Vereinfachung des Sprachgebrauchs auf diese Differenzierung.

In meinem Zusammenhang ist der problemorientierte Aspekt von 'Wissen' wichtig, den ich als 'Information' fasse (siehe Abbildung 1).

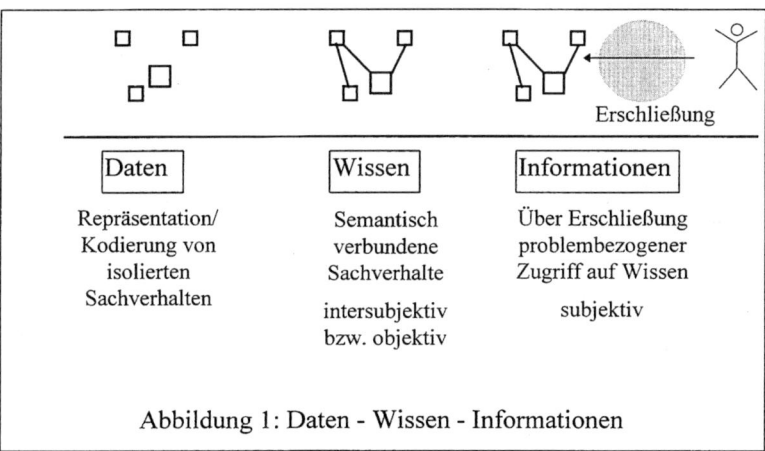

Abbildung 1: Daten - Wissen - Informationen

Das, was im System gespeichert wird, kann man als Wissen im Sinne von miteinander in Beziehung gesetzten Objekten oder Begriffen bezeichnen. Als Wissenbasis im Sinn der KI wird man es erst dann bezeichnen können, wenn die Beziehungen so weit formalisiert sind, daß sie automatisch manipuliert werden können und eine Inferenzkomponente existiert.

Statt der Entwicklung einer Inferenzkomponente ist das Ziel dieser Arbeit die Unterstützung der Benutzernavigation. Nicht die Konstruktion aktiver Systeme zur automatischen Inferenz steht im Vordergrund, sondern die Konstruktion von Werkzeugen, die die Benutzer aktivieren und diese bei ihrer Navigation im Problemlösungsraum unterstützen.

'Wissen' bezeichnet den statischen Aspekt, während 'Information' dynamisch ist, immer wieder in Bezug auf Problemkonstellationen neu hergestellt wird. Für das Gelingen und die Qualität dieses Prozesses der Aktualisierung auf eine Handlungskonstellation sind die Werkzeuge und andere Hilfsmittel zur Erschließung von Daten- oder Wissensbasen von entscheidender Bedeutung.

Erst die Möglichkeit der problembezogenen Erschließung macht aus einer statischen Wissensbasis ein Informationssystem.Diese Erschließungsmöglichkeiten umfassen sowohl die Werkzeuge zur Navigation als auch die Orientierung in der Entwicklung des Informationssystems auf die unterschiedlichen und flexiblen Erschließungsformen, die die verschiedenen Benutzer bei ihrer Problemlösung benötigen.

Erschließung

Der Erschließungsbegriff stammt aus dem Bereich der Information und Dokumentation. Unter Erschließung versteht man die inhaltliche Beschreibung von Objekten zum Zweck des Wiederfindens. Ich werde auf die Problematik der Erschließung im Zusammenhang mit der Suche und Navigation im sechsten Kapitel noch näher eingehen.

Im Information Retrieval werden drei Grundformen der inhaltlichen Erschließung unterschieden: Indexieren, Klassieren und Referieren (vergl. [HENNINGS 1991A]).

Beim Indexieren werden Objekten inhaltlich beschreibende Begriffe zugeordnet. Ein wichtiges Hilfsmittel bei der Indexierung ist ein Thesaurus. Ein Thesaurus ist eine geordnete Zusammenstellung von Begriffen und Bezeichnungen, die in einem Dokumentationsgebiet zum Indexieren, Speichern und Wiederauffinden dient. (vergl. [BURKART 1991]) Das zentrale Merkmal eines Thesaurus ist die Bereitstellung eines kontrollierten Vokabulars mit vorgegebenen Beziehungen, um so eine genaue terminologische Kontrolle zu ermöglichen. [WERSIG 1985]

Bei der Klassierung werden Begriffe in ein hierarchisches Klassifikationssystem eingeordnet. Dabei wird Ähnliches zu einer Klasse zusammengefaßt. Diese Klassen können durch zusätzliche unterscheidende Merkmale in Unterklassen zerlegt werden. Der Ansatz beim Aufbau der Klassifikationssysteme wie der Dewey-Decimal-Classification war es, das 'Wissen der Welt' in zehn Hauptabteilungen mit nach unten unbegrenzt vielen Unterklassen zu gliedern [BURKART 1991: S. 157].

Beim Referieren wird eine verbale Kurzbeschreibung von in der Regel längeren wissenschaftlichen Texten erstellt. Dabei kann man indikative und bewertende Beschreibungen unterscheiden. Diese Erschließungsform ist im Zusammenhang mit

Stadtinformationssystemen nicht primär interessant, da sie vor allem zur Orientierung bei einer Vielzahl von ausführlichen Dokumenten dient.

Sowohl Thesaurus als auch vorgegebene Klassifikationsschemata sind Ordnungssysteme, die die explizite Angabe von Beziehungen zwischen Begriffen ermöglichen. Man kann die Klassifikation mit ihrer hierarchischen Anordnung der Begriffsklassen als Sonderfall der Indizierung mit Thesaurus betrachten.

Diese Ordnungssysteme sind einerseits eine Klassenbildung und ermöglichen so die Benennung von Gemeinsamkeiten von Objekten. Alle Objekte, die das gleiche Schlagworte haben, haben unter diesem Gesichtspunkt eine Gemeinsamkeit.

Durch hierarchische Beziehungen zwischen den beschreibenden Begriffen können diese Klassen zu abstrakteren Klassen zusammengefaßt werden. In dem Maße, wie die Klassenbildung durch die beschreibenden Begriffe und die hierarchische Anordnung dieser Begriffe Sachverhalte der Alltagspraxis widerspiegeln, dienen sie der Orientierung bei der Erschließung und der Suche. So wird eine Verständigung zwischen der Person, die die Erschließung vornimmt und den Personen, die später nach Informationen suchen, ermöglicht.

Die Unterscheidung von Wissen und Information in einem Informationssystem drückt sich darin aus, daß neben der Speicherung der Repräsentation von Sachverhalten mindestens gleichberechtigt die Erschließung dieser Sachverhalte für jeweils unterschiedliche Handlungskontexte tritt. Erst wenn es eine Erschließungskomponente gibt, die bestimmte minimale Qualitätsanforderungen erfüllt, kann man von einem Informationssystem sprechen. Ansonsten handelt es sich schlicht um einen Datenfriedhof oder um ein Werkzeug, das genau festgelegte Zwecke erfüllen soll und damit im engeren Sinn kein Informationssystem ist. So ist etwa ein Produktionsplanungs- und -steuerungssystem, das nur zur Verwaltung und Bearbeitung von Stücklisten und Arbeitsplänen dient, kein Informationssystem. Erst wenn Komponenten zur flexiblen Abfrage hinzukommen, um Material zur Untersuchung ganz neuer Fragestellungen zu liefern, dann kann man von einem Informationssystem sprechen. Ein solches System enthält dann potentielle Informationen, die durch Benutzer aktivierbar sind.

Die Untersuchung und Weiterentwicklung dieser Erschließungskomponente ist heute die spannende Frage bei der Entwicklung von Informationssystemen. Ich werde im sechsten Kapitel noch einmal genauer auf die Probleme der begrifflichen Erschließung mit Hilfe von Thesauri eingehen und das Konzept von Hypertexten als Hilfsmittel für eine aktive, navigierende Erschließung diskutieren.

3.3 Qualitätsmanagement

Mit den im letzten Abschnitt entwickelten Begriffen kann ich die inhaltlichen Anforderungen an qualitativ hochwertige Stadtinformationssysteme genauer fassen. Um ihre Qualität nicht nur als momentanen Schnappschuß zu bewerten, sondern vielmehr die Chancen für eine längerfristige Gewährleistung ihrer Qualitätsmerkmale zu untersuchen und die dafür notwendigen Werkzeuge zu entwickeln, ist eine Betrachtung der Bedingungen ihrer Herstellung erforderlich. Der im Titel der Arbeit angesprochene Anspruch nach der Bestimmung von qualitativ hochwertigen Stadtinformationssystemen legt einen Bezug zur Diskussion um Qualität nahe, wie sie in der modernen Managementliteratur unter dem Begriff des Qualitätsmanagements geführt wird.

Die Diskussion um das Qualitätsmanagement wird hier aufgenommen, um daraus Erkenntnisse für die Gewährleistung der Qualität auch bei der Produktion von Informationen, bei der Herstellung von Informationen als Produkt zu gewinnen.

Ein weiterer naheliegender Bezugspunkt ist die Diskussion um Softwarequalität. Die nicht enden wollende 'Software Krise' in der Informatik, die Spillner zu der etwas ironischen Frage veranlaßt, ob denn eine Krise 25 Jahre dauern kann [SPILLNER 1994], ist immer noch nicht beendet (vergl. [RAUTENSTRAUCH 1992], [HOHLER 1995]).

Wenn man jedoch genau hinschaut, so haben Informationen und Software außer ihrer Immaterialität wenig gemeinsam. Bei der Software geht es um eine Beschreibung von automatisierten Abläufen und gerade bei der Diskussion um Softwarequalität stehen hochsensible Bereiche, in denen ein Fehler Katastrophen oder große materielle Verluste auslösen könnte, im Vordergrund. Die Qualität von Informationen ist demgegenüber vor allem auf die Bewältigung von problematischen Situationen durch Menschen bezogen, die Informationen als Hilfsmittel zur Problemlösung benötigen. Selbstverständlich ergeben sich Berührungspunkte zur Softwarequalität insofern, als auch die Entwicklung qualitativ hochwertiger Software als Managementproblem aufgefaßt werden kann, das durch die „Normen zum Qualitätsmanagement bei der Softwareentwicklung" [KNEUPER UND SOLLMANN 1995] strukturiert werden kann.

Ausgangspunkt der Diskussion um das Qualitätmanagement war die Erkenntnis vor allem in Europa und den USA, daß japanische Konkurrenten imstande waren, qualitativ bessere Produkte herzustellen als die westlichen Unternehmen (vergl. [GARVIN 1988]). Bei der Untersuchung der Gründe für den japanischen Erfolg und im Zuge der intensiveren Beschäftigung mit Voraussetzungen für qualitativ hochwertige Produkte wurde deutlich, daß eine hohe Produktqualität nicht nebenbei entsteht, sondern das Resultat verschiedener Aktivitäten in allen Phasen des Produktzyklusses ist. Diese Aktivitäten werden heute unter dem Begriff des Qualitätsmanagements zusammengefaßt und dienen der aktiven Gestaltung und Bewirtschaftung von Qualität [SEGHEZZI 1993].

Die erste Schwierigkeit für ein bewußtes Qualitätsmanagement ist bereits die Definition von Qualität. David A. Garvin, einer der 'Gurus' der Literatur zum Qualitäts-

26

management, unterscheidet fünf verschiedene grundlegende Definitionen von Qualität [GARVIN 1988: S. 40ff.]: die transzendente, die produktbezogene, die benutzerbezogene, die herstellungsbezogene und die wertbasierte Sichtweise von Qualität.

In der transzendenten Sichtweise ist Qualität eine innere Eigenschaft, die man nicht definieren kann, sondern die man erkennt, wenn man sie sieht. Garvin verweist dabei auf Robert Pirsig's Buch 'Zen und die Kunst ein Motorrad zu warten'. In der produktbezogenen Sichtweise ist Qualität eine eindeutig bestimm- und meßbare Eigenschaft eines Produktes, die objektiv festlegbar ist. In der benutzerbezogenen Sichtweise wird Qualität völlig subjektiv mit den Augen des Benutzers gesehen. Die herstellungsbezogene Sicht betrachtet Qualität als die Übereinstimmung von Anforderungen und Realisierung. Das Produkt als Ganzes mit seinem Nutzen für einen Kunden ist nicht weiter wichtig, sondern nur die geforderten und zugesagten Eigenschaften. Die letzte Sicht, die wertbasierte Sicht der Qualität beruht auf der Relation von Preis und Nutzen. Diese Sicht ist intuitiv verständlich, ist aber nach Garvin schwer zu operationalisieren, da unterschiedliche Konzepte miteinander verbunden werden.

Der besondere Wert dieser Darstellung liegt darin, daß Garvin die Sichten nicht alternativ gegeneinander stellt, sondern sie als unterschiedliche Sichtweisen begreift, die jeweils ihre Berechtigung haben und die auf den unterschiedlichen Funktionen der betrieblichen Arbeitsteilung beruhen. Wichtig ist für ihn vor allem, daß den beteiligten Gruppen die Relativität ihrer Sicht deutlich wird und damit die Voraussetzung für eine situationsgerechte Festlegung von Qualität geschaffen wird, die die verschiedenen Sichtweisen integriert.

Garvin arbeitet vor allem mit den drei mittleren Sichtweisen, der produkt-, der benutzer- und der herstellungsbezogenen Sicht und ordnet diesen drei Sichtweisen jeweils die Entwurfs-, Marketing- und Fertigungsabteilung eines Unternehmens zu. Mit dem fehlenden Bewußtsein der Relativität und Komplementarität ihrer Sichtweisen erklärt er den Ablauf so mancher unproduktiver Planungssitzung im Unternehmen. Seine Unterscheidung ist vor allem hilfreich, um das Bemühen um Qualität als einer übergreifenden Managementaufgabe und ihre Umsetzung in den einzelnen Organisationseinheiten begrifflich zu fassen.

Die grundsätzliche Gleichberechtigung der drei Qualitätssichten schafft einen Ansatzpunkt für das Management, um betriebliche Reorganisationsprozesse ohne zusätzliche Konflikte in Gang zu setzen. Für ein analytisches Verständnis der einzelnen Faktoren, die zu einem qualitativ hochwertigen Produkt führen, ist aber eine Untersuchung der gegenseitigen Abhängigkeiten erforderlich.

In der Diskussion um Totat Quality Management (vergl. [OESS 1991], [SEGHEZZI 1993]) war die zentrale Stellung des Kunden für die Bestimmung der Qualität eine wichtige Erkenntnis. „Nicht die Vorstellungen eines Qualitätssicherungsleiters, einer

Fertigungsleitung oder der Unternehmensleitung in bezug auf Qualität, sondern die der Kunden sind allein entscheidend." [OESS 1991: S. 89]

Für J. M. Juran, einen weiteren Qualitätsguru, umfaßt Qualität vor allem die zwei Bedeutungen Produktnutzen und Fehlerfreiheit [JURAN 1993: S. 13f.], die er unter dem Begriff Gebrauchstüchtigkeit (Fitness for use) zusammenfaßt. Für Juran steht der Kunde an der ersten Stelle. Die Kundenbedürfnisse müssen klar erkannt und formuliert werden und dann in einen qualitativ hochwertigen Produktionsprozeß umgesetzt werden.

Diese zentrale Stellung des Kunden ist nicht selbstverständlich. Die Ursprünge der systematischen Beschäftigung mit Qualität liegen eher im Produktionsbereich und sahen die Qualität vor allem als technische Qualität, als Übereinstimmung von Serienprodukten mit den geforderten Anforderungen (vergl. [GARVIN 1988] und [SEGHEZZI 1993]).

Der Kundenorientierung entspricht in der Informatik die Entdeckung des Nutzers. Auch hier war es lange Zeit eher ein Nebenaspekt, daß Informationssysteme von Nutzern auch effektiv und effizient genutzt werden sollten. Erst mit dem Aufkommen der Software-Ergonomie wurde die Einbeziehung der späteren Nutzer in die Systementwicklung systematisch untersucht und in die Systementwicklungsmodelle integriert (vergl. [REISIN 1994], [GREENBAUM UND KYNG 1991]).

3.3.1 Produktqualität

Orientierung am Kunden bedeutet, daß die möglichen Kunden in die Definitionsphase des Produktes einbezogen werden und daß es auch danach zu einer ständigen Rückmeldung und Evaluation der Kundenzufriedenheit kommt. Auf dieser Ebene sind es die Eigenschaften des Produktes in Relation zu Kunden, seine Nützlichkeit für mögliche Kunden, die im Vordergrund stehen und die die Grundlage für das Qualitätsmanagement bilden.

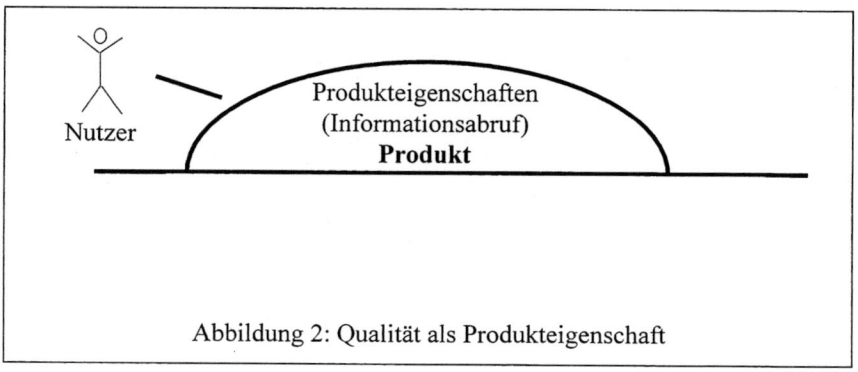

Abbildung 2: Qualität als Produkteigenschaft

Bei Stadtinformationssystemen sind dies Faktoren wie Aktualität, Ausführlichkeit und multimediale Aufbereitung, auf die ich im Kapitel 3.4 genauer eingehe. Etwas zugespitzt kann man sagen: Qualität ist das, was Benutzer wünschen (vergl. Abbildung 2).

Dies mag trivial erscheinen, aber bereits die kurze Geschichte von Informationssystemen liefert Anschauungsmaterial für das Gegenteil. So wurde über Jahre hinweg die Nutzung von Fachinformationssystemen für Klein- und Mittelbetriebe (KMU) von der Bundesregierung gefördert. Die mangelnde Nutzung wurde nicht als Indiz für die mangelnde Qualität der angebotenen Informationssysteme genommen, sondern auf die Dummheit der Nutzer zurückgeführt, die selbstverständlich nur mit umso größeren Anstrengungen überwunden werden konnte.

Die Feststellung der Kundenzufriedenheit kann sich allerdings nicht ausschließlich an der Menge der Kunden orientieren. Die Bildzeitung ist nicht qualitativ besser als die FAZ, nur weil sie von Millionen Menschen mehr gelesen wird. Deshalb ist die Bildung unterschiedlicher Qualitätsklassen erforderlich, so daß nur die Produkte einer vergleichbaren Qualitätsklasse miteinander verglichen werden.

Aber auch unter Einbeziehung von Qualitätsklassen reicht eine ausschließlich auf die Produkteigenschaften und ihre Relation zum Nutzer bezogene Sichtweise der Qualität aus mehreren Gründen nicht aus. Wegen der Neuartigkeit der Produkte wissen Kunden oft nicht, was sie wünschen können. Aber auch bei bekannten Produkten sind manche Eigenschaften nicht direkt erfahrbar und können nur indirekt ermittelt werden. Der wichtigste Punkt betrifft das Verhältnis von Aufwand und Nutzen. Auf der Ebene der reinen Produkteigenschaften stehen Aufwand und Nutzen in der Regel in einem direkten Verhältnis: Je höher der Nutzen sein soll, desto mehr Aufwand ist erforderlich. Eine erweiterte Sicht ermöglicht zumindest eine partielle Auflösung dieses starren Verhältnisses.

Neuartigkeit der Produkte

Gerade bei Produkten, die nicht nur Variationen bereits bekannter Produkte sind, muß sich die Nützlichkeit erst in einem längeren Prozeß des Probierens herausbilden. Dabei müssen kulturelle Handhabungskonventionen sowohl von Nutzern als auch von Entwicklern gestaltet und erprobt werden.

Biervert u.a. beschreiben einen Fall eines Informationssystems in einem Baumarkt, den sie unter der Überschrift „Technisierung ohne Nutzen" fassen. Dabei machen sie die Beobachtung, daß das Ergebnis einer Befragung der Kunden durch den Hersteller eine allgemeine Akzeptanz des Systems war. Ihre eigene Untersuchung mit Hilfe von Intensivinterviews ergab jedoch ein für den Hersteller niederschmetterndes Ergebnis: „Das Leitsystem wurde zwar freundlich als interessante Spielerei aufgenommen. Das Ergebnis unserer Intensivinterviews ist jedoch, daß nachhaltige Nutzungsmöglichkeiten von den Kunden nicht erkannt werden können." [BIERVERT,

MONSE, GATZKE UND REIMERS 1994: S. 194] Offen bleibt bei diesem Ergebnis, ob der Grund für die mangelnde Akzeptanz ein unzureichender Systementwurf war oder ob in diesem Bereich elektronische Informationssysteme grundsätzlich an den Bedürfnisse der Kunden vorbeigehen.[4]

Deutlich wird an diesem Beispiel, daß Benutzer oft nicht wissen, was sie wünschen können, da sie den Möglichkeitsraum moderner Informationssysteme nicht überblikken. Aus diesem Grund neigen sie auf einer allgemeinen Ebene zu einer allgemeinen Zustimmung oder Ablehnung. Erst bei einer Konkretisierung wird der wirkliche Nutzen - bzw. das Fehlen eines solchen - bemerkt und kritisiert.

In der Frühphase der Entwicklung neuer Informationsangebote, in der wir uns in Bezug auf Stadtinformationssysteme zur Zeit befinden, ist deshalb die Ableitung von Qualitätsanforderungen aus anderen Bereichen und eine expertengestützte Festlegung von Qualitätsanforderungen unvermeidbar. Erst auf dieser Basis kann ein prototypisches System mit einer ausreichend entwickelten Funktionalität entwickelt werden, das dann die Basis für eine Bewertung durch Nutzer ist. Je besser von der Funktionalität und vom Umfang der Datenbasis das System wird, desto eher können Nutzer auch die neuen Möglichkeiten wahrnehmen und dann auch gezielt kritisieren. Dies ist dann der Ausgangspunkt für einen zyklischen oder eher spiralförmigen Prozeß, in dem Benutzer und Entwickler ein gemeinsames Verständnis von nützlichen Produkteigenschaften entwickeln.

Produkteigenschaften nicht erkennbar

Aber auch bei bekannten Produkten ist die Orientierung an Produkteigenschaften oft nicht ausreichend. Diese Herangehensweise setzt voraus, daß alle für den Benutzer wichtigen Eigenschaften durch die Begutachtung des Produktes selbst bewertet werden können. Bei etwas komplexeren Produkten ist eine direkte Einschätzung der Produkteigenschaften oft nicht mehr möglich. Bereits bei normalen Haushaltsgeräten ist eine Einschätzung der Lebensdauer schwierig. In solchen Fällen vertraut man oft auf den Ruf der Herstellungsfirma, berücksichtigt also Faktoren, die mit den Produkteigenschaften nur indirekt zu tun haben.

Aufwand und Nutzen

Maßnahmen zur Verbesserung der Qualität von Produkten bewegen sich zunächst im Spannungsverhältnis von Aufwand und Nutzen.

„Den Zusammenhang zwischen Qualität, Kosten und Lieferbereitschaft ... nenne ich das unternehmerische Spannungsdreieck, weil bei jeder unternehmerischen Aufgabe ständig zwischen den drei Faktoren abzuwägen ist, um ein maximales Unterneh-

---

[4] Jeder, der einmal in einem großen Baumarkt war, kennt zumindest die Orientierungslosigkeit und damit den Problemdruck bei der Suche nach bestimmten Teilen.

mensergebnis zu erzielen." [SEGHEZZI 1993: S. 11 - die Abbildung ist mit Layout-Veränderungen ebenfalls dort entnommen - WT]

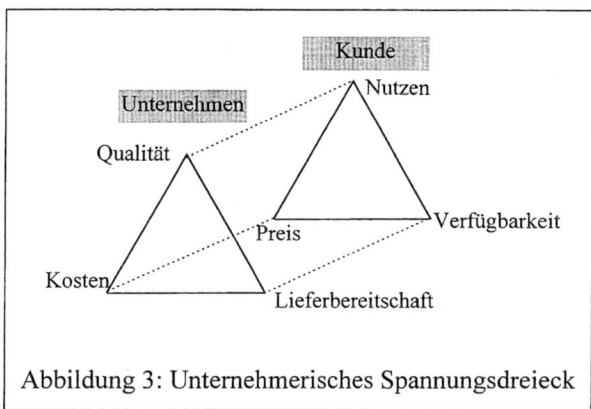

Abbildung 3: Unternehmerisches Spannungsdreieck

In dieser Darstellung werden die unterschiedlichen Sichtweisen aber auch der gemeinsame Bezug von Hersteller und Kunde auf das Produkt deutlich. Was auf der Seite des Herstellers als Kosten erscheint, führt letztlich zu einem Preis für den Kunden, der mögliche Nutzen für den Kunden kann umgekehrt als Qualitätsanforderung an das Produkt beschrieben werden.

Insgesamt ist diese Sichtweise aber noch sehr statisch, da hier höhere Qualität nur bei höheren Kosten zu erreichen ist. In einer dynamischen Sicht kann man durch verbesserte Produktionsverfahren das gegenläufige Spannungsverhältnis auflösen und eine höhere Qualität bei gleichen oder sogar geringeren Kosten ermöglichen.

In der Betriebswirtschaftslehre wird die Produktivität als Funktion von Input und Output gesehen. Je mehr Output man bei gegebenem Input erzeugen kann, desto produktiver ist ein Verfahren. Dabei sind Input und Output mengenmäßige Größen.

Bei der Produktion von Informationssystemen ist der Output keine mengenmäßig erfaßbare Gütermenge. Es ist ja gerade ein Kennzeichen von Information, daß sie nicht verbraucht wird und deshalb auch nicht mehrfach hergestellt werden muß. Wenn man die Qualität als etwas Meßbares betrachtet, kann man sie als Repräsentant des Produktionsergebnisses begreifen. Ich habe deshalb die Qualität eines Informationssystems als Maß für den Output des Produktionsprozesses gesetzt. Damit ist die Produktivität bei Informationssystemen der Verhältnis von Aufwand zur Qualität.

Die gewünschte Qualität ist zunächst eine Funktion des Aufwandes bzw. des Inputs. Je höher die Qualitätsanforderungen an ein Informationssystem sind, desto mehr Aufwand ist erforderlich, während umgekehrt ein schlechtes Informationssystem mit wenig Aufwand hergestellt werden kann.

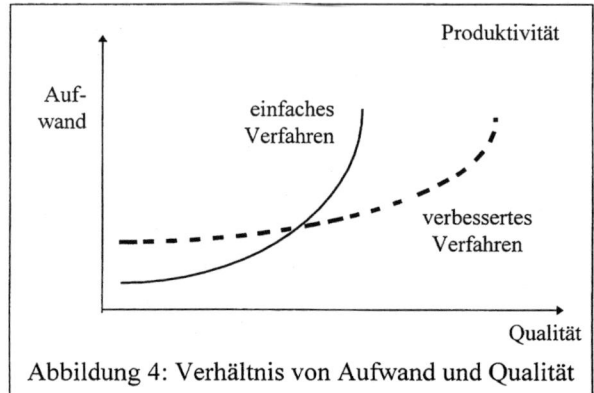

Abbildung 4: Verhältnis von Aufwand und Qualität

Die Abhängigkeit der Qualität vom Aufwand ist aber weder linear noch statisch. Im oberen Qualitätsbereich nimmt der Aufwand für weitere Qualitätssteigerungen exponentiell zu und steht dann in keinem Verhältnis mehr zur erreichten Qualitätsverbesserung. So ist z.B. beim Übergang von einem monats- zu einem wochen- oder tagesaktuellen Veranstaltungskalender eine deutliche Qualitätsverbesserung zu sehen. Eine weitere Steigerung zu einem minutenaktuellen Kalender ist aber nicht mehr sinnvoll.

Wichtiger ist aber der Einfluß technisch oder organisatorisch veränderter Produktionsverfahren. Ein verbessertes, effizienteres Verfahren führt zu einer Verschiebung der Produktionskurve nach links bzw. zu einer flacheren Kurve. Dies bedeutet, daß mit dem gleichen Aufwand ein besseres Ergebnis, eine höhere Qualität erzielt werden kann. Dabei ist oft zunächst ein höherer Aufwand erforderlich, der sich erst bei größeren Datenmengen und der damit verbundenen höheren Qualität des Systems auszahlt.

Neben der Auflösung des Spannungsverhältnisses von Aufwand und Nutzen über verbesserte Produktionsverfahren ist eine weitere Auflösung denkbar. Diese beruht auf der Einbeziehung der Qualitätsbetrachtungen in den Produktionsprozeß selbst und liegt der TQM-Methode zugrunde.

Ein grundlegendes Problem der produktbezogenen Qualitätsbetrachtung ist ihr statischer Charakter. Man kann auf dieser Ebene existierende Produkte miteinander vergleichen, wie dies etwa die Stiftung Warentest sehr erfolgreich tut, und so Qualitätsunterschiede ermitteln und bewerten. Sie liefert aber keine tragfähigen Ansätze für eine Verbesserung der Qualität.

Erst mit einer prozeßbezogenen Sicht werden sowohl das Produkt als Ergebnis von veränderbaren Arbeitsprozessen als auch die Veränderungen des Produktes im Zeitablauf begrifflich faßbar.

3.3.2 Produktionsprozeß

In der Diskussion der einzelnen Problempunkte des rein produktbezogenen Qualitätsansatzes ist bereits die Notwendigkeit der prozeßorientierten Sicht angesprochen worden und soll hier näher beleuchtet werden. Dies ist bei Informationssystemen von

32

besonderer Bedeutung, da diese als Organisationstechnologien eingesetzt werden und die Veränderungen der Umwelt miteinbeziehen müssen.

In der Literatur zum Qualitätsmanagement besteht weitgehend Einigkeit über die Notwendigkeit des Übergangs zum prozeßbezogenen Qualitätsbegriff. Für Milville und von Gustke ist er der „rote Faden" [MILVILLE UND VON GUSTKE 1994: S. 15], der die einschlägige Literatur durchzieht, und Bullinger fordert, daß die Qualität im Büro sich mehr als bisher nicht nur am Ergebnis orientieren, sondern die Prozesse und die Prozeßbeteiligten im Büro mit einbeziehen muß. [BULLINGER 1993: S 79]

In der japanischen Tradition ist das prozeßorientierte Denken von vornherein stärker verankert als in der westlichen Tradition, und so entwickelt Imai sein auch hier populär gewordenes Konzept des Kaizen[5] stark in Abgrenzung zum ergebnisorientierten westlichen Management. „Kaizen fördert prozeßorientiertes Denken, weil die Prozesse verbessert werden müssen, ehe wir verbesserte Ergebnisse erwarten können." [IMAI 1986: S. 39]

Die Prozeßorientierung umfaßt zwei unterschiedliche Bedeutungen. Auf einer ersten noch sehr produktnahen Ebene kann man die Weiterentwicklung und Verbesserung des Produktes im Zeitablauf als Prozeß sehen. Dies ist aber noch sehr formal, da die Faktoren, die die Weiterentwicklung steuern, hier nicht deutlich werden.

Der entscheidende Punkt der Prozeßorientierung ist die Sichtweise des Produktes als Ergebnis und Voraussetzung des Produktionsprozesses. Der Produktionsprozeß ist nicht einfach im fertigen Produkt aufgehoben, sondern wirkt im Produkt weiter und bildet die Basis für die Weiterentwicklung und Verbesserung des Produktes (siehe Abbildung 5).

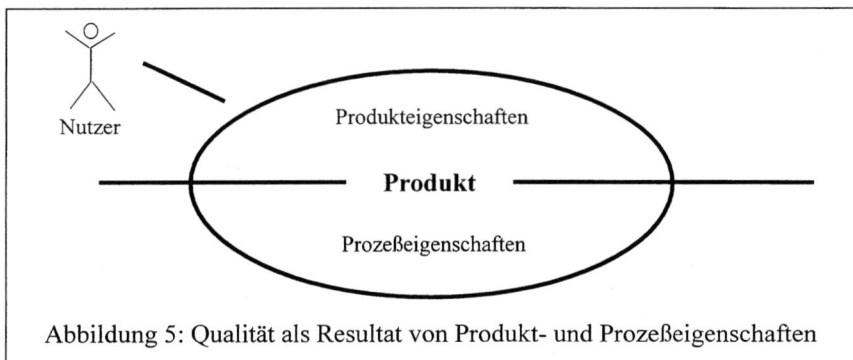

Abbildung 5: Qualität als Resultat von Produkt- und Prozeßeigenschaften

Diese Vermittlung von produkt- und prozeßbezogenen Sichten wurde auch in der Informatik bereits Mitte der 80er Jahre von arbeitsorientierten Wissenschaftlern for-

---

[5] Kaizen bedeutet nichts anderes als kontinuierliche Verbesserung.

muliert. Das Projekt Utopia in Skandinavien [EHN 1988] und in Deutschland Frieder Nake [KÖHLER, NAKE, SCHELHOWE-HEYL UND VOET 1986] forderten die Berücksichtigung der doppelten Qualität der Arbeit - Qualität des Arbeitsprozesses und Qualität des Arbeitsproduktes. Bereits hier wurde deutlich, daß beide Qualitäten voneinander abhängig sind und daß qualitativ hochwertige Produkte auch qualitativ hochwertige Arbeitsprozesse erfordern. Angesichts der damals noch vorherrschenden tayloristischen Grundüberzeugung vieler Manager konnten sich solche Ansätze erst langsam durchsetzen. Heute wird im Rahmen des Total Quality Managements ganz selbstverständlich auf die frühen arbeitsorientierten Ansätze zur „Qualität der Arbeit" [OESS 1991: S. 21] rekurriert.

Im einzelnen folgt aus der Prozeßorientierung des Qualitätsmanagements, daß der Produktionsprozeß auf allen Ebenen unter dem Gesichtspunkt der Qualität betrachtet und verändert werden muß. Etwas plakativ und eher für eine Vorstandssitzung formuliert heißt es dann bei Milville und von Gustke: „Der prozeßbezogene Qualitätsbegriff fordert nicht mehr, aber auch nicht weniger, daß alle Prozesse einer Organisation Qualitätsprozesse sein müssen. Das heißt, Anforderungen, die an diese Prozesse gestellt werden, müssen zu 100% erfüllt werden. Abweichungen sind aufzuspüren und systematisch zu beseitigen." [MILVILLE UND VON GUSTKE 1994: S. 15]

Damit wird das Problem auf die Definition von Qualitätsprozessen verschoben und mit der doch sehr an einen Kasernenhof erinnernden Sprache auf die unbedingte Einhaltung von Normen und die Beseitigung von Abweichungen reduziert.

Dabei ist der Gedanke der Fehlerfreiheit eine sehr wichtige Überlegung. Je später Fehler im Produkt entdeckt und beseitigt werden, desto höher sind die Kosten. So stiegen die Kosten zur Fehlerbeseitigung bei der Entwicklung eines Betriebssystems von 2000 DM in der Entwicklungsphase auf bis zu 20 000 DM in der Phase des Feldeinsatzes. [WALLMÜLLER 1995: S. 1]

Wichtig ist aber nicht das Verbot von Fehlern, sondern das Bemühen auf allen Ebenen, Fehler zu vermeiden. Ein qualitativ hochwertiger Prozeß zeichnet sich dadurch aus, daß die beteiligten Menschen die Möglichkeit besitzen, alles beim ersten Mal richtig zu machen. Es nützt ja nichts, Fehlerfreiheit nur zu fordern. Vielmehr muß man Bedingungen schaffen, unter denen Fehler im Prozeß systematisch beseitigt werden können und so zu einem fehlerfreien oder eher fehlerarmen Prozeß führen.

Um diese Bedingungen zu identifizieren, ist ein genaueres Verständnis von Prozessen erforderlich. Unter einem Prozeß versteht Juran „jeden systematischen Ablauf von Aktivitäten zur Erreichung eines oder mehrerer Ziele. Dieses Begriffsverständnis beinhaltet alle Arten von Abläufen, fertigungs- und nicht fertigungsbezogen. Es bezieht außerdem neben den Betriebsmitteln alle betroffenen Mitarbeiter mit ein." [JURAN 1993: S. 206]

Bei der Gestaltung von Arbeitsprozessen sind gleichermaßen die Betriebsmittel, also die Maschinen und Werkzeuge, und die beteiligten Menschen wichtig.

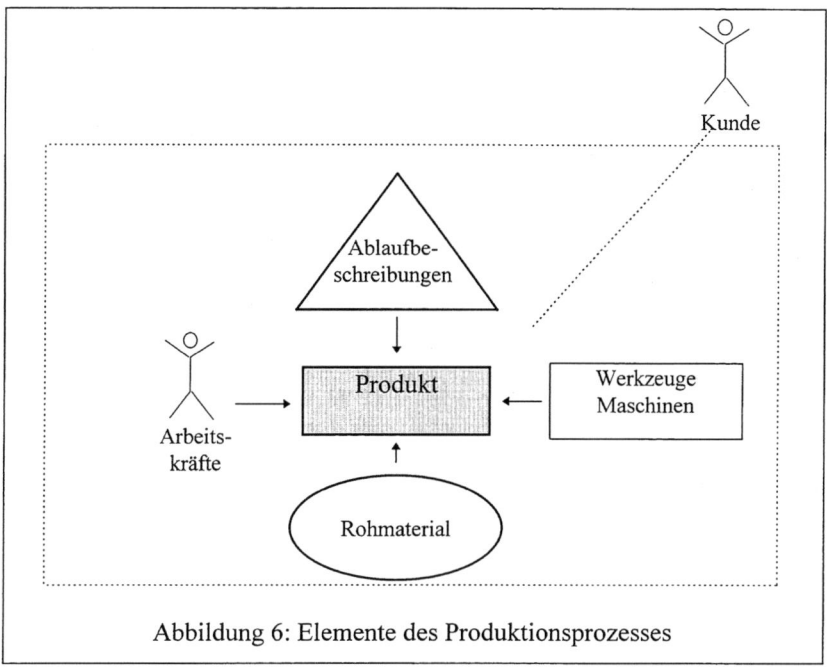

Abbildung 6: Elemente des Produktionsprozesses

Bei der Planung der Arbeitsabläufe zur Erstellung eines Produktes müssen die einzelnen Arbeitsschritte räumlich-zeitlich-personell unter Beachtung der zur Verfügung stehenden Werkzeuge festgelegt werden. Diese Festlegung der Arbeitsorganisation kann ganz unterschiedlich erfolgen. Nachdem in den westlichen Industrieländern lange Zeit mit dem Taylorismus eine sehr hierarchisch-bürokratische Form der Arbeitsorganisation (vergl. [BRAVERMAN 1980], [MENDNER 1975]) vorherrschend war, sind vor allem im Zusammenhang mit der stärkeren Durchdringung der Produktionsprozesse mit Informations- und Kommunikationstechnologien eher kooperative gruppenbezogene Formen der Arbeitsorganisation in den Vordergrund gerückt.

Im Zusammenhang mit der Diskussion um das Qualitätsmanagement werden folgende Faktoren einer prozeßbezogenen Qualitätsverbesserung hervorgehoben:

• Partizipation der Betroffenen und Qualifizierung
• Aufgabenintegration - Business Process Reengineering
• klare Ablaufbeschreibungen
• aufgabenangemessene Werkzeuge.

Zu den erforderlichen Bedingungen für einen Qualitätsprozess gehört auf jeden Fall die Einbeziehung aller Beteiligten auch in die Planung der Prozesse sowie ihre Qualifizierung. Dies liegt dem Kaizen-Modell und auch dem Total Quality Management zugrunde und wird in Deutschland u.a. von Bullinger [BULLINGER 1993] vertreten.

Die Aufgabenintegration, die sich als 'Business Process Reengineering' inzwischen einer großen Beliebtheit in der Managementliteratur erfreut, nimmt Abschied vom tayloristischen Modell der engen arbeitsteiligen Produktionsorganisation. Hammer formuliert diese Abkehr in einem bekannten Aufsatz im Harvard Business Review: „For the most part, we have organized work as a sequence of separate tasks and employed complex mechanisms to track its progress." [HAMMER 1990: S. 107] Er fordert die Re-Integration von Aufgaben, die mit einem Geschäftsprozeß zusammenhängen: „Organize around outcomes, not tasks. This principle says to have one person perform all the steps in a process" (S. 108). Dies ist nach Hammer möglich, da mit den modernen Informations- und Kommunikationstechnologien eine Integration von organisatorisch und geographisch getrennten Ressourcen möglich ist. Der klassische Konflikt zwischen Zentralisierung und Dezentralisierung kann mit modernen Datenbanken, Telekommunikationsnetzen und standardisierten Verarbeitungssystemen aufgelöst werden (vergl. [HAMMER 1990: S. 110]).

Die Aufgabenintegration als organisatorisches Gestaltungsprinzip ist auch für den Aufbau der Arbeitsprozesse bei der Produktion von Stadtinformationssystemen ein wichtiges Prinzip, das allerdings erst auf einer entsprechenden technischen Grundlage realisierbar ist, um auch für diesen speziellen Fall den Konflikt zwischen Zentralisierung und Dezentralisierung aufzuheben.

Im Rahmen dieser Arbeit will ich mich auf die letzten beiden Aspekte konzentrieren, die die organisatorische und technische Basis für den Produktionsprozeß darstellen. Die Qualität der für die Produktion verfügbaren Werkzeuge bildet die Voraussetzung für einen Qualitätsprozeß, und eine möglichst klare Beschreibung der Abläufe einschließlich einer Festlegung der Verantwortlichkeiten ist die Voraussetzung für eigenverantwortliches Handeln auf den einzelnen Stufen der Prozeßkette. In einer geeigneten Verbindung der technischen und organisatorischen Elemente des Produktionsprozesses können flexible und den Beteiligten transparente Abläufe entwickelt werden, die grundlegend für Qualitätsprozesse sind.

Die Gewährleistung der Flexibilität ist eine zentrale Anforderung an qualitativ hochwertige Prozesse, die unter den heutigen Bedingungen als allgemeine Anforderung formuliert werden kann. Die Umsetzung dieser Anforderung erfordert einen entsprechenden Prozeßentwurf und vor allem geeignete Werkzeuge.

Unter der Flexibilität eines Produktionsprozesses verstehe ich die Fähigkeit, daß er angesichts veränderter Anforderungen ohne großen Aufwand umgestellt werden kann sowie die Berücksichtigung von unterschiedlichen Verfahrensvarianten innerhalb des gleichen Prozesses. Natürlich ist das nur innerhalb gewisser, durch seine technisch-materiellen Grundlagen gegebener Grenzen möglich.

Ganz generell ist bei heutigen Produktionsprozessen die Flexibilität eine wichtige Größe, was in der zunehmenden Bedeutung des Time-to-market-Faktors zum Ausdruck kommt. Die Schnelligkeit, mit der auf veränderte Anforderungen reagiert werden kann, ist ein entscheidender Wettbewerbsfaktor.

Dies gilt insbesondere für neuartige Produkte wie etwa Informationssysteme, bei denen das Produkt seine endgültige Gestalt noch nicht gefunden hat und wo das Austesten unterschiedlicher Varianten im Vordergrund steht.

Die Betonung der Flexibilität erfordert eine Sichtweise auf den Produktionsprozeß, in der die Veränderung des Produktes und des Prozesses nicht einen Störungsfaktor darstellt, den es zu minimieren gilt. Vielmehr gehört die Veränderung zur Normalität moderner Produktentwicklung und Prozesse und muß von vornherein eingeplant werden.

Die Ablaufbeschreibung ist bei komplexen Prozessen zentrales Instrument zur Koordination der einzelnen Elemente. Sie enthält eine Beschreibung der Aktivitäten und legt die Verantwortlichkeiten für diese Aktivitäten fest.

Im Rahmen der Zertifizierung gemäß der ISO 9000er Normen-Serie wird die Qualitätsfähigkeit einer Organisation stark an der Existenz von Vorgehensmodellen und festgelegten Verfahren für Freigabe und Fehlerbehandlung festgemacht.

Aufgabenangemessene Werkzeuge und die Festlegung der Abläufe sind eng aufeinander bezogen. Die Aufgaben werden im Rahmen von Ablaufbeschreibungen festgelegt, damit auch der notwendige Funktionsumfang der Werkzeuge. Werkzeuge sind so gesehen materialisierte Ablaufbeschreibungen. Bei Veränderungen der Abläufe können sie unterstützend wirken, wenn sie flexibel angelegt sind, aber auch hemmend, wenn in ihnen veraltete Ablaufstrukturen fest implementiert sind.

Entwurfskriterium für Werkzeuge ist nicht nur die effiziente Durchführung einmal festgelegter Operationen, sondern die Fähigkeit, unterschiedliche Abläufe effizient zu unterstützen. Diese etwas abstrakte Anforderung werde ich nun in Bezug auf die Produktion von Stadtinformationssystemen konkretisieren.

3.4 Produktqualität von Stadtinformationssystemen

Die oben entwickelten allgemeinen Qualitätsanforderungen müssen jetzt für den Bereich der Stadtinformationssysteme konkretisiert werden. Wie im Kapitel 3.3 entwickelt muß der Nutzen für die Nutzer der Ausgangspunkt der Qualitätsüberlegungen sein. Dieser Nutzen macht sich an den Produkteigenschaften fest, die der Nutzer in der Interaktion mit dem System wahrnimmt.

Es gibt zur Zeit noch keinen allgemein akzeptierten Kanon von Eigenschaften, die ein qualitativ hochwertiges Stadtinformationssystem besitzen sollte. Es gibt noch nicht einmal eine systematische Untersuchung der verschiedenen Dimensionen, die für die Einschätzung der Qualität von Stadtinformationssystemen wichtig sein könnten.

Eine Erhebung der Zeitschrift 'DOS' untersuchte Mitte 1996 100 deutsche Städte in Bezug auf ihre Online-Präsenz [MEYER 1996] und unterschied dabei die vier Rubriken (1) Stadtmagazine, (2) Nachrichten, (3) Ämter/Verwaltung und (4) Spaß. Innerhalb der Rubriken wird weiter unterschieden, z.b. im Bereich Ämter/Verwaltungen nach Stadtgeschichte, Zahlen und Fahrplänen.

Zentrale Frage bei der Erhebung war, „wieviel praktische Erleichterung, Spaß oder Information bringen regionale Angebote?" [MEYER 1996: S 69] Die Bewertung wurde von Rezensenten vorgenommen, die einen Monat lang das Internet und Online-Dienste durchkämmten und die ausdrücklich auch subjekte Eindrücke positiv oder negativ einfließen lassen sollten. Kommunikationsfunktionen, die Zugriffsgeschwindigkeit sowie pfiffige und originelle Angebote haben einen hohen Stellenwert und konnten mit Sonderpunkten hervorgehoben werden.

Insgesamt bleiben die Kriterien ziemlich unscharf und es bleibt der Eindruck, daß die Einschätzungen vorwiegend das Selbstverständnis und die aktuellen Modetrends der jungen, technikbegeisterten Internet-Anhänger widerspiegeln.

Eine der wenigen wissenschaftlichen Veröffentlichungen, die sich mit Qualitätskriterien für alltagsorientierte Informationssysteme beschäftigt, stammt von Rainer Kuhlen zum Thema elektronische regionale Märkte [Kuhlen 1995a]. Er beschreibt darin das Konzept der 'Electronic Mall Bodensee (EMB)', eines „regionalen, elektronischen Marktes der Bodenseeregion", das Ähnlichkeiten mit dem Konzept der Stadtinformationssysteme hat. Der Ausgangspunkt ist allerdings mit seiner Ausrichtung auf den elektronischen Markt eher kommerziell, allerdings soll das System auch dem allgemeinen Publikum Informationen für sein Alltagshandeln bereitstellen.

Kuhlen schlägt eine umfangreiche Liste mit insgesamt 24 Kriterien eines Qualitätsmanagements für regionale Informationssysteme vor, die vom Informationsgehalt, der Verläßlichkeit und Aktualität der Einträge über die Effizienz und Konsistenz der graphischen Darstellung bis zur Netzwerkleistung und den Kosten reicht [KUHLEN 1995A: S. 318]. Die meisten der dort aufgeführten Punkte sind sicher wichtige Qualitätsmerkmale, und sie müssen in eine Struktur der Qualitätsbewertung übernommen werden. In der Aufzählung von Kuhlen werden die einzelnen Punkte allerdings nicht weiter ausgeführt. Vor allem fehlt eine Diskussion der Struktur der Punkte und ihrer inhaltlichen Abhängigkeiten. So wird eine hohe Netzwerkleistung sicher nicht die fehlende Aktualität kompensieren können.

In einer kürzlichen Studie der Hochschule für Verwaltungswissenschaften in Speyer wurde die Netzpräsenz von Kommunen untersucht[6] [MASSER UND GERHARDS 1997]. Schwerpunkt waren dabei Elemente, die eine Verbesserung des Bürger- bzw. Kundenservices bedeuten. Die Autoren haben dafür eine Anforderungspyramide mit den Ebenen Information, Kommunikation und Partizipation entwickelt, die nach oben hin stärker gewichtet ist. Die Bereitstellung grundlegender Informationen ist relativ einfach und wird deshalb nicht so stark gewichtet wie die Einrichtung von Diskussionsforen zu kommunalen Themen. Die Einordnung mancher Punkte ist etwas problematisch - so werden Such- und Navigationshilfen auf der Kommunikationsebene anstatt als fortgeschrittene Informationsfunktion behandelt -, und die angebotenen Informationen werden nicht auf ihren Realitätsgehalt überprüft. Insgesamt macht die Studie die Notwendigkeit der Einbeziehung der Partizipationsmöglichkeiten der Bürger für eine Verbesserung der kommunalen Dienstleistungsqualität deutlich.

Horst und Komorowski haben 1996 in einer breit angelegten Studie die Qualität von Informationen in Stadtinformationssystemen in Datex-J und Internet untersucht [HORST UND KOMOROWSKI 1996]. Ihnen ging es um einen Überblick über die existierenden Informationsangebote und eine vergleichende Einordnung und Bewertung. Zu diesem Zweck entwickelten sie ein Kriterienraster mit acht Qualitätskriterien: Vollständigkeit, Ausführlichkeit, Aktualität, Vertrauenswürdigkeit, Präsentation, Ästhetik/Originalität, Navigation/Hilfe und Suchfunktion. Diese Kriterien haben sie dann operationalisiert und mit ihrer Hilfe die existierenden Stadtinformationssysteme verglichen und bewertet. Trotz ihrer taxonomischen Ausrichtung können diese Kriterien die Grundlage bilden für eine entwicklungsorientierte Diskussion der Qualität von Stadtinformationssystemen.

Dimensionen der Produktqualität

Bevor ich in die Diskussion der einzelnen Kriterien einsteige, entwickele ich ein Modell für die unterschiedlichen Dimensionen der Produktqualität, da ansonsten die Gefahr besteht, daß ganz unterschiedliche Qualitäten miteinander verglichen werden.

---

[6] Die Tatsache, daß das Bremer Stadtinformationssystem in dieser Studie mit dem ersten Platz ausgezeichnet wurde, soll hier nur angemerkt werden.

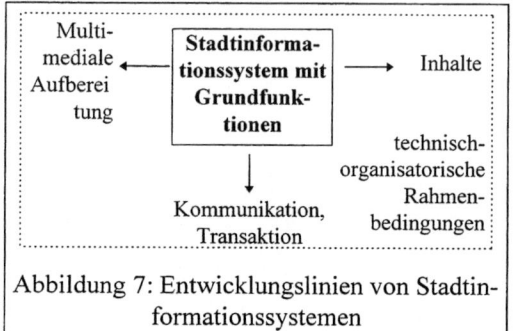

Abbildung 7: Entwicklungslinien von Stadtinformationssystemen

Ausgangspunkt sind einfache Stadtinformationssysteme mit grundlegenden Funktionen. Hier geht es überhaupt um eine elektronische Präsenz, die Betreiber sind froh, die technischen und organisatorischen Probleme gelöst zu haben und ein erstes Informationsangebot bereitzustellen. Qualitätsverbesserungen bestehen vor allem in der Vervollständigung und Verbreiterung der Angebote. Die Stadtinformationssysteme in T-Online, aber auch einfache WWW-Angebote fallen in diese Kategorie.

Viele Systeme werden vor allem in Richtung einer attraktiveren visuellen Darstellung weiterentwickelt und nutzen die heute vor allem im WWW vorhandenen multimedialen Funktionen für eine ansprechende Aufbereitung der Angebote.

Der zweite große Bereich der qualitativen Weiterentwicklung liegt in der Realisierung von Aktivitäten der Benutzer als Kommunikation und Transaktion. Hier sind Benutzer nicht mehr nur rein passiv auf den Informationsabruf reduziert, sondern können aktiv eigene Meinungsäußerungen in das System einbringen oder Transaktionen veranlassen.

Der dritte Bereich umfaßt den eigentlichen Kern eines Informationssystems, die Verbesserung der verfügbaren Inhalte. Neben der Vervollständigung der Inhalte ist hier vor allem die Suche nach den problembezogenen Informationen eine wichtige Qualitätsdimension.

In den nächsten Abschnitten gehe ich näher auf die einzelnen Entwicklungsrichtungen ein. Dabei erweisen sich die Inhalte als zentraler Bereich für eine Weiterentwicklung der Stadtinformationssysteme, so daß ich auf diesen Bereich näher eingehe.

3.4.1 Grundfunktionen von Stadtinformationssystemen

Die Entwicklung einfacher Stadtinformationssysteme mit grundlegenden Funktionen stellt heute keine große Schwierigkeit mehr dar und nur wenige größere Städte verzichten auf ein eigenes Angebot, wobei allerdings der Eindruck von „Masse statt Klasse" entsteht. [HOFFMANN UND DEMMER 1997]. Grundlegende Inhalte wie etwa Veranstaltungen und Adressen sind vorhanden und werden in einfachen Übersichten und überwiegend textorientierten Einzeldarstellungen angezeigt. Einfache Kommunikationsfunktionen, etwa in Form von E-Mail an die Betreiber, sind auch vorhanden.

Der Informationsabruf durch Benutzer ist bezogen auf den Datenbestand eine passive Operation: Der Benutzer kann und muß zwar aktiv aus der Menge der angebotenen Informationen auswählen, aber er kann selbst keine Informationen oder Meinungsäußerungen in das System eingeben.

3.4.2 Multimediale Aufbereitung

Die ästhetische Gestaltung umfaßt z.b. die Auswahl der Schrift und der Schriftgröße, Einsatz von Farben, Bildern, Animationen und die Anordnung der Elemente auf dem Bildschirm. Dieses Kriterium ist gerade bei Systemen, die um die Aufmerksamkeit der potentiellen Nutzer kämpfen müssen, von besonderer Bedeutung.

Die Informationsangebote werden vor allem mit Bildern und durch den Einsatz von Farbe visuell gestaltet und die Zweidimensionalität des Bildschirms wird aktiv genutzt. Experimentiert wird mit dynamischen Medien wie Ton, Animationen und Video, allerdings angesichts der beschränkten Übertragungsraten zur Zeit mit eingeschränktem Erfolg.

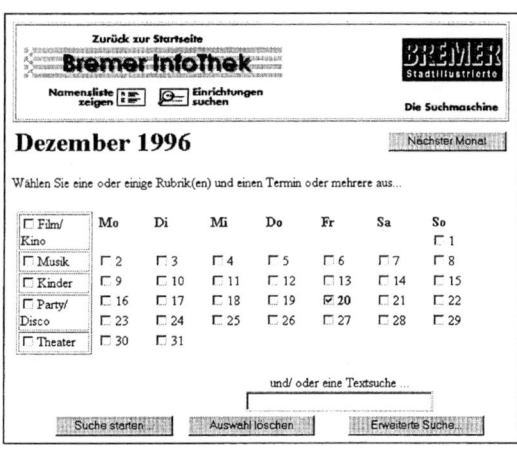

Abbildung 8: Veranstaltungssuche

Hier ist ein Auswahlformular für Veranstaltungen zu sehen (siehe Abbildung 8). Man kann unterschiedliche Kriterien eingeben (Rubrik, Tag, Zeichenkette) und erhält als Ergebnis eine Liste von Veranstaltungen, die diesen Kriterien genügt. Wenn man nichts eingibt, erhält man alle Veranstaltungen des aktuellen Tages. Dies ist die häufigste Suchform und wurde deshalb als Default-Einstellung ausgewählt. Diese Maske ist kaum visuell gestaltet und stellt die Abfragefunktion ohne Schnörkel in den Mittelpunkt.

Darunter ist die im Kern funktional gleiche Maske, allerdings mit einer deutlich graphisch veränderten Oberfläche zu sehen (im Orginal farbig).

Diese Oberfläche wurde von einer Arbeitsgruppe an der Bremer Hochschule der Künste entwickelt und zeigt ein zeitgemäßeres Design (siehe Abbildung 9). Ob die Handhabung auch verbessert ist, müssen erst noch die Usability-Tests zeigen.

So wichtig diese visuelle Gestaltung ist, so besteht doch die Gefahr, daß diese zum Selbstzweck wird und ganz auf die Oberfläche beschränkt bleibt. In seinem 'Software Design Manifesto' beschreibt Kapor die Notwendigkeit für ein Software Design, das mehr ist als der Entwurf der Benutzungsschnittstelle und das - ähnlich wie die Architektur - einen ganzheitlichen Entwurf von Software im Hinblick auf einen menschlichen Gebrauch ('human use') umfaßt [KAPOR 1996].

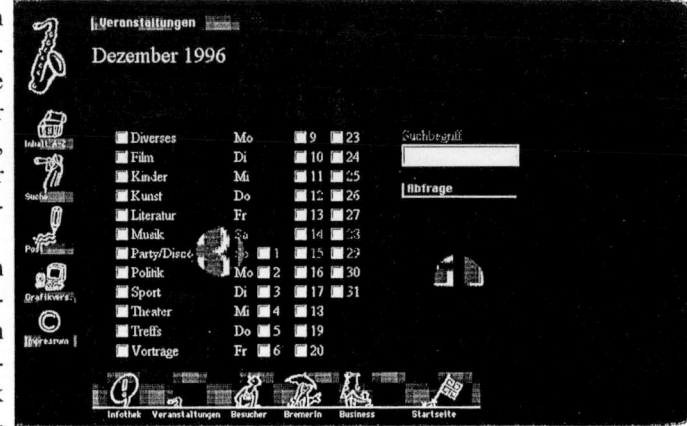

Abbildung 9: Veranstaltungssuche Neue Version

Die Voraussetzung hierfür ist allerdings eine intensive Zusammenarbeit von Programmierern und Designern, wobei Kapor von den Designern eine Beherrschung der technischen Grundlagen fordert, um eine Kommunikation der beiden Gruppen zu ermöglichen.

Die Wichtigkeit dieser Sichtweise wird in dem schönen Sammelband von Winograd entwickelt, mit dem er den Design-Gesichtspunkt in die Softwareentwicklung hineintragen will [WINOGRAD 1996].

In dieser Arbeit kann dieser Gesichtspunkt nicht weiter vertieft werden. Der einfache Grund ist der dafür erforderliche zeitliche und personelle Aufwand. Denn gerade wenn man unter Design eine umfassende neue Sichtweise auf Softwareprodukte versteht, so setzt dies eine intensive Beschäftigung mit den zugrundeliegende Strukturen voraus, die auf der Ebene von Prototypen, die schnell ins Netz gebracht werden müssen, nicht zu leisten ist. Diese Arbeit leistet aber hoffentlich insofern einen Beitrag für ein zukünftiges besseres Design, als sie die inhaltlichen Strukturen von Stadtinformationssystemen besser beleuchtet.

3.4.3 Kommunikation & Transaktion

Unter Kommunikation verstehe ich die Möglichkeit zur Eingabe eigener inhaltlicher Beiträge in das Stadtinformationssystem. Der Einsatz von elektronischer Post ist ein erster Schritt, um überhaupt innerhalb des Mediums Kontakt aufzunehmen. Die Qualitätsunterschiede beziehen sich hierbei auf die Spezifizierbarkeit des Adressaten. Trivial ist eine allgemeine Post an den Systembetreiber, aber dies ist in den mei-

42

sten Fällen nicht erwünscht. Besser ist die gezielte Angabe von Adressaten für spezielle Probleme. Neben der gezielten elektronischen Post an einzelne Adressaten sind öffentlich zugängliche Diskussionsforen wichtige Kommunikationsfunktionen.

Dies kann man verallgemeinern zur generellen Möglichkeit zum Verfassen von Nachrichten, die sich auf bereits im System gespeicherte Sachverhalte beziehen und die nicht nur von einzelnen sondern auch von mehreren anderen Benutzern gelesen und beantwortet werden können. Diese Funktionalität ist technisch ohne Schwierigkeiten realisierbar, allerdings fehlen noch die sozialen Codes im Umgang mit diesen Möglichkeiten.

Der dritte große funktionale Bereich von Stadtinformationssystemen neben den Informationen und der Kommunikation sind die Transaktionen. Transaktionen sind die Funktionen zur Durchführung rechtsverbindlicher Aktionen mit Dritten. Sie werden hier bereits aufgeführt, obwohl ihre Realisierung zur Zeit noch in den Kinderschuhen steckt. Da diese Funktion auch kommerziell interessant ist und viele Firmen an der Implementierung verläßlicher Transaktionsfunktionen arbeiten, ist mit der Verfügbarkeit entsprechender Grundfunktionen bereits in der nächsten Zeit zu rechnen. Ein weiterer Schritt, der sicher noch eine gewisse Zeit in Anspruch nehmen wird, ist dann die Integration in öffentlich verfügbare Systeme und vor allem der Anschluß der entsprechenden Geschäftspartner an diese Systeme.

Große Hoffnungen verbinden sich mit der Erledigung von 'Behördengängen im WWW'- so der Titel einer Untersuchung der Zeitschrift Internet World vom Juli 1997 [WILMES 1997]. Erhofft wird sich eine elektronische Antragsbearbeitung, die das zeitraubende Aufsuchen von Behörden überflüssig macht. Das Fazit ist eher ernüchternd und zeigt eine Beschränkung im wesentlichen auf die Kommunikation mit elektronischer Post und die anschließende Reaktion der Behörden mit traditionellen Print-Unterlagen[7].

Erst mit der Einbeziehung von Kommunikations- und Transaktionsfunktionen in ein Stadtinformationssystem wird die Neuartigkeit des elektronischen Mediums richtig deutlich. Die vielfältigen Detailprobleme, die mit diesen Funktionen zusammenhängen, können in dieser Arbeit nicht behandelt werden. Eine grundlegende Anforderung liegt allerdings im Kernbereich der Funktionalität eines Stadtinformationssystems und muß hier behandelt werden. Die Funktionen der Information, Kommunikation und Transaktion dürfen nicht unabhängig voneinander entwickelt werden. Notwendig ist ihre gegenseitige Integration. So muß es möglich sein, Kommunikationsakte auf bereits im System vorhandene Objekte zu beziehen und umgekehrt von

---

[7] Etwas zweifelhaft bleibt auch, ob etwa bei einer Behörde wie dem Verfassungsschutz, die im Test bewertet wurde, eine übergroße Bürgernähe erwünscht ist.

den Informationsobjekten direkt darauf bezogene Kommunikationsaktionen auszulösen.

3.4.4 Technisch-organisatorische Rahmenbedingungen

Die einzelnen Punkte, die unter dem Begriff technisch-organisatorisches Umfeld zusammengefaßt sind, betreffen die Rahmenbedingungen, unter denen die Nutzung des Stadtinformationssystems stattfindet.

Kosten

Ein für den Nutzer wichtiges Qualitätsmerkmal sind die für ihn anfallenden Kosten der Nutzung. Um die Spaltung der Gesellschaft in Informations-Reiche und Informations-Arme zu verhindern und die Teilhabe auch von unterprivilegierten Gruppen an dem informationellen Gemeinwesen zu ermöglichen, sind kostenlose öffentliche Zugangsmöglichkeiten z.b. in Bürgerhäusern oder Bibliotheken erforderlich.

Hilfe im Störungsfall

Die Schnelligkeit, mit der bei einem Fehler das System wieder in Ordnung gebracht wird, und die Verfügbarkeit von Ansprechpersonen, falls z.b. an einem öffentlichen Terminal das Papier im Drucker ausgeht, sind wichtige Qualitätsanforderungen. Schwächen in diesen Bereichen führen zu einem generellen Verlust an Vertrauenswürdigkeit, und es besteht die Gefahr, daß die Benutzer den Vertrauensverlust auch auf die angebotenen Informationen übertragen.

Gewährleistung von Datenschutz und Datensicherheit

Die Sicherstellung des Rechtes auf informationelle Selbstbestimmung auch im Zeitalter des Internet ist eine gesetzliche und politische Aufgabe. Gerade bei Stadtinformationssystemen, die ja von der Zielsetzung her bei der Bewältigung von Problem einzelner Menschen helfen sollen, ist eine Überwachung des Nutzungsverhalten gefährlich und darf entweder überhaupt nicht oder nur mit Zustimmung der Betroffenen erfolgen.

Die Datensicherheit als die Sicherstellung des ordnungsgemäßen Ablaufes der Verarbeitung und der Schutz vor dem Verlust oder der Verfälschung wichtiger Daten ist für Nutzer und Informationslieferanten ein weiteres Qualitätsmerkmal.

Demokratische Kontrolle über die Inhalte

Ein Stadtinformationssystem soll die Vielfältigkeit des kommunalen Gemeinwesen widerspiegeln und muß deshalb allen gesellschaftlichen Gruppen, solange sie nicht gegen Gesetze verstoßen, den Zugang zum System und Darstellungsformen ermöglichen.

3.4.5 Inhalte

Im Mittelpunkt der Qualitätsbetrachtung eines Stadtinformationssystems müssen die Inhalte dieses Systems stehen. Es sind schließlich die Informationen, die der Benutzer zur Lösung seines Problems benötigt, die die Basis des Stadtinformationssystems bilden.

Die Qualität der Inhalte ist sehr eng mit ihrer problembezogenen Verfügbarkeit verknüpft, so daß ich beide Momente in einer dreistufigen Hierarchie integriere.

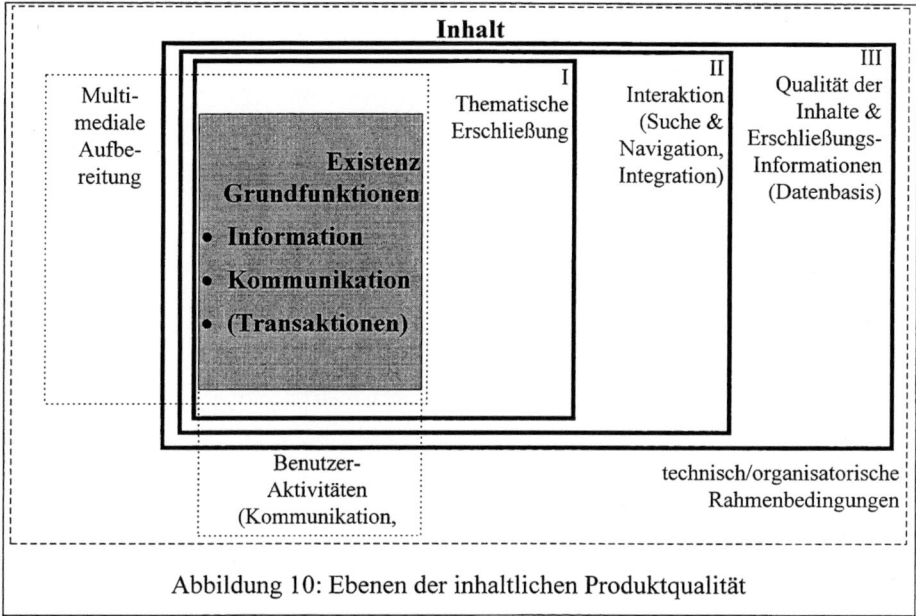

Abbildung 10: Ebenen der inhaltlichen Produktqualität

Die Stufe I führt zusätzlich zu den Grundfunktionen ein neues Element in die Qualitätsbetrachtung ein. Eine Verschlagwortung ermöglicht das Finden von Informationsobjekten aufgrund von übergreifenden inhaltlichen Zusammenhängen.

Auf der Stufe II rückt die systematische Behandlung der Interaktion mit dem Benutzer vor allem in Bezug auf die Suche und die Navigation in das Zentrum. Auch bereits vorher wird irgendeine Interaktion realisiert, aber eher als ad-hoc Entscheidung und stark subjektiv geprägt. Die Notwendigkeit der Systematisierung der Interaktion wird oft als Problem erst dann richtig erkannt, wenn die Informationsangebote einen gewissen Umfang überschreiten und nicht mehr mit einer einfachen Menüstruktur erschließbar sind.

Auf der Stufe III sind mit der Verschlagwortung und mit der Suche und Navigation die grundlegenden Funktionen des Systems vorhanden und erst jetzt gerät die eigentliche inhaltliche Qualität der Datenbasis und der Erschließungsinformationen in das Zentrum der Bemühungen.

Im folgenden gehe ich auf die verschiedenen Stufen der inhaltlichen Qualität näher ein.

3.4.5.1 Thematische Erschließung

Die Erschließung gehört zusammen mit der Integration zu den am wenigsten erforschten und umgesetzten Qualitätsanforderungen bei alltagsorientierten Informationssysstemen. Ich bin bereits im Zusammenhang mit dem Informationsbegriff auf die Notwendigkeit einer Erschließung eingegangen und will hier nur die speziellen Anforderungen an Stadtinformationssysteme beschreiben.

Die Erschließung eröffnet die Möglichkeit für einen Zugriff auf die gespeicherten Daten unter unterschiedlichen Gesichtspunkten. Diese Gesichtspunkte müssen den Benutzern auch deutlich werden. Erforderlich ist deshalb der Aufbau eines Erschließungsinstrumentariums, das an der Alltagssprache und den Alltagskonzepten der Nutzer ansetzt. Dieses unterscheidet sich stark von der Fachsprache sowohl der Stadtverwaltung als auch der professionellen Dokumentationswissenschaft.

Grundlegend sind hier zunächst einfache Schlagwortlisten, mit denen ein Informationsobjekt unter unterschiedlichen Schlagworten zugänglich gemacht wird. Sehr schnell wird die Begrenztheit einfacher Schlagwortlisten deutlich, und man benötigt einen stadtbezogenen Thesaurus mit seiner Behandlung von Synonymen und Homonymen.

Wersig entwickelt im Zusammenhang mit der Diskussion um Bürgerinformationssysteme ein Konzept der Orientierungsinformation [WERSIG 1990], das an den Bedürfnissen des Bürgers ansetzt und in die Strukturen der Verwaltung übersetzbar ist. Viele Versuche zur Bereitstellung von Orientierungsinformation setzen an den Strukturen der Zielmenge an, die aber den Bedürftigen zunächst nicht interessiert bzw. die er gar nicht kennt. Orientierungsinformation muß nach Wersig bei den 'Strukturen der Ungewißheit' [WERSIG 1990: S. 20] ansetzen und dann teleskopisch auf die Zielinformation bezogen werden. Daraus ergibt sich die Anforderung nach einer synoptischen, zusammenfassenden Strukturierung des Informationsraumes auf unterschiedlichen Detaillierungsebenen.

Eher als Forschungsauftrag ist Wersigs Aufforderung zu verstehen, die Strukturen der Ungewißheit zu erforschen und zu operationalisieren. In einem Projekt zur Entwicklung von Bürgerinformationssystemen haben Lenk u.a. ein Modell verschiedener Informationsanliegen entwickelt [LENK, BRÜGGEMEIER, HEHMANN UND WILLMS 1990], das kürzlich von Falkenstein, Schwabe und Krcmar [FALKENSTEIN, SCHWABE UND KRCMAR 1997: S. 42] aufgenommen wurde. Sie unterscheiden zwischen Informationen über zivile, soziale und politische Rechte und Pflichten, Orientierungs- und

46

Wegweiserinformationen, Strukturinformationen, Alltags- und Fachinformationen sowie Demokratische Informationen. Die Bereitstellung dieser komplexen Informationsarten ist in heutigen Stadtinformationssystemen nur ansatzweise leistbar. Allerdings muß ein Migrationsweg von den einfachen hin zu den komplexeren Informationsarten möglich sein.

Auch die Größe des Informationsraumes erfordert eine Strukturierung, um in überschaubaren Teilbereichen nach Informationen zu suchen. Die Schwierigkeit der Suche beginnt in dem Moment, in dem man nicht nur einige wenige Objekte vor Augen hat und die Vielzahl von Begriffen bedenkt, mit denen unterschiedliche Gruppen diese Objekte benennen. In dem Moment, in dem man alle Begriffe, die im Zusammenhang mit dem Alltag in einer Stadt stehen, in eine strukturlose Menge packt und somit den Kontext auflöst, muß man aus dieser großen Menge das heraussuchen, was in der gegebenen Situation wichtig ist. Dieses Problem entsteht erst durch die strukturlose große Menge. Vorher war eine Vorauswahl gegeben: Je nach Informationsmedium hatten wir unterschiedliche, eingeübte Handlungsweisen, Orientierungen.

Lenk u.a. übertragen einem menschlichen Vermittler die notwendige Übersetzungsleistung, da sie die Handhabung der Technik und die Übersetzungsleistung vom Problem zur Information für zu komplex halten: „Es geht darum, die diffusen Anliegensformulierungen des Bürgers in strukturierte Suchanfragen zu 'übersetzen'. Umgekehrt müssen die Antworten aus der Verwaltungssprache in eine Sprache gebracht werden, die der Lebenswelt des Bürgers entspricht." [LENK, BRÜGGEMEIER, HEHMANN UND WILLMS 1990: S. 109]

Angesichts der heute verfügbaren multimedialen Oberflächen und mit dem Einsatz von thematisch strukturierten Erschließungsinformationen zur Orientierung, die vom Benutzer erforschend genutzt werden können, ist zumindest für relevante Teilgruppen der Bevölkerung eine technische Hilfestellung denkbar und auch ansatzweise realisiert.

3.4.5.2 Interaktion

Die systematische Behandlung der Interaktion wird in dem Moment zum Problem, in dem die Informationsmenge zunimmt und unterschiedliche Zugangsmöglichkeiten zu den gleichen Basisinformationen geschaffen werden. Hier muß, ausgehend von den allgemeinen Anforderungen zur Gestaltung von Dialogsystemen, vor allem die Handhabung der Such- und Navigationsfunktionen systematisch entworfen werden.

Die Kriterien in diesem Bereich basieren auf den bekannten Software-Ergonomie Normen „Grundsätze der Dialoggestaltung", die inzwischen als europäische Norm kodifiziert wurden (EN ISO 9241-10). Zu den einzelnen in der Norm EN ISO 9241-10 aufgeführten Grundsätzen - Aufgabenangemessenheit, Selbstbeschreibungsfähigkeit, Steuerbarkeit, Erwartungskonformität, Fehlertoleranz, Individualisierbarkeit und Lernförderlichkeit - gibt es eine umfangreiche Literatur (vergl. als Einstieg

[EBERLEH, OBERQUELLE UND OPPERMANN 1994]), auf die ich hier nicht näher eingehen will. Auch wenn diese Norm im engeren Sinn nur für „Bürotätigkeiten mit Bildschirmgeräten" gilt, so können die dort formulierten Grundsätze auch auf Stadtinformationssysteme übertragen werden.

Die Grundsätze der Selbstbeschreibungsfähigkeit, Steuerbarkeit, Erwartungskonformität, Fehlertoleranz und Lernförderlichkeit sind auch für alltagsorientierte Systeme einschlägig, nur der Grundsatz der Individualisierbarkeit macht in diesem Zusammenhang wenig Sinn, da dieser zu sehr auf die Anforderung der effektiven kontinuierlichen Arbeit mit Softwaresystemen bezogen ist.

Den Grundsatz der Aufgabenangemessenheit will ich für den Bereich des Informationsabrufes aus Informationssystemen konkretisieren und fasse darunter die Such- und Navigationsfunktionen. Zentrale Anforderung hier ist die Unterstützung von unterschiedlichen Suchstrategien. Dazu gehören die ungerichtete, erforschende Suche, die auf dem Prinzip der Navigation durch die Datenbestände aufbaut sowie die gezielte Suche mit der Eingabe von Suchbegriffen. Diese Funktionen machen den Kern der Funktionalität eines Informationssystems aus und müssen für alltagsorientierte Systeme, die überwiegend von gelegentlichen Nutzer genutzt werden, noch im Detail untersucht werden. Ich werde hierauf im 6. Kapitel näher eingehen.

Für die Realisierung einer navigierenden Suche und Erforschung eines Informationssystems ist eine Integration der vorhandenen Objekte erforderlich. Unter Integration verstehe ich die Möglichkeit, unterschiedliche Objekte miteinander zu verknüpfen, also Relationen zwischen Objekten abzubilden. Die oben erwähnten zusätzlichen Informationen wie Schlagworte und ihr Bezug etwa zu Einrichtungen sind ein Spezialfall. Verallgemeinert heißt das, daß für möglichst alle Objekte, die in der Alltagsrealität einen Bezug zueinander haben, die Beziehungen im System verwaltet werden können und dann auch als Navigationsfunktion den Benutzern angeboten werden können.

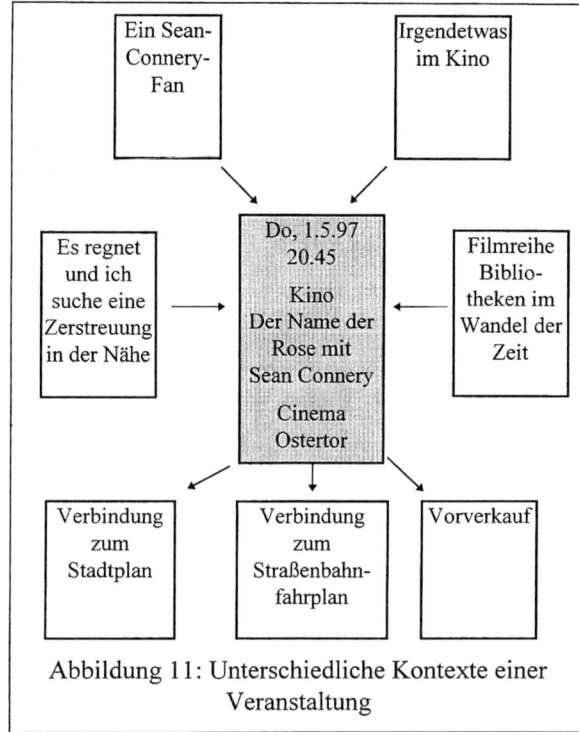

Ein Sean-Connery-Fan		Irgendetwas im Kino

Es regnet und ich suche eine Zerstreuung in der Nähe	Do, 1.5.97 20.45 Kino Der Name der Rose mit Sean Connery Cinema Ostertor	Filmreihe Bibliotheken im Wandel der Zeit

Verbindung zum Stadtplan	Verbindung zum Straßenbahnfahrplan	Vorverkauf

Abbildung 11: Unterschiedliche Kontexte einer Veranstaltung

In der Abbildung wird eine Auswahl von verschiedenartigen Bezüge auf eine Kinovorführung gezeigt. Im oberen Teil werden die unterschiedlichen inhaltlichen Sichtweisen gezeigt, unter denen diese Veranstaltung von Interesse ist.

Im unteren Teil wird der Bezug zu anderen Objekten gezeigt, die für einen potentiellen Besucher dieser Veranstaltung von Interesse wären.

Diese Integration der Objekte führt zu vernetzten Strukturen wie sie für Hypertexte typisch sind. Damit treten hier auch die Probleme der Unübersichtlichkeit und fehlenden Orientierung auf und müssen so gelöst werden, daß auch gelegentliche Nutzer sich in diesen Strukturen bewegen können.

Dabei können die in der Software-Ergonomie erprobten Methoden nur eingeschränkt für die Entwicklung von alltagsorientierten Systemen für gelegentliche Nutzer eingesetzt werden (vergl. [Kubicek und Taube 1994]), da die Arbeitsaufgabe und der definierte Nutzerkreis fehlen. Hier können nur umfangreiche Usability-Tests und eine gezielte evolutionäre Systementwickung, die immer wieder die realen Nutzungserfahrungen evaluiert, zu einer schrittweise Annäherung an die Bedürfnisse der Benutzer beitragen.

3.4.5.3 Qualität der Datenbasis

Die Qualitätsdimensionen im Bereich Datenbasis beziehen sich auf die Eigenschaft der Daten, Objekte und Beziehungen der Realität angemessen und korrekt abzubilden. Die Angemessenheit bezieht sich dabei auf die Nutzung durch gelegentliche Nutzer zur Lösung alltäglicher Informationsprobleme.

Rittberger und Rittberger haben aus verschiedenen Untersuchungen zur Qualität vor allem bibliographischer Datenbanken fünf zentrale Qualitätsanforderungen herausdestilliert: Anwendungsbereich und Überdeckung des Fachgebietes, Vollständigkeit,

Aktualität und Geltungsbereich, Genauigkeit und Konsistenz [RITTBERGER UND RITTBERGER 1995: S. 5 f.]). Diese Punkte spiegeln vor allem die Anforderungen von Wissenschaftlern wieder, für die die Datenbankrecherchen verläßliche Aussagen über die Existenz von wissenschaftlichen Veröffentlichungen liefern müssen. Aus diesem Grund sind Vollständigkeit, Konsistenz und Abdeckung des Fachgebietes von hoher und z.b. die Ausführlichkeit von nachgeordneter Bedeutung.

Strong, Lee und Wang betonen dagegen in einem kürzlich veröffentlichten Artikel die Bedeutung des Kontextes, in dem Benutzer Daten nutzen [STRONG, LEE UND WANG 1997]. Neben grundlegenden Faktoren wie Genauigkeit, Objektivität, Glaubwürdigkeit und Reputation schlagen sie als weitere Dimensionen u.a. Zugreifbarkeit, Sicherheit, Relevanz, Verständlichkeit und Umfang vor. Insgesamt benennen sie 15 verschiedene Dimensionen. Diese vielen Dimensionen müssen dann wieder auf den jeweiligen Kontext und die Aufgaben der Daten-Verbraucher hin konkretisiert werden und dies erfordert vor allem „flexible Systeme" [STRONG, LEE UND WANG 1997: S. 109].

An der Vielzahl von unterschiedlichen Bestimmungen von Datenqualität zeigt sich, daß es keine einheitliche objektive Definition der Datenqualität geben kann und das die Bestimmung der Datenqualität nur in Bezug auf einen definierten Anwendungskontext erfolgen kann. Die im folgenden aufgeführten Punkte sind aus den Diskussionen um die Qualität von Fachinformationsdatenbanken entstanden und berücksichtigen die speziellen Anforderungen an Stadtinformationssysteme.

Abdeckung relevanter Bereiche

Der Einstieg für die Bewertung der Datenbasis eines Informationssystems ist die Frage, ob ein bestimmter Bereich überhaupt in dem System abgebildet wird. Da kein Informationssystem jemals alle Bereiche der Welt abdecken kann, muß man eine Auswahl treffen und diese Auswahl dem Benutzer deutlich machen.

Für Stadtinformationssysteme kann man einen Kernbereich von Objekten angeben, die auf jeden Fall abgedeckt sein sollten, damit das System für die Benutzer einen hohen Gebrauchswert hat. Diesen Kernbereich kann man in einer bestimmten zeitlichen und sozialen Umgebung in Umrissen beschreiben, er ändert sich im Zeitablauf und auch aufgrund von sozialen Veränderungen. Die Bestimmung dieses Kernbereiches kann nicht deduktiv erfolgen, sondern ergibt sich aus einer vergleichenden Betrachtung der existierenden Systeme und vor allem aus gezielter Evaluation der Benutzerbedürfnisse.

Neben diesem Kernbereich gibt es in den einzelnen Systemen unterschiedliche Schwerpunkte, die zusätzliche Informationsbereiche abdecken.

Vollständigkeit

Nach der Festlegung, ob ein Bereich als relevant eingeschätzt wird, ist die Frage der Vollständigkeit ein weiteres wichtiges Qualitätsmerkmal. Ein absolute Vollständigkeit gibt es nur in wenigen Bereichen und kommt immer auf die Bestimmung des Definitionsbereiches an.

Grundsätzlich ist die Vollständigkeit bei Fachinformationssystemen von hoher Bedeutung, da diese das fachliche Wissen der Fachdisziplin repräsentieren und einen Überblick über den Stand der Forschung ermöglichen sollen. Relevante Fragestellungen sind hier auch Ausschlußfragen, also ob es bereits Erkenntnisse zu einem Detailproblem gibt und ob Forschungsgruppen in diesem Gebiet tätig sind. Im modernen Forschungsbetrieb ist die Suche nach der Forschungslücke, die man dann selbst füllen möchte, von grundlegender Bedeutung.

Bei Stadtinformationssystemen ist demgegenüber die Vollständigkeit auch problematisch, da damit auch die Menge an Objekten und damit die Notwendigkeit von expliziten Such- und Auswahlentscheidungen zunimmt. So ist es zumindest eine offene Frage, ob ein Veranstaltungskalender sämtliche Vereinsaktivitäten einer Stadt zur Verfügung stellen soll.

Aktualität

Die Aktualität der gespeicherten Daten bezeichnet das Ausmaß, in dem die gespeicherten Daten die Veränderungen von Gegebenheiten der Realität widerspiegeln. Dazu gehört sowohl die Aufnahme neuer Daten wie z.b. einer zusätzlichen Veranstaltung, als auch die Veränderung bestehender Daten, wie z.b. die Absage einer angekündigten Veranstaltung.

Ohne einen Kontextbezug kann man schwer allgemeine Aussagen zum notwendigen Ausmaß an Aktualität machen. Ein Informationssystem mit bibliographischen Angaben zur Byzantinistik hat sicher andere Aktualitätsanforderungen als ein Veranstaltungskalender.

In Stadtinformationssystemen sind die Anforderungen an die Aktualität im allgemeinen sehr hoch. Viele alltägliche Informationsbedürfnisse beziehen sich explizit auf zeitabhängige Informationen, wie z.B. der Notdienstplan der Apotheken und Ärzte oder der Veranstaltungskalender.

Genauigkeit

Die Genauigkeit bezeichnet das Maß, in dem gespeicherte Informationen die Gegebenheiten der Realität korrekt widerspiegeln. Im Unterschied zur Aktualität, die sich auf den dynamischen Aspekt bezieht, geht es bei der Genauigkeit um statische Eigenschaften, die sowohl in der Vergangenheit korrekt waren als auch in der Zukunft korrekt sind.

Auch Genauigkeit ist ein relatives Maß. Aus Informatiksicht ist eine abweichende Postleitzahl nicht ungenau sondern falsch. Je nach Kontext können menschliche Benutzer aber kleinere Abweichungen selbst korrigieren, wenn sie zusätzliche Informationen besitzen. Werden die Abweichungen jedoch zu groß, kann man nichts mehr mit den Angaben anfangen.

Ausführlichkeit

Die Ausführlichkeit beschreibt die Menge an Informationen, die pro Objekt verwaltet werden. So sind für Einrichtungen wie Behörden, Hotels oder Vereine neben der Angabe von Name und Anschrift weitere Informationen wie Telefon, Kurzbeschreibungen u.ä. interessant. Es gibt aber auch hier eine Obergrenze an Informationen, die ein Benutzer noch sinnvoll aufnehmen kann, so daß man nicht von vornherein eine größere Ausführlichkeit mit höherer Qualität gleichsetzen kann und auch hier die Angemessenheit berücksichtigen muß.

Differenzierbarkeit

Die Differenzierbarkeit beschreibt die Fähigkeit, die zu einem Objekt gespeicherten Informationen je nach Kontext in unterschiedlichem Detaillierungsgrad anzuzeigen. Diese Anforderung ist eine notwendige Ergänzung zur Ausführlichkeit, da ansonsten in vielen Fällen der Benutzer mit unnötigen Informationen überflutet wird oder umgekehrt in speziellen Fällen wichtige Informationen fehlen. Über die kontextbezogene und vom Benutzer gesteuerte Bestimmung des Ausmaßes der Darstellung der Informationen wird die Ausführlichkeit handhabbar gemacht.

Transparenz

Unter Transparenz verstehe ich das Ausmaß, in dem sich Benutzer die Herkunft und die Bedeutung der gespeicherten Informationen erschließen können. Wichtig ist hier vor allem der Nachweis von Auswahlkriterien und die Klarstellung der Verantwortlichkeit. Herrmann weist im Zusammenhang mit der Gestaltung von Groupware auf die Probleme der Einschätzung der Verläßlichkeit von Informationen hin, auf die man auf Knopfdruck über das Netz zugreifen kann [HERRMANN 1994], ohne ihre genaue Herkunft zu kennen.

3.5 Anforderungen an die Produktion von Stadtinformationssystemen

In der Diskussion über den allgemeinen Zusammenhang von Produkt- und Prozeßqualität im Kapitel 3.3 ist deutlich geworden, daß eine hohe Produktqualität einen ebenfalls qualitativ hochwertigen Produktionsprozeß voraussetzt.

Nach der Untersuchung der Qualitätsmerkmale von Stadtinformationssystemen gehe ich jetzt zur Bestimmung der Anforderungen an die Produktion von Stadtinformationssystemen genauer auf die einzelnen Komponenten ein, aus denen ein solches Informationssystem aufgebaut ist. Diese Sichtweise ist nicht mehr die statische Sichtweise der Produkteigenschaften, sondern die prozeßbezogene Sicht der Herstellung des Produktes mit Hilfe von Personen, Werkzeugen und Rohstoffen. Auf dieser Ebene untersuche ich die konkreten Bedingungen bei der Herstellung eines Stadtinformationssystems, um dabei die Faktoren zu identifizieren, die einen qualitativ hochwertigen Prozeß bestimmen.

Ein zentraler Faktor ist sicher die Qualifikation und Motivation der beteiligten Personen. Dieser Faktor ist bereits breit untersucht worden (vergl. [BULLINGER 1993]). Eine hohe Motivation und Qualifikation der Beteiligten, die bei der Produktion eines komplexen Informationssystems zusammenarbeiten, ist ein wichtiger Faktor vor allem zur Minimierung der Fehler bei der Datenpflege, aber auch, um auf Nutzerbedürfnisse besser einzugehen und eigenständig das Produkt zu verbessern.

Weitere wichtige Elemente des Produktionsprozesses sind die Arbeitsorganisation und die verwendeten Werkzeuge. Bei Informationssystemen besteht eine sehr große gegenseitige Abhängigkeit von Arbeitsorganisation und den Werkzeugen der Produktion, da informationstechnische Produkte immer auch bestimmte Modelle der Arbeitsorganisation implementieren. Aus diesem Grund behandle ich diese beiden Gesichtspunkte als miteinander verzahnte zentrale Bestimmungsfaktoren für die Qualität des Produktionsprozesses.

Ein Produktionsprozeß ist zunächst vor allem eine Abfolge von Arbeitsschritten, mit denen schrittweise das Rohmaterial bearbeitet wird.

Die Festlegung der einzelnen Arbeitsaufgaben und Arbeitsschritte, die Beschreibung der Arbeitsergebnisse und die Festlegung von Verantwortlichkeiten sind Elemente der Organisation der Produktion. Hier wird die mögliche Flexibilität und die Qualität der Arbeitsergebnisse festgelegt.

Die Organisation des Produktionsablaufes wird wiederum stark von der verwendeten Technologie, von den vorhandenen Werkzeugen geprägt. Letztendlich bilden diese das Fundament, auf dem sich die Organisation entfaltet und nach außen hin das Produkt entsteht. So komme ich, ausgehend von der Konkretheit des Produktes über die Organisation der Arbeitsprozesse zu den Werkzeugen, die einen Möglichkeitsraum für eine effiziente und effektive Produktion eröffnen und so die Produkte prägen[8].

Dieser Möglichkeitsraum wird stark duch die vorhandene Technologie bestimmt und in jedem konkreten Produktionsprozeß durch getroffene Entwurfsentscheidungen eingeengt. So habe ich in einem Client-Server-System ganz andere Gestaltungsmöglichkeiten als in einem zentralen PC-Host-Verfahren. Der Möglichkeitsraum für die Produktion eines Stadtinformationssystems wird duch die verfügbaren Werkzeuge zur Datenpflege und die Struktur der Datenbasis bestimmt.

---

[8] Dies klingt sehr technikzentriert und natürlich prägt anders herum auch die Organisation die Technik. An der grundlegenden Bedeutung der technischen Möglichkeiten - oder mit Marx gesprochen, dem Stand der Produktivkräfte - halte ich jedoch fest.

Ich beschreibe deshalb zunächst die Anforderungen an die Werkzeuge und anschließend die Integration der Werkzeuge in den Prozeß der Produktion von Informationen. Dabei verfolge ich den Ablauf, wie aus den Daten von Informationslieferanten in einem mehrstufigen Prozeß unter Verwendung von geeigneten Werkzeugen Informationen für Benutzer entstehen.

3.5.1 Organisation der Datenbasis & Werkzeuge

Auch wenn ich mich hier noch auf der Ebene der Anforderungen bewege, muß ich für die Diskussion der Werkzeuge einen ersten Lösungsentwurf entwickeln, der eine Untersuchung der Gestaltungsalternativen ermöglicht.

Aus einer datenorientierten Sicht kann ich ein Stadtinformationssystem in die Komponenten Präsentation, die Datenbasis und die Datenpflege aufteilen (vergl Abbildung). Die Pfeile zeigen den primären Datenfluß, wobei untergeordnet jeweils auch in der umgekehrten Richtung Daten fließen.[9]

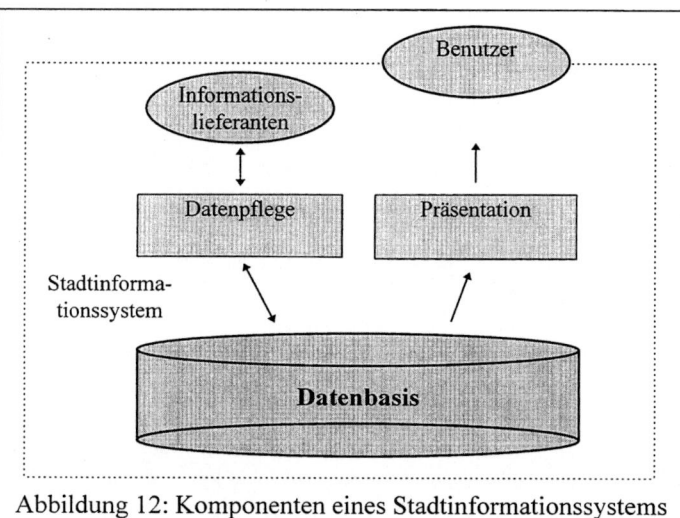

Abbildung 12: Komponenten eines Stadtinformationssystems

Die Präsentationskomponente umfaßt die Programme und die Hardware, damit der Benutzer mit dem System in Interaktion treten kann, so daß ihm die gewünschten Informationen angezeigt werden. Dazu gehören neben der reinen Anzeige vor allem die Such- und Navigationsfunktionen.

Die Datenbasis umfaßt die gespeicherten Daten und ihre innere Struktur sowie die Werkzeuge zu ihrer Verwaltung. Dazu gehört eine Datenbank, aber auch die Organisation von Dateien im Dateisystem.

---

[9] Erst bei der Kommunikation wird der Rückfluß vom Benutzer zum System zur primären Datenflußrichtung.

Die Datenpflegekomponente umfaßt die technischen Werkzeuge zur Eingabe, Änderung und Löschung der Daten und ist damit das zentrale Arbeitsmittel der Informationslieferanten.

Die Datenbasis ist für die Produzenten eines Stadtinformationssystems ein zentraler Arbeitsgegenstand. Die Organisation der Datenbasis bestimmt nicht nur die möglichen Abruffunktionen, sondern auch Art und Umfang der Pflegetätigkeiten. Die Wahl einer angemessenen Organisationsstruktur der Datenbasis und die darauf aufbauenden Werkzeuge der Datenverwaltung bestimmen sehr weitgehend die spätere Leistungsfähigkeit und Qualität des Systems.

3.5.1.1 Struktur der Datenbasis

Das Grundmodell, nach dem die Datenbasis organisiert ist, bestimmt die darauf aufbauenden einzelnen Entwurfsentscheidungen und die Leistungsfähigkeit des Systems insgesamt.

In der Informatik wird das einem Entwurf zugrundeliegende Grundmodell oft nicht weiter problematisiert. Ein Informatiker, der in einem Team ein Buchhaltungsprogramm entwickelt, wird nicht auf die Idee kommen, dies auf der Basis eines Textverarbeitungsprogrammes z.B. mit Word-Makros zu implementieren. Für ihn ist klar, daß nur die Entwicklung eines Anwendungsprogrammes mit einer strukturierten Datenbasis infrage kommt. Entwurfsentscheidungen beziehen sich dann auf die Frage, ob man eine eigene Datenverwaltung mit Hilfe der Betriebssystemdateien implementiert oder eine relationale oder objektorientierte Datenbank einsetzt.

Umgekehrt erscheint für den PC-Anwender, der über Textverarbeitung und Tabellenkalkulation zur EDV gekommen ist, (fast) jedes Problem mit Excel-Tabellen und -Makros lösbar.

Im Bereich der Informationssysteme kann man in einer ersten Annäherung in Bezug auf die Datenorganisation die zwei Grundmodelle der Datenbank (explizite Struktur) und der Dokumentverknüpfung (implizite Struktur) unterscheiden.

Das Grundmodell der Datenbank ist kennzeichnend für die konventionellen betrieblichen Anwendungen und die (Fach-)Informationssysteme, während das Grundmodell der Dokumentverknüpfung dem WWW und vielen Hypertextsystemen zugrundeliegt.

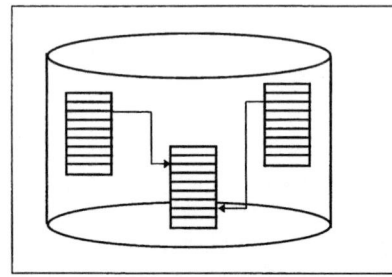

Im Organisationsmodell der Datenbank werden die Sachverhalte der Realität, die im Informationssystem abgebildet werden, als einzeln unterscheidbare Objekte mit einer weitgehend festgelegten Semantik als strukturierte Daten verwaltet. Es muß keine Datenbank zum Einsatz kommen und viele heute existierende Systemen beruhen auf proprietären Dateisystemen. Allerdings werden neue Anwendungen heute in der Regel auf einer Datenbank aufsetzen, da diese große Mengen von Objekten mit ihren Beziehungen effektiv und effizient verwalten können.

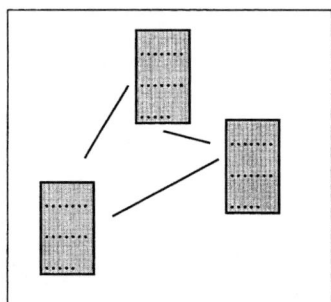

Im Organisationsmodell der Dokumentverknüpfung werden demgegenüber die einzelnen Objekte mit ihren Beziehungen nicht explizit vom System verwaltet, sondern sie werden von den Autoren implizit in den Inhalten der Informationsknoten, in den Dateien oder in Karten verwaltet. Die einzige definierte Semantik ist das Anzeigen. Objekte, die vom System verwaltet werden, sind keine Abbildungen der Realität sondern künstliche Gebilde wie Dateien oder Knoten.

Erst durch die intellektuelle Arbeit der Autoren werden sie mit Bedeutung belegt und die Qualität der Darstellung sowie die Arbeit der Konsistenzerhaltung liegt ausschließlich in der Verantwortung des Autors. Die Verweise im WWW werden zur Zeit noch überwiegend als Verknüpfung von Dateien realisiert.

In der Gegenüberstellung der beiden Modelle geht es nicht um die Frage, ob die Daten Struktur und Semantik besitzen. Dies kann in beiden Fällen zutreffen. Es geht vielmehr darum, ob Struktur und Semantik auch explizit gemacht werden und damit einer weiteren technischen Unterstützung, aber auch Normierung zugänglich werden.

Genau an dieser Stelle entscheidet es sich, ob etwa Hypertexte Gegenstand der Informatik sind oder nicht. Ein beliebiger Hypertext, der zufällig mit einem Programm auf einem Computer erstellt wurde, hat mit Informatik so viel zu tun wie Coca-Cola. Erst wenn man anfängt, die im Objektbereich vorhandenen Strukturen zu modellieren, sie explizit zu formulieren, Objekte und Beziehungen darzustellen, Regeln aufzustellen und das so gewonnene Modell technisch zu implementieren, erst dann wird dieser Prozeß zum Gegenstand der Informatik und kann mit den Methoden der Informatik unterstützt und vorangetrieben werden. Anders herum besteht der Kern der Informatik darin, Strukturen zu erkennen bzw. hineinzuinterpretieren und maschinell zu unterstützen und dabei gleichzeitig die Grenzen der Strukturierung zu beachten.

Das Fehlen der explizit formulierten Struktur und Semantik hat einen unbestreitbaren Vorteil. Es ermöglicht eine enorme Flexibilität. Ohne diese Flexibilität wäre das explosionsartige Wachstum des WWW in den letzten Jahren nicht möglich gewesen. Mit dem Verzicht auf die Festlegung der inhaltlichen Semantik von Objekten ist die Präsentation völlig beliebiger Objekte möglich, jede Anwendung muß nur die Layout-Begrenzungen des Bildschirmes und der verfügbaren HTML-Konstrukte berücksichtigen.

Es hat allerdings auch eine ganze Reihe von Nachteilen, da durch das Fehlen von expliziter Struktur und Semantik keine weitergehende maschinelle Unterstützung durch das System möglich ist. Alle qualitätssichernden Maßnahmen müssen manuell durchgeführt werden, oder durch sehr mühsame und fehleranfällige Programmierungen wird versucht, die implizite Struktur der Informationsinhalte herauszufinden und handhabbar zu machen. Den ersten Weg geht z.b. die Suchmaschine Yahoo, den zweiten gehen die bekannten Volltext-Suchmaschinen wie Altavista und Lycos (vergl. [BEKAVAC 1996]).

Mit dem Fehlen einer festgelegten Semantik von Objekten ist es im WWW einfach, überschaubare Datenmengen zu präsentieren. Der Autor stellt die Semantik selbst im Kopf her und präsentiert nur das Ergebnis. Er muß keine expliziten Regeln aufstellen, nach denen eine inhaltliche Semantik in ein interaktives Layout übersetzt werden muß. So kann man schnell eine Homepage mit ein paar darunterliegenden Seiten erstellen. Solange diese Seiten noch vom Einzelnen intellektuell überschaut werden können, ist dieser Ansatz ausreichend. In dem Moment, wo die Anzahl der Objekte wächst, reicht die manuelle Wartung nicht mehr aus.

Eine automatische Unterstützung erfordert die Formulierung von Regeln, die durch das System unterstützt werden sollen.

Für Maurer, der mit seiner Forschungsgruppe in Graz mit dem Hyper-G-Server erfolgreich an einer Weiterentwicklung des WWW arbeitet, sind die Probleme beim Ausweiten des Informationsumfanges und bei der Gewährleistung der Aktualität nur lösbar, wenn man Informationen automatisch aus Datenbanken oder anderen Quellen importieren kann und wenn die Konsistenz soweit wie möglich automatisch gewährleistet wird [MAURER 1996: S. 7]. Diese Automatismen erfordern zusätzliche definierte Eigenschaften von Objekten. So kann man in Hyper-G z.B. ein Expiry-Datum für Objekte angeben. Damit kann man Wissen über einen Sachverhalt explizit machen, und die darauf aufbauende Funktion des Systems sorgt dafür, daß z.B. Veranstaltungen nach dem angegebenen Datum nicht mehr angezeigt und vielleicht später gelöscht werden.

In dieser Arbeit vertrete ich die These, daß der Betrieb qualitativ hochwertiger Informationssysteme nur möglich ist, wenn große Teile der Navigation und Datenpflege maschinell unterstützt werden. Dies setzt voraus, daß möglichst viele Erkenntnisse über die Objekte und ihre Beziehungen explizit im System abgebildet werden, die Objekte also mit einer definierten Semantik versehen werden. Dies ist die Basis für automatisch generierte Such- und Erschließungsfunktionen sowie die Pflegefunktionen.

Auch ohne diese differenzierte Modellierung kann man Informationen über Sachverhalte in einer Stadt darstellen. Ohne Kenntnis der inneren Struktur wird diese Darstellung oberflächlich und an den Erscheinungen orientiert bleiben, und sie wird ab einer gewissen Komplexitätsstufe für Benutzer schwer nachvollziehbar sein.[10]

Als Qualitätsmerkmal im Produktionsprozeß eines Stadtinformationssystems ergibt sich die Durchführung einer differenzierten Datenmodellierung sowie die Berücksichtigung der Qualitätsanforderungen, wie sie im Zuge der Entwicklung großer datenbankgestützter Informationssysteme entwickelt wurden. Dabei darf allerdings das Stadtinformationssystem nicht auf den Charme einer Kontostandsabfrage reduziert werden. Die Herausforderung beim Entwurf eines alltagsorientierten Systems besteht darin, die Flexibilität und Lebendigkeit der unstrukturierten Informationsangebote im WWW mit den mächtigen Erschließungs- und Bearbeitungsfunktionen der strukturierten Datenhaltung zu verbinden. Nicht alle Sachverhalte eines Anwendungsbereiches lassen sich strukturieren und in Regeln fassen. Eine angemessene Datenmodellierung muß auch dies berücksichtigen und darf nicht zwanghaft die Einführung von Regeln erfordern.

Es muß also immer auch Beschreibungsmöglichkeiten jenseits der Regeln geben. Im Laufe der Entwicklung eines Informationssystems wird sich die Grenze verschieben: Zum einen werden immer mehr Bereiche strukturiert und mit Hilfe automatischer Verfahren verwaltet. Daneben wird es immer wieder eine individuelle, kontextabhängige Sicht auf Sachverhalte geben. Ein qualitativ hochwertiges System muß beide Funktionen unterstützen.

3.5.1.2 Werkzeuge

Die Pflege der oben beschriebenen strukturierten Datenbasis erfordert spezielle Werkzeuge, die aufgabenangemessen zu gestalten sind. Dazu gehören Datenbankanwendungen für die Pflege der strukturierten Daten, Importwerkzeuge zur Datenübernahme aus getrennten Datenbeständen und Werkzeuge zur Bearbeitung der multimedialen Bestandteile.

---

[10] Hier kann die Informatik von Karl Marx lernen, der in der Methode der Politischen Ökonomie den Prozeß des Abstiegs vom Konkreten zum Abstrakten und die darauffolgende Reproduktion des Konkreten auf der Basis der abstrakten Bestimmungen beschreibt, „... nicht als bei einer chaotischen Vorstellung eines Ganzen, sondern als einer reichen Totalität von vielen Bestimmungen und Beziehungen." [Marx 1859: S. 631]

Da diese Werkzeuge im Rahmen von Arbeitsprozessen eingesetzt werden, kann man hier beim Entwurf der Werkzeuge auf die umfangreichen Erfahrungen bei der Entwicklung betrieblicher Software zurückgreifen.

Besondere Anforderungen ergeben sich aus der Notwendigkeit der Integration von Datenbeständen unterschiedlicher Partner. Anders als in einer normalen betrieblichen Umgebung kann man nicht von einer fest vorgegebenen Systemumgebung ausgehen und muß deshalb die Werkzeuge sehr flexibel entwerfen.

Außerdem ist zu berücksichtigen, daß die Pflege der Daten als Nebenprodukt anderer Arbeitsabläufe erfolgt.

3.5.2 Ablauforganisation der Informationslogistik

Die Bereitstellung und Pflege von Daten für ein Informationssystem muß als arbeitsteiliger Prozeß organisiert werden, bei dem die Verantwortlichkeiten klar definiert sind. Die besondere Herausforderung bei einem Stadtinformationssystem besteht darin, daß die Datenbestände unterschiedlicher Partner integriert werden müssen.

Die Qualitätsanforderungen aus Benutzersicht an das Produkt Stadtinformationssystem sind die oben beschriebenen Anforderungen Aktualität, Genauigkeit usw. Im Prozeß der kontinuierlichen Datenpflege wird eine Datenbasis, die diese Anforderungen erfüllt, hergestellt und aufrechterhalten. Dieser Prozeß muß unter Qualitätsgesichtspunkten so organisiert werden, daß als Ergebnis ein qualitativ hochwertiges Produkt herauskommt. Diese Form der prozeßbezogenen Qualitätsbetrachtung ist gerade bei einem Informationssystem, bei dem man nur schwer auf den Vergleich von Soll-/Istdaten zurückgreifen kann, eine geeignete Methode. Diese Herangehensweise der Prozeßzertifizierung ist in den Qualitätsnormen 9000 ff. der ISO festgelegt und kann auch die Basis bilden für ein Qualitätsmanagementsystem für ein Stadtinformationssystem (vergl. [HOHLER 1994], [HOHLER 1995]).

Ein auf der ISO-9000-Norm aufbauendes Qualitätsmanagementsystem (QM-System) muß nach Kneuper und Sollmann die folgenden Anforderungen erfüllen (vergl. [KNEUPER UND SOLLMANN 1995: S. 316]):

• Festlegung einer Qualitätspolitik
• definierte Aufbau- und Ablauforganisation mit Regelung von Zuständigkeiten, Befugnissen und Schnittstellen
• Durchführung interner Audits
• Regelung und Durchführung von Korrekturverfahren
• Definition und Dokumentation aller wichtigen Prozesse und ihrer Ergebnisse
• Integration der obersten Führungsebene in das QM-System
• Dokumentenlenkung, d.h. kontrollierte Herausgabe, Verteilung, Bekanntmachung und Änderung von verbindlichen Regelungen.

In dieser Zusammenstellung wird die Grundidee hinter der ISO-9000er Norm deutlich: es geht um die exakte Beschreibung und Festlegung der Abläufe und Verantwortlichkeiten einschließlich eines Verfahrens zu ihrer kontrollierten Weiterentwicklung. Über die Beschreibung und Festlegung der Prozesse soll dann eine hohe Qualität des Endproduktes erreicht werden.

Die Festlegung der Schnittstellen wird insbesonders wichtig bei der Integration unterschiedlicher Anbieter zu einem einheitlichen Informationsprodukt. Die Organisation arbeitsteiliger Prozesse ist ein Grundmerkmal der Industriegesellschaft. Aber bei materiellen Produkten hat sich über einen langen Zeitraum ein gemeinsames kulturelles Verständnis der Schnittstellen entwickelt, und die Organisation von Lägern, Lagereingangskontrollen und Prüfzertifikaten ist ein etablierter Bereich. Dieser wird zur Zeit im Zusammenhang mit dem Qualitätsmanagement optimiert, und dem Management der Lieferantenbeziehung und der Organisation der Qualitätssicherung beim Lieferanten wird große Aufmerksamkeit gewidmet [IMAI 1986].

Da Informationsprodukte schwerer zu fassen sind und es an kulturellen Standards zur Bewertung der Qualität einzelner Elemente fehlt, kann die Qualität auch auf dieser Ebene nicht durch den Vergleich von Anforderung und Realisierung definiert werden. Vielmehr ist hier die Aktivierung und Motivation der am Produktionsprozeß Beteiligten das zentrale Hilfsmittel zur Gewährleistung der Qualität. Als notwendige technische Unterstützung ist dabei die Sichtbarkeit des Endproduktes auf allen Bearbeitungsstufen zu sehen. Erst wenn man das Endprodukt vor Augen hat und den eigenen Beitrag zum Gelingen des Produktes direkt sehen kann, kann man eine Motivation zur kontinuierlichen Verbesserung des Produktionsprozesses und eine Identifikation mit dem Produkt entwickeln. Dies ist in der Produktion materieller Güter einfacher als bei Stadtinformationssystemen. Hier müssen spezielle Anstrengungen unternommen werden, um das Produkt sichtbar zu machen.

Bereits bei der Dateneingabe müssen alle Beteiligten die Darstellung im Stadtinformationssystem überprüfen können und so ihren Beitrag zum Gesamtsystem wahrnehmen können. Damit kann eine Qualitätspolitik umgesetzt werden, die nicht auf nachträgliche Qualitätsüberprüfungen sondern auf die Eigenverantwortlichkeit setzt.

Weiterhin müssen die einzelnen Bearbeitungsschritte möglichst transparent gemacht werden und die gegenseitigen Aufgaben und Verantwortlichkeiten voneinander abgegrenzt werden. Zu diesem Zweck wird im siebten Kapitel ein Rollenkonzept vorgestellt, in dem die unterschiedlichen Rollen der Beteiligten - Lieferanten, Redaktion und Anbieter - entwickelt werden.

Aus der Sicht der Informationslogistik ergibt sich als weitere Anforderung an die Organisation der Datenbasis die Unterstützung heterogener und verstreuter Datenbestände. Es muß möglich sein, die Daten aus Benutzersicht integriert zu präsentieren, auch wenn sie aus unterschiedlichen Datenbeständen zusammengefügt werden.

3.6 Zwischenbilanz und Fortgang der Arbeit

In den ersten drei Kapiteln habe ich Ansätze elektronischer Stadtinformationssysteme vorgestellt und detaillierte Qualitätsanforderungen für diese Systeme diskutiert. Ausgehend von den produktbezogenen Qualitätsanforderungen habe ich im letzten Abschnitt Anforderungen an den Produktionsprozeß von Stadtinformationssystemen entwickelt.

In den nächsten 4 Kapiteln beschreibe ich die Umsetzung der bis jetzt entwickelten Qualitätsanforderungen in einen konkreten Systementwurf. Hintergrund der Argumentation ist die Entwicklung und der Betrieb eines Stadtinformationssystem in der Freien Hansestadt Bremen, an dem der Autor in den Jahren 1994-96 maßgeblich beteiligt war.

Dabei argumentiere ich auf zwei Abstraktionsebenen: Auf der Ebene der konkreten Implementierung in Bremen weise ich die effiziente Realisierbarkeit der Anforderungen nach, zum anderen entwickele ich vor allem in Bezug auf die Suche und Navigation sowie die Informationslogistik verallgemeinerbare Erkenntnisse für diese Klasse von Informationssystemen, die über die konkrete, mit den Beschränkungen eines Projektbetriebes behaftete Implementierung hinausgehen.

4 Datenmodellierung für ein Stadtinformationssystem

Im Kapitel 3 habe ich die Notwendigkeit für eine differenzierte Modellierung des Anwendungsbereiches von Stadtinformationssystemen begründet.

In diesem Kapitel gebe ich einen Überblick über die wesentlichen Inhalte des prototypisch in Bremen entwickelten Stadtinformationssysstems. Dabei beschreibe ich das Verfahren der Datenmodellierung näher und stelle das Datenmodell für das Stadtinformationssystem in Bremen vor.

4.1 Entwicklung des Stadtinformationssystems 'Bremer InfoThek'

Das Stadtinformationssystem 'Bremer InfoThek' wurde ab 1990 von der Forschungsgruppe Telekommunikation unter der Leitung von Professor Herbert Kubicek am Fachbereich Informatik der Universität entwickelt. Aufbauend auf amerikanischen und schottischen Erfahrungen entwickelten zwei Informatik-Studenten einen Prototyp für ein öffentlich zugängliches Informationssystem, das auch in einer Bremer Stadtteilbibliothek erprobt wurde [AHRENS UND REDDER 1992]. Dieser Prototyp wurde im Rahmen eines studentischen Lehrprojektes weiterentwickelt [KÖNKEN UND LANGHANS 1994], und an mehreren öffentlich zugänglichen Orten wurden erste Kioske aufgestellt und über einen längeren Zeitraum betrieben.

Relativ bald zeigte sich jedoch, daß die Entwicklung von Kooperationsbeziehungen mit Informationslieferanten, die Entwicklung eines redaktionellen Konzeptes sowie das Betreiben eines größeren Netzes von Kiosken von Studierenden nicht zu leisten war.

In einem Projekt mit dem Titel „Zur informierten Stadt durch elektronische Informationssysteme?", das vom damaligen Bundesministerium für Forschung und Technologie gefördert und vom 1.1.1994 bis zum 31.8.1996 an der Universität Bremen durchgeführt wurde, entstand der in dieser Arbeit vorgestellte Prototyp eines elektronischen Stadtinformationssystems. Das Projekt war von vornherein als Technik- und Organisationsentwicklungsprozeß angelegt. Die zur Unterstützung des Leitbildes der 'informierten Stadt' erforderliche Technik sollte im Zusammenhang mit dem Aufbau und der Institutionalisierung von Kooperationsbeziehungen entwickelt werden.

Mit dem Ende der Projektlaufzeit im Sommer 1996 existiert ein funktionierendes Stadtinformationssystem, das im Internet und über öffentliche Terminals zugänglich ist[11]. Die Inhalte dieses Systems werden von verschiedenen Partnern bereitgestellt und die Bemühungen für die Etablierung einer festen organisatorischen Struktur für

---

[11] Zunächst unter der Adresse http://infothek.informatik.uni-bremen.de - inzwischen unter http://www.bremen.de.

das Gesamtsystem werden von der Forschungsgruppe Telekommunikation fortgesetzt.

Inzwischen hat der Senat der Freien Hansestadt Bremen beschlossen, dieses System als Basis eines eigenen WWW-Angebotes unter der Adresse „www.bremen.de" zu nutzen. Das im folgenden beschriebene System ist also zunächst ein Prototyp zur Erprobung eines Modells von der informierten Stadt, und er hat seine grundsätzliche Einsatzfähigkeit im Echtbetrieb bewiesen (vergl. [KUBICEK ET AL. 1997]).

4.2 Inhalte eines Stadtinformationssystems

Vor der differenzierten Modellierung eines Stadtinformationssystems müssen die generell zur Verfügung zu stellenden Inhalte geklärt werden.

Einige Autoren neigen bei der Beschreibung der möglichen Inhalte zu einer umfangreichen und beliebigen Liste von möglichen Inhalten. Diese Listen sind oft umso länger, je weiter der Vorschlag von einer Realisierung entfernt ist. So schlägt ein Freiburger Autorenteam als ideale Anwendungs- und Themenfelder für die 'Wired-City Freiburg' die Bereiche Medizin, Naturwissenschaften, Ökologie, Solarforschung, Verlagswesen, Ausbildung, Jura, Volkswirtschaftslehre, Tourismus und Gastronomie vor und will dafür eine breite Palette von professionellen Diensten bis zu Angeboten für Privathaushalte entwickeln [STRAUß, SCHODER UND KOHL 1996: S. 242]. Für die Entwicklung eines funktionierenden vernetzten Stadtinformationssystems sind hier noch einige Konkretisierungen erforderlich. Erst wenn man die Inhalte im Detail benennt und auch die Funktionsweise der verfügbaren Dienste beschreibt, kann eine sinnvolle Diskussion der Qualitätsmerkmale erfolgen.

Die hier vorgeschlagene Klasse von Stadtinformationssystemen läßt sich ganz grob von zwei vieldiskutierten Entwicklungen abgrenzen: Zum einen gegenüber Pilotversuchen zur Erprobung von interaktivem Fernsehen und zum anderen gegenüber reinen Kommunikationsforen.

Bei den Pilotversuchen für das interaktive Fernsehen geht es um die Erprobung neuer Dienstangebote, die aus dem bisherigen reinen Verteilmedium Fernsehen ein interaktiv gesteuertes Medium machen sollen. Neben einer gezielten Auswahl von Filmen sollen vor allem interaktive Einkaufsmöglichkeiten getestet werden.

Es sind vor allem Versuche großer Medienkonzerne, um sich rechtzeitig einen Anteil an einem prognostizierten Multi-Milliardenmarkt zu sichern. Da die Übertragung von Fernsehbildern enorme Bandbreiten voraussetzt, wird die Realisierung noch einige Zeit in Anspruch nehmen. Der blamable Mißerfolg des großangelegten Stuttgarter Modellversuchs[12], der an technischen Schwierigkeiten scheiterte, macht die Kluft zwischen technischen Visionen und der Realität deutlich.

---

[12] vergl. Badische Zeitung v. 2.11.1996: „Aus für die schwäbische Datenautobahn"

Vor allem sind diese Ansätze strukturell eher konservativ. Die interaktive Auswahl von Filmen ersetzt den Gang zur Videothek, ändert aber qualitativ das Medium nicht. Ganz ähnlich bilden die bisher bekanntgewordenen Ansätze zum Teleshopping nur das althergebrachte Einkaufsverhalten ab. Neuere Ansätze, wie z.b. die direkte Verknüpfung zu den Ergebnissen der Stiftung Warentest, werden in diesem Zusammenhang nicht diskutiert.

Vor allem in den USA gibt es eine Reihe von Ansätzen, die 'Community', also die Stadt als soziales Gemeinwesen, durch elektronische Mittel zu unterstützen. Ein Schwerpunkt dabei ist die Unterstützung der elektronischen Kommunikation der Bürgerinnen und Bürger (vergl. [WAGNER UND KUBICEK 1996]). Ausgehend von den Ideen der Free-Nets in den USA hat sich auch in Deutschland mit dem Free-Net Erlangen ein ähnliches Modell entwickelt.

So wichtig die Kommunikation auch ist, so problematisch ist der alleinige Bezug auf die Kommunikation in einem Stadtinformationssystem. Die Kommunikation benötigt einen Bezug zu Inhalten, über die kommuniziert werden kann. Ansonsten ist es für Außenstehende schwer bis unmöglich, in die Kommunikationsprozesse einzusteigen und die Kommunikationsforen bleiben eine geschlossene Gruppe für Insider.

Wichtig für die Unterstützung lebendiger Kommunikationsprozesse in einer Stadt ist der Bezug auf Aktivitäten und Probleme, die in der Stadt vorhanden sind. Diese müssen informationell im Stadtinformationssystem dargestellt werden und können dann zu Anknüpfungs- und Bezugspunkten für kommunale Kommunikationsprozesse werden.

So liegt der Schwerpunkt des hier vorgeschlagenen Modells von Stadtinformationssystemen auf einer in sich gegliederten und aufeinander bezogenen Ansammlung von differenzierten Informationsobjekten, die ergänzt wird um einfache Kommunikationsfunktionen.

4.3 Datenmodellierung

Ein Datenmodell in der Informatik beschreibt Objekte und Operationen auf diesen Objekten. In diesem sehr allgemeinen Sinn beruht jede Computeranwendung auf einem mehr oder weniger expliziten Datenmodell.

Vor allem bei Werkzeugen ist das Datenmodell nicht auf die Modellierung eines Anwendungsbereiches ausgelegt, sondern ist eher technisch orientiert und beschreibt in generischen Begriffen Objekte, die für eine spätere Anwendung zur Verfügung gestellt werden. So unterscheidet Kappe beim Datenmodell von Hyper-G zwischen Mengen, geordneten Mengen und Hierarchien [KAPPE 1996] und Dürr und Neske unterscheiden zwischen Text-, Video- und komplexen Objekten [DÜRR UND NESKE 1990].

Ein Anwendungssystem wie ein Stadtinformationssystem erfordert demgegenüber eine Modellierung eines komplexen Anwendungsbereiches. Hier sind für die Entwicklung betrieblicher Anwendungen bewährte Methoden entwickelt worden, die für die Entwicklung eines alltagsorientierten Systems nutzbar gemacht werden können. Allerdings sind dabei die weitergehenden Flexibilitätsanforderungen zu berücksichtigen.

4.3.1 Datenmodell als Fachkonzept

Ziel der Datenmodellierung ist die Herstellung einer Sichtweise auf die Datenressourcen, die umfassend, unabhängig von der Datenverwaltungssoftware sowie neutral gegenüber den Einzelanwendungen und deren jeweils lokalen Sichten auf die Daten ist (vergl. [ORTNER UND SÖLLNER 1989]).

Bei der Datenmodellierung wird zunächst ein konzeptionelles Modell des Anwendungsbereichs entworfen, das in einem zweiten Schritt in physische Speicherstrukturen übersetzt wird. Das oberste Qualitätskriterium für ein Datenmodell ist die Angemessenheit der Modellierung. Jedes Modell ist eine zweckbestimmte Abstraktion von der Realität.

Ein Datenmodell ist ein zentraler Teil der Konzeption eines Informationssystems und der wichtigste Vermittlungsschritt zwischen den sachlogischen Informationen der Realität und ihrer Abbildung in ein technisches System. Das Datenmodell eines betrieblichen Informationssystems ist eine konzeptionelle, anwendungsübergreifende Darstellung der Daten, mit denen das System arbeitet.

Bei der Datenmodellierung kommt es zunächst darauf an, die wichtigen Objekte des Anwendungsbereich zu identifizieren sowie ihre Eigenschaften und ihre Beziehungen zu beschreiben. Dies ist ein analytischer Schritt, der Gemeinsamkeiten und Strukturen im Anwendungsbereich offenlegt und für eine weitere Bearbeitung zugänglich macht.

Etwas emphatisch beschreibt Max Vetter die grundlegenden Vorteile eines konzeptionellen Datenmodells: „Kommt ein globales konzeptionelles Datenmodell kooperativ und solidarisch zustande (...), so kann es als das kollektive und additive Produkt der Denktätigkeit einer ganzen Belegschaft aufgefaßt werden und vermag als solches im Sinne eines Brennpunktes zu wirken. Seine Schaffung zeitigt ordnende, klärende, divergierende Wünsche und Erfordernisse auf einen Nenner bringende, Kommunikationsprobleme entschärfende, der Wahrheitsfindung dienende Effekte." [VETTER 1991: S. 5]

Auch wenn die Datenmodellierung hier im Kontext betrieblicher Informationssysteme gesehen wird, ist ihre strukturierende und klärende Funktion auch bei alltagsorientierten Informationssystemen gegeben. Vetter betont die Vorteile der Datenmodellierung für dispositive Systeme, bei denen die nicht-vorhersehbaren Fragestellungen im Vordergrund stehen, denn „Datenmodelle lassen sich auch dann definieren, wenn die Funktionen im einzelnen nicht bekannt sind." [VETTER 1991: S. 8] Dies ist gerade bei Stadtinformationssystemen, bei denen die späteren Nutzungskontexte weitgehend unbestimmt sind, von besonderer Bedeutung.

Es wäre von Anfang an ein vermessenes Unterfangen, wenn ich ein komplexes Gemeinwesen wie eine moderne Großstadt ausschießlich mit Hilfe eines mehr oder weniger formalen Datenmodells im Detail modellieren wollte. Mein Grundansatz ist vielmehr, nur Teilbereiche der Großstadt im Detail strukturiert zu modellieren und andere Bereiche bewußt unstrukturiert zu lassen. Diese anderen Bereiche verfügen auch über innere Strukturen, die aber aus unterschiedlichen Gründen zunächst nicht explizit modelliert werden. So kann man die Protokolle von kommunalen Gremien sehr differenziert mit Tagesordnungen, Vorlagen und Teilnehmern als eigenständigen Objekten verwalten, wie dies etwa in einem Bürokommunikationssystem erfolgen würden. Für die Zwecken eines Stadtinformationssystems ist ihre Bereitstellung als Textdokumenter ausreichend.

Zwischen den strukturiert modellierten und den Bereichen ohne explizite Struktur müssen Bezüge möglich sein (siehe Abbildung 13). Im Laufe der Zeit können dann weitere Bereiche aus dem unstrukturierten Bereich in den strukturierten Bereich überführt werden, d.h. daß schrittweise Teilbereiche im Detail modelliert, strukturiert und mit Werkzeugen unterstützt werden. Ebenso kann man sehr bewußt aus unter-

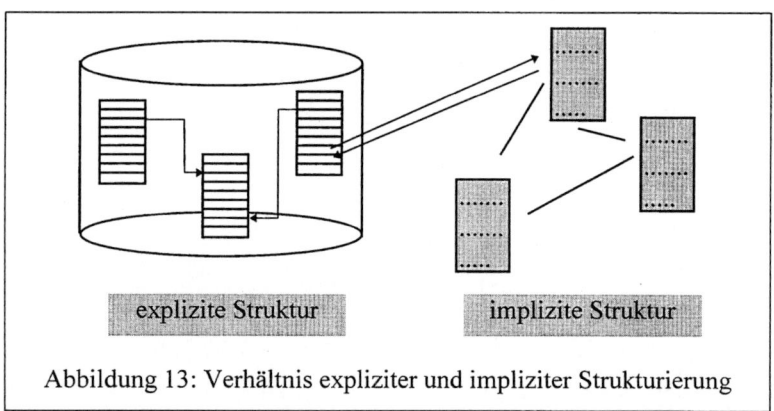

explizite Struktur   implizite Struktur

Abbildung 13: Verhältnis expliziter und impliziter Strukturierung

schiedlichen Gründen auf diese Strukturierung verzichten, da die Aufrechterhaltung der Struktur immer mit Aufwand verbunden ist.

Die folgenden Ausführungen zu Datenmodellierung beziehen sich in Anlehnung an die einschlägige Literatur auf die detaillierte Modellierung von Strukturen, also Objekten und Beziehungen. Dabei gehört auch die systematische Behandlung der nicht-strukturierten Bereiche zur Datenmodellierung. Dies erfolgt über die genaue Festlegung der Grenzen der Strukturierung oder über die Definition einer Schnittstelle zwischen dem strukturierten und dem unstrukturierten Bereich.

Aus technischer Sicht ist es das Ziel der Datenmodellierung, eine klare begriffliche Grundlage für den logischen und physischen Entwurf der Datenbasis sowie eine Bezugsbasis zur Beschreibung der Funktionalität der erforderlichen Programme zu erhalten. Dies ist sowohl für die Entwickler eines Systems wichtig als auch für die Kommunikation mit den späteren Nutzern.

Speziell im Kontext von Hypermedia-Anwendungen, in denen es sehr flexible Navigationsmöglichkeiten gibt, ist ein Datenmodell auch für die Beschreibung von Zugriffsmöglichkeiten, also Such- und Navigationsmöglichkeiten, von Bedeutung. Dies ist der Ansatz von Datenmodellen wie HDM [GARZOTTO, PAOLINI UND SCHWABE 1993] und RMDM [ISAKOWITZ, STOHR UND BALASUBRAMANIAN 1995], auf die ich im sechsten Kapitel eingehe.

Aus kommunikativer Sicht geht es um die Entwicklung einer einheitlichen Sprachebene, auf der die unterschiedlichen Beteiligten ihre Sichten auf das System formulieren können und die eine gegenseitige Verständigung ermöglicht.

Die Datenmodellierung ist zusammen mit der Funktionenmodellierung ein Bestandteil der frühen Phasen der Systementwicklung eines Informationssystems. Als Modellierungsprozessen ist ihnen die zweckbestimmte Abbildung eines Ausschnittes der Realität gemeinsam. Der Zweck kann ganz allgemein bestimmt werden als die Einführung eines computergestützten Informationssystems, bei betrieblichen Informationssystemen handelt es sich meist um Reorganisationsprozesse, in deren Verlauf der Ausschnitt der Realität verändert wird.

Funktionen- und Datenmodellierung können als zwei grundsätzlich verschiedene Herangehensweisen des Systementwurfs beschrieben werden, die heute im objektorientierten Entwurf kombiniert werden. Da im Zusammenhang mit der Entwicklung von Stadtinformationssystemen die Modellierung der Funktionen eine untergeordnete Rolle spielt, konzentriere ich mich auf die Datenmodellierung.

Bei der klassischen Datenmodellierung betrieblicher Anwendungen wird die statische Struktur des Anwendungsbereiches erfaßt. Die Funktionsmodellierung beschreibt die dynamische Struktur und umfaßt die Zugriffe auf die Objekte und die Bearbeitung der Objekte, also die eigentliche Funktionalität des Systems.

Die Datenmodellierung von Hypermedia-Systemen umfaßt neben der Modellierung der Beziehungen zwischen den Objekten zusätzlich die Modellierung von Zugriffsstrukturen. Dies kann deshalb gemacht werden, weil die Zugriffsstrukturen im Vergleich zu den komplexen Bearbeitungsfunktionen betrieblicher Anwendungen einfacher zu beschreiben sind und deshalb in das Datenmodell integriert werden können. Gleichzeitig sind sie hinreichend komplex, um eine Modellierung zu rechtfertigen.

Die Datenmodellierung im Zusammenhang dieser Arbeit umfaßt alle Aktivitäten zur anwendungsunabhängigen, statischen Beschreibung eines Anwendungsbereiches unter dem Gesichtspunkt der dort vorhandenen Objekte, ihrer Eigenschaften und der Beziehungen untereinander.

Die Datenmodellierung wird oft als konzeptioneller Entwurf einer Datenbank bezeichnet und vom logischen und physischen Entwurf unterschieden (vergl. [MELTON UND SIMON 1993: S. 398ff.]). Sie ist rein auf den zu modellierenden Realitätsausschnitt bezogen und abstrahiert von den Eigenschaften der bei der Implementierung eingesetzten Datenbank oder Hardware.

Beim logischen Entwurf wird das konzeptionelle Datenmodell auf die Ebene eines konkreten Datenbanksystems konkretisiert, aber noch ohne Berücksichtigung von speziellen Performanceüberlegungen oder anderer systemspezifischer Details. Optimierungen und die Ausnutzung konkreter Systemeigenschaften erfolgen erst auf der Ebene des physischen Entwurfs.

Die am weitesten verbreitete Methode der Datenmodellierung ist die Entity-Relationsship-Modellierung nach Peter Chen [CHEN 1976], die zu einer sehr anschaulichen Modellierung des Anwendungsbereiches führt. Sie hat ihre Stärken vor allem in den Bereichen, in denen sich die realen Objekte als Tabellen angemessen darstellen lassen, wie es in den meisten kaufmännischen Bereichen der Fall ist. Da ich in dieser Arbeit nicht ausführlich auf die Prinzipien der Datenmodellierung eingehen kann, soll an dieser Stelle nur der Stellenwert der Datenmodellierung im Rahmen der Qualitätsanforderungen von Stadtinformationssystemen aufgezeigt werden.

Die grundlegenden strukturellen Bestandteile des Entity-Relationship-Modells sind Entitäten, Entitätsmengen (Typen), Attribute und Beziehungen. Diese Bestandteile sind in praktisch allen semantischen Modellen vorhanden [DATE 1995: S. 349].

Entitäten sind die grundlegenden Objekte, aus denen die Datenbank aufgebaut ist. Gleichartige Entitäten werden zu Entitätstypen zusammengefaßt, die die gleichen Eigenschaften besitzen. Entitäten besitzen Attribute oder Eigenschaften, mit denen sie semantisch beschrieben werden.

Beziehungsobjekte stellen Beziehungen zwischen Entitäten her. Sie besitzen Kardinalitäten, d.h. die Anzahl der an der Beziehung beteiligten Zielentitäten kann festgelegt werden. Beziehungen können auch Attribute besitzen.

Über die Hierarchien (Sub-Types) werden in einigen erweiterten Entity-Relationsship-Modellen Generalisierung und Spezialisierung behandelt. Hier ist eine Schnittstelle zur objektorientierten Herangehensweise. Die Typ-Hierarchien sind erst nachträglich in das Entity-Relationsship-Modell integriert worden [DATE 1995: S. 354].

Ortner und Söllner beschreiben sehr anschaulich die einzelnen Schritte einer Datenmodellierung (vergl. [ORTNER UND SÖLLNER 1989: S. 34 ff.]). Nach einer ersten Erhebung von relevanten Aussagen aus dem Anwendungsbereich werden in der Phase der Grobdatenmodellierung die erhobenen Begriffe geklärt und definiert. Dabei werden Homonyme aufgelöst, Synonyme bestimmt und vage Begriffe präzisiert. Anschließend werden die Beziehungen zwischen den so rekonstruierten Fachbegriffen analysiert. Auf dieser Grundlage erfolgt dann die Integration der rekonstruierten Fachbegriffe mit ihren Beziehungen in das bereits existierende konzeptionelle Schema[13].

Bei der anschließenden Feindatenmodellierung werden die Attribute der Objekttypen festgelegt und vor allem die Beziehungen zwischen den Objekttypen als Attribute abgebildet sowie Schlüssel (identifizierende Attribute), Wertebereiche und Integritätsbedingungen festgelegt.

Die Datenmodellierung betrieblicher Systeme und von Stadtinformationssystemen haben viele methodische Gemeinsamkeiten, aber auch deutlich unterschiedliche Schwerpunkte. In beiden Bereichen geht es um die Identifikation von relevanten Objekten mit ihren Eigenschaften und den Beziehungen untereinander. Dies ist die erste, grundlegende Phase der Datenmodellierung. Hierauf aufbauend können Integritätsregeln definiert werden, die die Genauigkeit und Korrektheit der Daten in der Datenbank unterstützen [DATE 1990: S. 437]. Beispielsweise kann festgelegt werden, daß ein Zinssatz nie negativ werden kann, Rabattstaffeln nur aus einer festgelegten Tabelle entnommen werden dürfen oder ein Jahresgehalt um nicht mehr als 50% wachsen darf.

Dabei unterscheidet man zwischen der referentiellen Integrität und der datenbankspezifischen (besser: anwendungsspezifischen) Integrität. Erstere bezieht sich auf die Gewährleistung der Gültigkeit von Fremdschlüsselbeziehungen, während letztere die Geschäftsregeln eines Anwendungsbereiches darstellen.

Betriebliche Anwendungsmodelle bilden die Arbeitsabläufe, Geld- und Materialflüsse eines Unternehmens ab und müssen die Beziehungen zwischen den Objekten sehr detailliert beschreiben. Die Detailliertheit und die Spezifik betrieblicher Modelle ermöglichen überhaupt die Definition von Integritätsregeln. Erst als Beschreibung einer bestimmten Geschäftspolitik können Regeln definiert werden, andere Unternehmen implementieren andere Regeln. Nach Date macht die Bestimmung der Integritätsregeln bis zu 90% des Aufwandes beim Datenbankentwurf aus [DATE 1990: S. 437]. Bei Stadtinformationssystemen können demgegenüber kaum Integritätsbedingungen angegeben werden, da hier sehr allgemeine Beziehungen zwischen Objekten nachgebildet werden.

---

[13] Diese Schritte haben große Ähnlichkeiten mit der Vorgehensweise bei der Erstellung von Thesauri.

4.3.2 Objekt-Beziehungs-Modell

Für die Datenmodellierung verwende ich ein vereinfachtes Objekt-Beziehungs-modell, das auf dem ursprünglich von Chen entwickelten Modell aufbaut, dieses aber noch reduziert. Da die Wissenschaft eher von der Erweiterung vorhandener Modelle lebt und gerade der Entity-Relationship-Ansatz vielfach erweitert wurde, bedarf die Vereinfachung einer gesonderten Begründung.

Das Entity-Relationship-Modell von Chen ist von vielen Seiten kritisiert und weiter-entwickelt worden (vergl. [DATE 1990]). Am bekanntesten ist die Weiterentwicklung durch E.F. Codd, dem 'Vater' des relationalen Datenmodells, die unter dem Namen Relational Model RM/T (wobei das 'T' für Tasmanien, den Ort der ersten öffentli-chen Diskussion dieses Modells steht) bekannt geworden ist (vergl. [DATE 1990A]). Zentraler Unterschied zum ursprünglichen ER-Modell ist das Fehlen der Unterschei-dung von Entitäten und Relationen. Beide werden als unterschiedliche Entitäten-Kategorien behandelt: 'Kernel entities' (entsprechen ungefähr den Objekten) und 'associative entities' (entsprechen ungefähr den Relationen). Außerdem können Typ-Hierarchien gebildet sowie Integritätsbedingungen formuliert werden.

Eine vor allem von Date massiv vorgetragene Kritik am ER-Modell ([DATE 1995: S. 363]) bezieht sich auf die Unterscheidung zwischen Entitäten und Relationen. Diese Unterscheidung ist zunächst intuitiv eingängig, oft läßt sich aber der Typ eines Sachverhalts nicht eindeutig als Objekt oder als Relation fassen. So kann man sicher eine Heirat als Beziehung zwischen zwei Menschen sehen, aus Sicht des Standes-amtes ist es eher ein Verwaltungsakt, also ein Objekt. Neben der Kritik am Bezie-hungsbegriff ist die fehlende Formalisierung des ER-Modells ein weiterer Kritik-punkt.

Der große Erfolg der ER-Methode beruht auf dieser intuitiven Verständlichkeit ([DATE 1995: S. 364]), die nach Meinung des Autors gerade auf einer gelungenen Balance zwischen formalen und nicht-formalen Elementen beruht. Die Konzepte der Entitäten und Beziehungen sind grundlegend im Alltagsverständnis verankert und ermöglichen eine explizite Beschreibung von Sachverhalten, die den meisten Men-schen implizit aus ihrer Praxis bereits vertraut sind.

Die fehlende Formalisierung ist sicher in Bezug auf eine automatische Transformati-on und Überprüfung eine ernstzunehmende Kritik. Es ist aber fraglich, ob bereits in den frühen Phasen der Systementwicklung eine formale Basierung erforderlich ist, wenn dies auf Kosten der Verständlichkeit geht.

Das Datenmodell einer Stadt muß im Vergleich zu einem betrieblichen Datenmodell sehr allgemein gehalten werden, um alle in der Realität vorkommenden Fälle abbil-den zu können und um die Flexibilität zu erhöhen. Ich habe deshalb auf die Angabe von Muß-Feldern, Minimal-Kardinalitäten und weitergehenden Integritätsbedingun-gen verzichtet.

Die wichtigste Aufgabe des Stadtinformationssystems ist die Anzeige von Objekten einschließlich ihrer Beziehungen zu anderen Objeken. Bei diesen Anzeigefunktionen ist nicht die Erzwingung von Regeln wichtig, wie dies bei vielen betrieblichen Anwendungen der Fall ist. Ziel dieser Datenmodellierung ist nicht die automatische Umsetzung in einen logischen oder physischen Entwurf mit Hilfe von Werkzeugen, sondern vor allem die Schaffung einer Kommunikationsbasis für die Datenlieferanten. Dabei geht es nicht so sehr um die Spezifikation von Details, sondern eher um die informale, aber doch präzise Beschreibung eines kleinsten gemeinsamen Nenners.

Zur Darstellung wird die Diagramm-Technik in der Krähenfußnotation genutzt [SCHÖNTHALER UND NEMETH 1990: S. 109 ff.]. Objekte werden als Rechtecke dargestellt, die Relationen als gerichtete und benannte Kanten, wobei die Benennung jeweils im Uhrzeigersinn zu lesen ist. Die Darstellung von Relationen als benannte Kanten und nicht als Rauten wie bei den ursprünglichen ER-Diagrammen geht auf Bachmann und Martin zurück [MARTIN UND MCCLURE 1985] und wird auch als Bachmann-Diagramm bezeichnet. Diese sind semantisch weniger ausdrucksstark als ER-Diagramme [KNOLMAYER UND MYRACH 1990], dafür sind sie bei einfachen Strukturen übersichtlicher. Die Attribute werden durch Bezeichnungen an gestrichelten Linien dargestellt. Die Krähenfußnotation ist eine sehr eingängige Darstellungsform, die die zentrale Unterscheidung zwischen einer einfachen und einer mehrfachen Kardinalität durch die Aufspreizung (den 'Krähenfuß') bei einer 1:N-Beziehung deutlich macht.

4.4 Objekt-Beziehungs-Modell einer Stadt

Im folgenden will ich schrittweise ein Datenmodell für eine typische Großstadt entwickeln. Ich fange mit einer groben Übersicht an und verfeinere anschließend die einzelnen Objektklassen.

Kerninhalte eines Stadtinformationssystems umfassen die Bereiche

- Veranstaltungen (zeitlich),
- Einrichtungen (örtlich),
- Kommunikation (subjektiv),

die miteinander in Beziehungen stehen. Hinzu kommt noch eine inhaltliche Beschreibung der einzelnen Objekte, die ich als Schlagwort fasse und die so etwas wie einen Index der Stadt darstellt (siehe Abbildung 14).

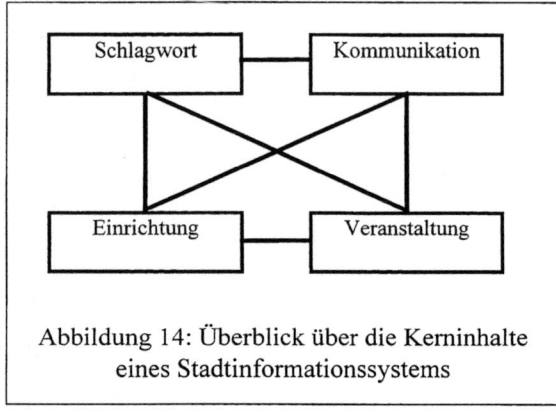

Abbildung 14: Überblick über die Kerninhalte eines Stadtinformationssystems

Veranstaltungen sind der lebendigste Teil einer Stadt. Hier treffen sich Menschen zu einem bestimmten Zeitpunkt an einem Ort, um sich zu unterhalten, zu informieren, zu lernen, zu diskutieren, um Aktionen zu planen und Entscheidungen zu fällen. Nicht umsonst wird das Recht auf Versammlungsfreiheit im Artikel 8 des Grundgesetzes besonders geschützt.

In der heutigen Stadt stellen die unterhaltenden Veranstaltungen die übergroße Mehrzahl der öffentlichen Veranstaltungen dar. Wichtige Veranstaltungskategorien, die in keinem Stadtmagazin fehlen, sind die Kino-, Theater- und Musikprogramme sowie große und kleine Sportprogramme. Darüber hinaus gibt es den großen Bereich der Bildungsveranstaltungen von einzelnen Vorträgen bis hin zu Kursen und Seminaren. Zur Stadt gehören ebenso politische Diskussionsveranstaltungen sowie Demonstrationen als Veranstaltungen, mit denen politische Meinungsäußerungen gemacht werden.

Für ein Stadtinformationssystem als öffentliches Informationssystem sind nur die Veranstaltungen von Interesse, die sich an eine breitere Öffentlichkeit wenden und die die Veranstalter (oder auch andere Interessierte) in der Öffentlichkeit bekannt machen wollen.

Neben den Veranstaltungen gibt es den großen Bereich der Einrichtungen. Der Bereich Einrichtungen ist ziemlich abstrakt gefaßt und umfaßt alles in der Stadt, was einen Namen und eine (physische und/oder mediale) Adresse hat. So kann man unter dem Begriff Einrichtungen so unterschiedliche Objekte wie Behörden, Vereine, Bürgerinitiativen, Kinobetreiber, Firmen und auch Einzelpersonen fassen. Einrichtungen in dem von mir beschriebenen Sinn sind die öffentlichen Kontaktstellen für Besorgungen und Problemlösungen. Diese Abstraktion ist eine grundlegende Entwurfsentscheidung, und ich gehe darauf bei der Beschreibung der Einrichtungen noch genauer ein. Hier soll nur die Plausibilität der Modellierung deutlich gemacht werde.

In der Regel hat man einen Anlaß oder ein Anliegen, um nach einer Einrichtung zu suchen. Dies kann inhaltlich bestimmt sein - ich muß mich bei der Meldestelle ummelden, ich suche eine Möglichkeit, um Tai-Chi zu machen - oder auch bezogen auf eine übergreifende Kategorie - ich suche ein Kino oder alle Bürgerinitiativen, die sich mit Verkehr beschäftigen. Aus der sehr abstrakten Fassung der Einrichtungen folgt unmittelbar die Notwendigkeit zu einer zumindest einfachen inhaltlichen Erschließung über Schlagwörter. Am Beispiel der Suche nach einer Kontaktstelle zum Tai-Chi wird auch deutlich, daß sowohl ein Sportverein als Einrichtung, die einen Tai-Chi-Kurs anbietet, als auch eine Veranstaltung, z.b. ein Einführungsabend in Tai-Chi, als Problemlösung infrage kommt.

Veranstaltungen und Einrichtungen hängen zusammen: Veranstaltungen werden von einer Einrichtung veranstaltet, in einer Einrichtung finden Veranstaltungen statt. So will man oft nach Auswahl einer Theatervorstellung wissen, ob noch Plätze frei sind oder wo sich das Theater befindet, oder man sucht gezielt nach den Aufführungsterminen eines bestimmten Theaters.

Die Schlagworte ermöglichen eine Gruppierung von Objekten nach inhaltlichen Kriterien und damit eine Auswahl und Einschränkung der Objekte, die den Benutzer interessieren.

Die Kommunikation stellt den letzten Punkt der Kerninhalte dar, der gerade für die Lebendigkeit der Stadt von großer Bedeutung ist. Damit ist die Möglichkeit angesprochen, Meinungsäußerungen zu den vorhandenen Veranstaltungen und Einrichtungen zu machen und damit von der reinen Informationsverteilung wegzukommen und eine aktive Beteiligung der Bürger zumindest im Rahmen des Informationssystems zu ermöglichen.

Dieses Kernmodell ist nicht abschließend und berücksichtigt eine ganze Reihe von weiteren interessanten Bereichen nicht. Es soll hier eine Darstellung und Diskussion der grundlegenden Entwurfsentscheidungen bei der Entwicklung eines Stadtinformationssystems ermöglichen. Es ist deshalb bewußt minimal gehalten, soll aber alle wesentlichen Elemente berücksichtigen.

In der oben eingeführten Notation der vereinfachten Objekt-Beziehungs-Diagramme kann man das Kernmodell in einem ersten Überblick mit seinen Objekttypen, Attributen und Beziehungen darstellen (siehe Abbildung 15). Deutlich wird, daß die Beziehungen überwiegend 1:N-Beziehungen sind. Nur die Mitteilungen beziehen sich jeweils auf genau ein Objekt (Einrichtung oder Veranstaltung).

Dieses Kernmodell ist im wesentlichen in der Bremer InfoThek realisiert, allerdings beziehen sich die Schlagworte und Mitteilungen noch nicht auf Veranstaltungen, was aber ohne großen Aufwand realisierbar ist.

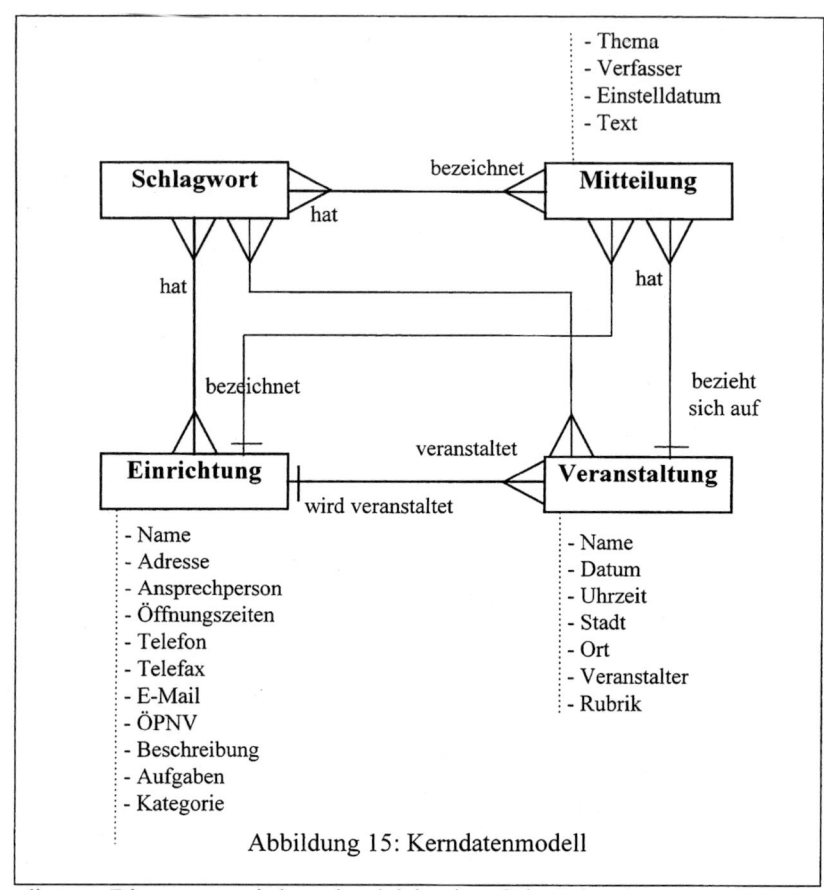

- Thema
- Verfasser
- Einstelldatum
- Text

Schlagwort

bezeichnet

hat

Mitteilung

hat

hat

bezeichnet

bezieht
sich auf

Einrichtung

veranstaltet

wird veranstaltet

Veranstaltung

- Name
- Adresse
- Ansprechperson
- Öffnungszeiten
- Telefon
- Telefax
- E-Mail
- ÖPNV
- Beschreibung
- Aufgaben
- Kategorie

- Name
- Datum
- Uhrzeit
- Stadt
- Ort
- Veranstalter
- Rubrik

Abbildung 15: Kerndatenmodell

An diesem Diagramm wird auch gleich eine Schwäche der vereinfachten OB-Modelle deutlich. Es fehlt die Generalisierung, also die Möglichkeit zur Beschreibung von Sub- und Supertypen. Diese fehlte auch im ursprünglichen ER-Modell von Chen und wurde dort nachträglich hinzugefügt. Eine Beschreibung des Sachverhaltes, daß sich Schlagworte auf verschiedene Entitätstypen, also sowohl auf Einrichtung wie auf Veranstaltungen, beziehen können, ist so nicht möglich und führt zu einer gewissen Unübersichtlichkeit der Beziehungsdarstellung.

Auf der anderen Seite stellte sich im Rahmen der Projektarbeit bereits diese vereinfachte Darstellungsform für Nicht-Informatiker als schwer zu verstehen heraus. Ich habe deshalb darauf verzichtet, abstraktere Konzepte wie die Generalisierung einzuführen, um näher an der konkreten Anschauung der Beteiligten zu bleiben und so die kommunikative Funktion der Diagramme besser nutzen zu können.

Neben den Kernobjekten gibt es noch eine ganze Reihe von weiteren inhaltlich interessanten Bereiche:

- Sehenswürdigkeiten
- Wegweiser in besonderen Lebenslagen (Magazincharakter)
- öffentlich diskutierte Themen
- (Umwelt-)Meßwerte
- Staus & Baustellen
- Notdienste
- Statistik

Diese Bereiche können schrittweise in das Stadtinformationssystem integriert werden. Ihre Implementierung wird keine großen Schwierigkeiten machen, da die dem System zugrundeliegende Struktur so flexibel angelegt ist, daß der Bezug neuer Objekte auf bereits vorhandene Objekte vorgesehen ist. Allerdings erfordert die Implementierung jedes neuen Bereiches eine erneute Datenmodellierung, die Umsetzung in entsprechende Datenstrukturen und die Programmierung der entsprechenden Abfrage- und Anzeigelogik. Dabei muß man dann die jeweiligen Besonderheiten erfassen, wie z.b. bei den Meßwerten die Berücksichtigung von Vergleichszahlen und periodischen Auswertungen oder bei den Baustellen die Kombination der zeitlichen und örtlichen Dimension.

In den nächsten Abschnitten gehe ich detailliert auf die Objektklassen Einrichtungen, Veranstaltungen und Mitteilungen ein. Zusätzlich beschreibe ich die Einbindung von nicht-strukturierten Informationen über die Objektklasse 'Sonstige Information'. Auf die Modellierung der Schlagworte gehe ich im Kapitel 6.3.1 im Zusammenhang mit der Beschreibung der Erschließungsfunktionen des Bremer Stadtinformationssystems ein.

4.4.1 Einrichtungen

Einrichtungen sind eine sehr allgemeine und abstrakte Objektklasse. Sie umfassen alles, was einen Namen und eine Adresse hat. Dazu gehören u.a. Behörden, Geschäfte, Ärzte, Vereine und Initiativen. Diese doppelte Bestimmung durch Namen und Adresse ist grundlegend: die Namen verweisen dabei auf die inhaltliche Einordnung einer Einrichtung, während die Adresse die räumliche Zuordnung ermöglicht.

Bei der Weiterentwicklung eines Stadtinformationssystems wird man diese allgemeine Kategorie sicher verfeinern und im Sinne der Objektorientierung Unterklassen definieren, die Spezialisierungen der Oberklasse Einrichtungen sind. So wurden bei der Realisierung eines Behördenwegweisers die Behörden als spezieller Typ von Einrichtung modelliert und implementiert.

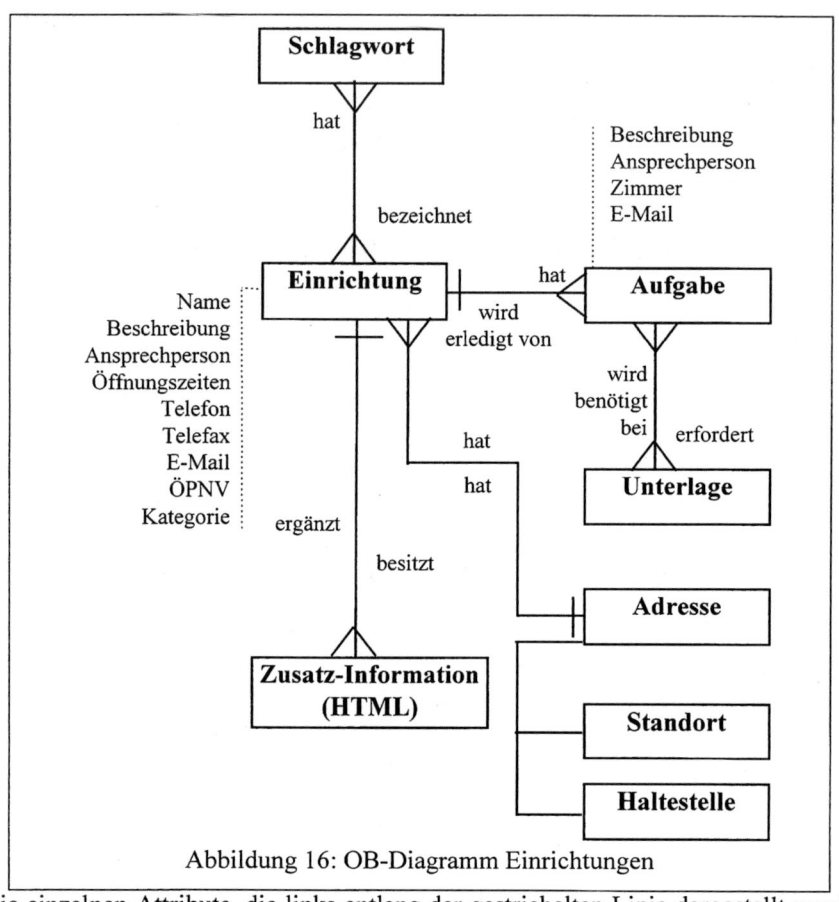

Abbildung 16: OB-Diagramm Einrichtungen

Die einzelnen Attribute, die links entlang der gestrichelten Linie dargestellt werden, enthalten die Daten zu der jeweiligen Einrichtung.

Die für eine schnelle Orientierung wichtigsten Attribute sind Name und Beschreibung. Die Beschreibung ist in der Regel ein kurzer Text, der eine Selbstdarstellung der Einrichtung enthält.

Die Angaben zum Telefon und Telefax dienen der Information, während beim Vorliegen einer E-Mail-Adresse direkt eine Nachricht geschickt werden kann.

Die ÖPNV-Angabe wurde in der ersten Version nur als Text gepflegt. Inzwischen ist eine wesentlich komfortablere Möglichkeit zur Auswahl und Anzeige von Nahverkehrsverbindungen in einer Diplomarbeit realisiert worden ([DOHLS 1997], siehe Abbildung 20).

Ortsamt Mitte/Östliche Vorstadt

Adresse:	Am Dobben 91
	28203 Bremen
Gebäudename:	Villa Rutenberg
Öffnungszeiten:	Mo - Do 8.00 - 16.00 Uhr, Fr 8.00 - 13.00 Uhr und nach
	Vereinbarung
Telefon:	361 2047
Fax:	361 4221
E-Mail:	oamitte@uni-bremen.de
Ansprechpartner:	Herr Robert Bücking (Ortsamtsleiter), Frau Andrea Freudenberg
	(Vertreterin)
ÖPNV:	Sielwall : Linie(n) 2, 3, 10
	Bus/Bahn-Verbindung suchen
Zusatzinformation:	Bildinformation
Standort:	Standortinformation
Zusatzinformationen:	WWW-Seite
letzte Änderung:	28.07.97

Abbildung 17: Darstellung einer Einrichtung einschließlich ergänzender
Informationen

Für den Benutzer werden die Einrichtungen ansprechend präsentiert. Neben den Grunddaten wie Adresse und Öffnungszeiten kann ein graphisches Logo der Einrichtung angezeigt werden. An den Stellen, an denen eine Verknüpfung mit weiteren Informationen möglich ist, werden diese als anklickbare Texte dargestellt (auf dem Bildschirm in blauer Farbe sichtbar, auf der Abbildung durch die Unterstreichung erkennbar).

In der rechten Hälfte der Abbildung 17 werden die Aufgaben, die von einer Einrichtung durchgeführt werden sowie die thematischen Schlagworte, die dieser Einrichtung zugeordnet sind, angezeigt.

In der rechtsstehenden Abbildung wird die Kurzbeschreibung einer Einrichtung dargestellt, die um weitere Informationen auf einer zusätzlichen WWW-Seite ergänzt werden kann.

Die Verbindung dieser noch relativ einfach strukturierten

Das Ortsamt Mitte/Östliche Vorstadt hat die Aufgabe, die Beiräte Mitte und Östliche Vorstadt bei der Erfüllung ihrer Aufgaben zu unterstützen
Das Ortsamt vertritt die Beschlüsse der Stadtteil-Beiräte gegenüber der Verwaltung und setzt Beiratsbeschlüsse um. Gleichzeitig ist das Ortsamt auch Ansprechpartner für die Mitbürgerinnen und Mitbürger des Stadtteils. Es soll den Kontakt zwischen Einwohnern, Beiräten und Verwaltung herstellen und damit dazu beitragen, den Konsens der unterschiedlichen Gruppen im Stadtteil zu fördern.

Der Stadtteil Mitte umfaßt die Ortsteile Altstadt, Bahnhofsvorstadt und Ostertor, ist 321 ha groß und hat 15 813 Einwohner (01.04.1996).
Der Stadtteil Östliche Vorstadt umfaßt die Ortsteile Steintor, Fesenfeld und Peterswerder, ist 331 ha groß und hat 30 260 Einwohner (01.04.1996).

Abbildung 18: Beschreibung einer Einrichtung

Beschreibung mit einem Stadtplanausschnitt sowie mit Fahrplaninformationen macht den speziellen Reiz des Bremer Stadtinformationssystems aus. Hilfestellung bei der räumlichen Orientierung in der Stadt ist eine zentrale Aufgabe eines Stadtinformationssystems, und das zielgenaue Angebot dieser Informationen, ohne zusätzliche Such- und Auswahloperationen vornehmen zu müssen, ist ein wichtiges Merkmal für ein qualitativ hochwertiges System.

Ein Zielort kann über zwei unterschiedliche Beschreibungsformen identifiziert werden: einmal über die Zuordnung zu Raumkoordinaten und zweitens als prozeßbezogene Beschreibung der Route (vergl. [DOWNS UND STEA 1982: S. 67]). Die erste Form wird über die Anzeige des entsprechenden Stadtplanausschnittes unterstützt, die zweite ansatzweise durch die Ausgabe von Verbindungen mit dem öffentlichen Personennahverkehr.

Durch Anklicken des blau unterlegten Begriffs 'Standortinformation' in Abbildung 17 wird direkt ein Stadtplanausschnitt angezeigt, bei dem die gesuchte Einrichtung mit einem roten Kreis markiert ist.

Abbildung 19: Stadtplanausschnitt mit markierter Einrichtung

Die zweite wichtige Orientierungsform bezieht sich auf die Möglichkeit, diese Einrichtung von einem anderen Standort aus zu erreichen. Dies wurde über eine Verbindung zu einem externen Server realisiert, wobei die Adresse der Einrichtung als Zieladresse automatisch vorgeschlagen wird und der Benutzer nur seine eigene Adresse (oder eine andere Startadresse) eingeben muß.

Abbildung 20: Suche nach einer Verkehrsverbindung

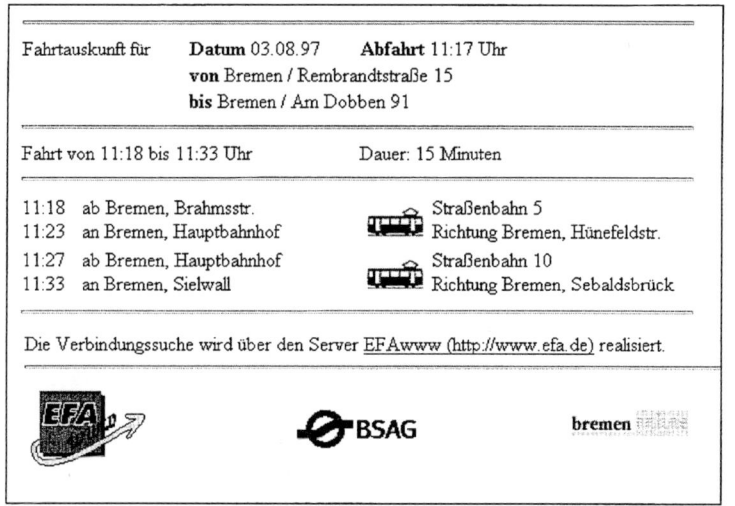

Abbildung 21: Anzeige Verkehrsverbindung

Das Ergebnis der Suche ist dann eine Anzeige der möglichen Verbindungen mit dem öffentlichen Nahverkehr.

Eine ähnliche Routenangabe wäre natürlich auch in Bezug auf den Autoverkehr einschließlich einer Anzeige von Parkmöglichkeiten u.ä. möglich. Ein Beitrag eines Stadtinformationssystems für eine lebenswerte Stadt kann aber auch die bewußte Unterstützung von ökologischem und sozialverträglichem Verkehrsverhalten sein. Aus diesem Grund sollten öffentliche Informationssysteme vor allem die Nutzung und die Attraktivität des öffentlichen Nah- und Fernverkehrs unterstützen.

Ortsamt Mitte/Östliche Vorstadt

Abbildung 22: Foto des Ortsamtes

Der Vollständigkeit halber sollen hier noch die Bildinformationen sowie ein Beispiel für unstrukturierte weitergehende Informationen dargestellt werden.

Alle bisher gezeigten Funktionen wurden aus den in einer Datenbank gespeicherten Angaben generiert und stehen für alle Einrichtungen zur Verfügung. Um Raum für die Besonderheiten von Einrichtungen zu schaffen, kann jede Einrichtungen zusätzliche Informationen auf einer oder mehreren WWW-Seiten präsentieren. Wenn dies der Fall ist, wird bei der Anzeige der Einrichtung (Abbildung 17) ein zusätzlicher Verweis auf diese Seite generiert. Die Gestaltung dieser Seite liegt ausschließlich in der Verantwortung der be-

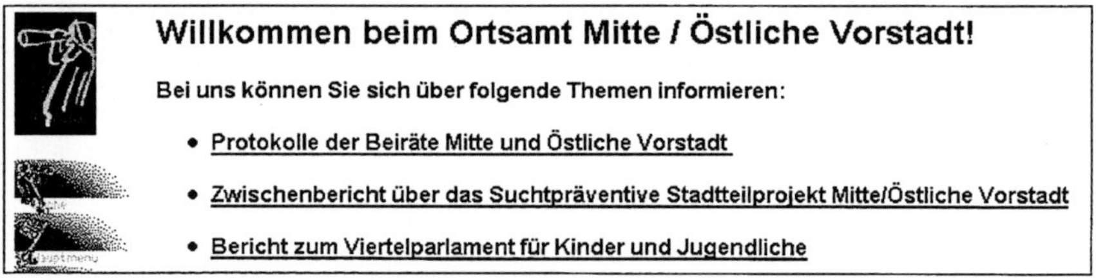

Willkommen beim Ortsamt Mitte / Östliche Vorstadt!

Bei uns können Sie sich über folgende Themen informieren:

• Protokolle der Beiräte Mitte und Östliche Vorstadt

• Zwischenbericht über das Suchtpräventive Stadtteilprojekt Mitte/Östliche Vorstadt

• Bericht zum Viertelparlament für Kinder und Jugendliche
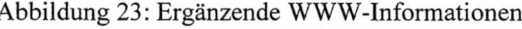

Abbildung 23: Ergänzende WWW-Informationen

treffenden Einrichtung und kann Werbung, die Biographien verdienter Vereinsmitglieder oder Protokolle von Sitzungen enthalten.

4.4.2 Behörden

Ein Behördenwegweiser, der neben Informationen über Adressen, Öffnungszeiten und Telefonnummern vor allem Informationen über inhaltliche Zuständigkeiten und Anspruchsberechtigungen liefert, ist im Rahmen eines Stadtinformationssystems ein besonders wichtiges Modul und wird deshalb hier gesondert behandelt.

Durch die zunehmende Ausdifferenzierung der Verwaltung und die steigende Regelungsdichte bei Verfahren ist die Intransparenz der öffentlichen Verwaltung im Bewußtsein der Bürger gestiegen. Gleichzeitig hat sich der Anspruch der Bürgerinnen und Bürger an die Beteiligung in Verwaltungsverfahren, wie z.b. bei der Verkehrsplanung, erhöht.

Behörden geben inzwischen eine Vielzahl von schriftlichen Broschüren und Ratgebern heraus, die sich bemühen, dem ratsuchenden Bürger Hilfestellung zu geben. Der von der bremischen Senatspressestelle erstellte Entwurf eines Behördenwegweisers bildete den Ausgangspunkt für die Überlegungen zur Entwicklung eines elektronischen Behördenwegweisers im Rahmen des Stadtinformationssystems. Ziel der elektronischen Version war vor allem eine verbesserte Erschließung der Behördeninformationen. Viele Behördenwegweiser, sowohl schriftliche als auch solche im WWW, enthalten vor allem die Namen und Adressen der Behörden. Dies ist die interne Sichtweise der Verwaltung selbst und nützt nur den verwaltungserfahrenen Bürgern, die direkt ihr Problem einer zuständigen Behörden zuordnen können. Wichtig ist ein Perspektivwechsel von der Selbstdarstellung der Verwaltung hin zu einer problemorientierten Sicht, die die Anliegen der Benutzer in den Vordergrund stellt. Ausgehend von den Anliegen der Bürger müssen die Behörden mit den jeweils zuständigen Abteilungen und Anlaufstellen erschlossen werden.

Auch Lenk u.a. nehmen mit der Formulierung von unterschiedlichen 'Anliegen' eine bürgerzentrierte Perspektive ein. Es sind nicht die Aufgaben einer Behörde, die im Mittelpunkt stehen, sondern die Anliegen der Bürger [LENK, BRÜGGEMEIER, HEHMANN UND WILLMS 1990: S. 28]. Sie unterscheiden zwischen Leistungs-, Abwehr-, Partizipations-, Kontroll- und Informationsanliegen (S. 32 ff.). Während sich die Leistungs- und Abwehranliegen vor allem auf einzelfallbezogene rechtliche Ansprüche oder die Abwehr von Belastungen beziehen, sind die Partizipations- und Kontrollanliegen eher auf die demokratische Mitwirkung von und Kontrolle durch Bürgergruppen bezogen.

Die von Lenk u.a. angeführten Informationsanliegen werden im wesentlichen durch die bis jetzt bereits in dieser Arbeit vorgestellten allgemeinen alltagsbezogenen Informationen eines Stadtinformationssystems abgedeckt.

Die Partizipations- und Kontrollanliegen erfordern vor allem Strukturinformationen über den Aufbau der Verwaltung und Planungsinformationen wie etwa Bebauungspläne oder Verkehrskonzepte (vergl. [FALKENSTEIN, SCHWABE UND KRCMAR 1997]). Diese Planungsinformationen könnten mit den multimedialen Präsentationsmöglichkeiten sehr gut aufbereitet werden, allerdings erfordert dies einen enormen Aufwand und sollte in einem zweiten Schritt erfolgen.

Die Informationen über Rechte und Pflichten können einfacher strukturiert werden, da hier bereits textuelle Beschreibungen vorliegen, die für das elektronische Medium aufbereitet werden müssen. Entscheidend ist dann die Erschließung durch geeignete

Schlagworte, wobei auch die umgangssprachlichen Bezeichnungen berücksichtigt werden müssen.

Man kann die Anforderungen an Behördenwegweiser sehr hochschrauben und von ihnen eine quasi automatische Lösung aller Informationsprobleme erwarten. Wersig beschreibt einen solchen Ansatz leicht ironisch: „Gewiß sind Systeme denkbar, in denen ein kompetenter Klient interaktiv einen Problemkatalog befragt, der ihn an einen Kompetenzkatalog verweist, aus dem heraus ihm Analysemasken vorgelegt werden, die zu einer expertensystemgenerierten Grobanalyse führen, die wiederum zu Nachfragen und Problemabbildungen mit abschließender Terminvereinbarung veranlassen, im Idealfall sogar Bescheidempfehlungen für den zuständigen Sachbearbeiter entwerfen." [WERSIG 1990: S. 28]

Wersig hält ein solches System sogar auf dem Stand von 1990 für technisch und methodisch machbar. Er rät allerdings wegen des hohen Aufwandes und wegen der eingeschränkten Zielgruppe technisch kompetenter Benutzer von der Realisierung ab und betont die Notwendigkeit eines verstärkten Eingehens auf die Unterschiedlichkeit der ratsuchenden Bürger.

Der als Teil des Bremer Stadtinformationssystems entwickelte Behördenwegweiser hat nicht den Anspruch eines automatischen Problemlösungssystems. Er soll vielmehr als flexibles und erforschbares Auskunftssystem den Bürger bei der Suche nach den richtigen Ansprechpartnern unterstützen. Neben dieser Orientierungsfunktion soll er die Vorbereitung von Behördengängen erleichtern, indem Kurzbeschreibungen und eine Liste der jeweils erforderlichen Unterlagen für typische Behördenangelegenheiten angezeigt werden. Es besteht auch die Möglichkeit, Formulare als Bilder darzustellen, die dann ausgedruckt werden können. Wichtig ist die Integration in das Stadtinformationssystem, so daß die gleichen Erschließungs- und Interaktionstechniken genutzt werden können.

Die Behörden werden als spezielle Einrichtungen modelliert. Sie teilen die grundlegenden Eigenschaften wie etwa Adressen und Öffnungzeiten mit anderen Einrichtungen. Im Unterschied zu anderen Einrichtungen weisen sie in der Regel eine differenziertere Struktur auf. Von einer Behörde werden viele verschiedene Aufgaben wahrgenommen, die durch eine hierarchische Struktur abgebildet werden. Dabei gibt es zwei unterschiedliche Varianten der Darstellung. Zum einen können einzelne Abteilungen einer Behörde als getrennte Einrichtungen modelliert werden. Dies ist dann sinnvoll, wenn eine Abteilung auch in der Realität sehr eigenständig organisiert ist und auch von den Bürgern als eigenständig wahrgenommen wird.

Zum anderen können die verschiedenen Aufgaben, die eine Behörde wahrnimmt, als getrennte Aufgaben dargestellt werden, und der Benutzer wählt aus einer Liste von Aufgaben die für sein Problem passende aus. Die Namen von Aufgaben dienen gleichzeitig als Schlagwort, und die Behörden können zusätzlich, wie andere Einrichtungen auch, durch weitere Schlagworte differenziert erschlossen werden.

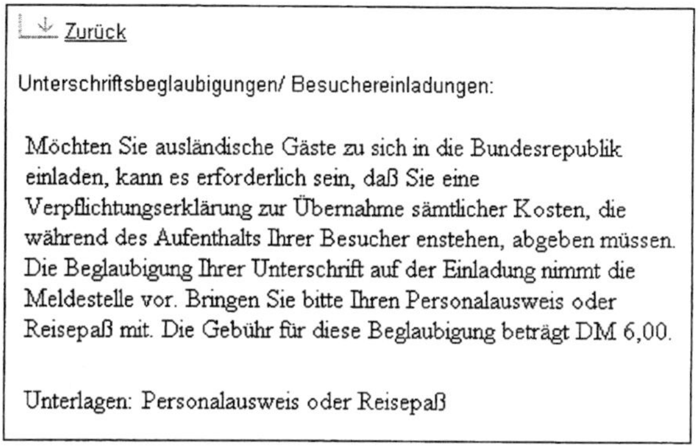

↓ Zurück

Unterschriftsbeglaubigungen/ Besuchereinladungen:

Möchten Sie ausländische Gäste zu sich in die Bundesrepublik einladen, kann es erforderlich sein, daß Sie eine Verpflichtungserklärung zur Übernahme sämtlicher Kosten, die während des Aufenthalts Ihrer Besucher enstehen, abgeben müssen. Die Beglaubigung Ihrer Unterschrift auf der Einladung nimmt die Meldestelle vor. Bringen Sie bitte Ihren Personalausweis oder Reisepaß mit. Die Gebühr für diese Beglaubigung beträgt DM 6,00.

Unterlagen: Personalausweis oder Reisepaß

Abbildung 24: Beschreibung einer Aufgabe

4.4.3 Veranstaltungen

Die Besonderheit und besondere Bedeutung der Objektklasse Veranstaltung (siehe Abbildung 25) liegt in der zeitlichen Dimension. Veranstaltungen finden zu bestimmten Zeitpunkten statt, und der wesentliche Zugriff erfolgt über das Datum. In einer ersten Implementierung wurden nur Veranstaltungen, die zu einem Zeitpunkt stattfinden, abgebildet. Darüber hinaus ist sicher die Berücksichtigung von periodisch regelmäßigen Veranstaltungen - z.B. jeden Sonntag Frühstücksbüffet - sowie von Veranstaltungen, die sich über einen Zeitraum erstrecken - z.B. Ausstellung von Oktober bis Dezember - wünschenswert.

Die zweite wichtige Erschließung der Veranstaltungen erfolgt über eine inhaltsbezogene Suche. Die inhaltliche Strukturierung von Veranstaltungen kann genauso wie die der Einrichtungen erfolgen. Man kann Veranstaltungen verschlagworten und die Schlagworte hierarchisch zusammenfassen und so die inhaltliche Suche der Benutzer unterstützen.

Gerade bei den Veranstaltungen werden die notwendigen Querbezüge sehr deutlich. Wenn man eine Veranstaltung gefunden hat, möchte man den Ort, an dem sie stattfindet, die Telefonnummer für den Vorverkauf u.ä. direkt erfahren können. Dies wird durch den Mechanismus der Verknüpfung der Veranstaltungen mit den Einrichtungen erreicht. Einrichungen können als Veranstalter fungieren und über die Standort-Anzeige und ÖPNV-Verbindungssuche der Einrichtungen können direkt alle Einrichtungs-Funktionen auch im Kontext der Veranstaltungen genutzt werden.

Für eine differenziertere inhaltliche Besprechung und Bewertung reicht eine Kurzbeschreibung der Veranstaltung, wie sie in einer Übersichtsliste dargestellt wird, nicht aus. Um Veranstaltungen ausführlicher und auch aus unterschiedlichen Sichten dar-

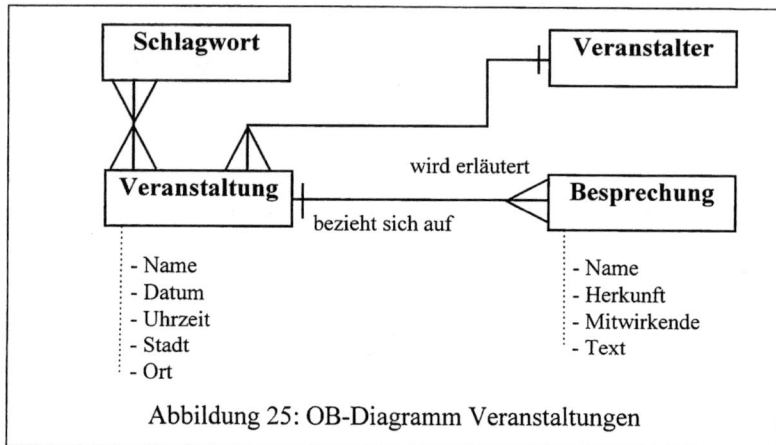

Abbildung 25: OB-Diagramm Veranstaltungen

zustellen, wurde eine gesonderte Objektklasse Besprechung eingeführt, die in einer 1:N-Beziehung zu Veranstaltungen steht. Hier wurden testweise für das Kinoprogramm die unterschiedlichen Filmbesprechungen zweier lokaler Medien eingegeben, und die Benutzer konnten sich auf Wunsch die Besprechungen ansehen. Hier könnte man auch komplexe Funktionen realisieren, wie etwa die Anzeige von Werbungsmaterial, Previews oder Tonausschnitten, für die die Veranstalter Gebühren bezahlen müßten.

Die dritte wichtige Erschließungsform bei Veranstaltungen erfolgt über die Monatsübersichten der einzelnen Veranstalter. Über die Verknüpfung der Veranstaltungen und der Einrichtungen als Veranstalter ist diese Darstellung einfach zu realisieren.

Darüber hinaus können für spezielle Veranstaltungsarten besondere Such- und Bearbeitungsfunktionen realisiert werden. In Zusammenarbeit mit der Bremer Volkshochschule wurde ein Modul realisiert, mit dem man gezielt nach Veranstaltungen der Volkshochschule suchen kann und sogar vorläufige Anmeldungen vornehmen kann (siehe Abbildung 26).

Die Besonderheit der Suche besteht darin, daß die Suche eingeschränkt werden kann auf noch beginnende Veranstaltungen (rechts unten markiert) und daß die Anzahl der freien Plätze angezeigt werden. Damit spart man sich unnötige Bemühungen um

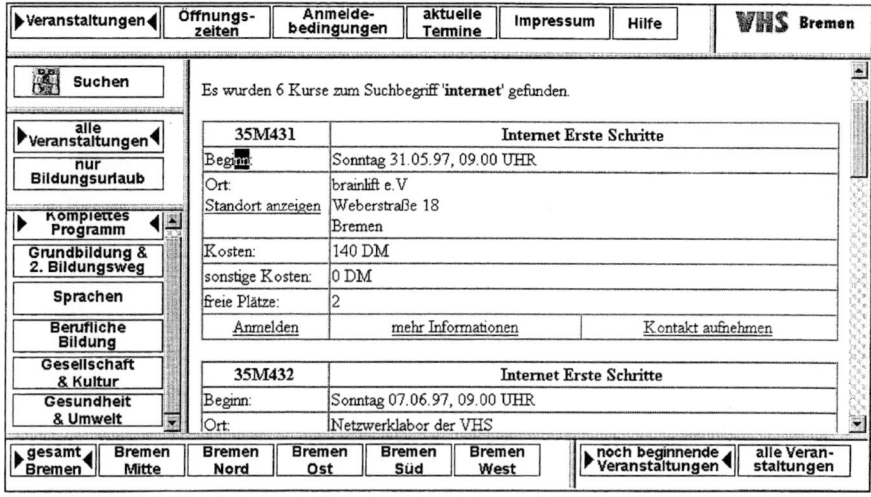

Abbildung 26: Spezielle Veranstaltungen

Kurse, die sowieso bereits ausgebucht sind. Weitere Filterbedingungen beziehen sich auf den Stadtteil und die inhaltlichen Unterabteilungen des VHS-Programmes. Insgesamt zeigt diese Maske die Mächtigkeit der Suchfunktionen, allerdings auch ihre Komplexität.

In vielen Diskussionen um die wünschenswerten Funktionen elektronischer Stadtinformationssysteme wird direkt im Anschluß an den Veranstaltungskalender die direkte Buchung von Eintrittskarten gefordert. Dies ist sicher ein wichtiger Service, der allerdings nur schrittweise zu implementieren ist. Die Grundvoraussetzung hierfür ist der Veranstaltungskalender als eine differenzierte Zusammenstellung einzeln identifizierbarer Veranstaltungen. Im Gegensatz zu vielen Veranstaltungskalendern, die ihre Veranstaltungen als einfache Listen im HTML-Format verwalten, ist dies im Bremer Stadtinformationssystem gegeben.

Dank der Identifizierungsmöglichkeit der einzelnen Veranstaltung können in einem zweiten Schritt Informationen, die sich speziell auf diese einzelne Veranstaltung beziehen, dargestellt werden. Verfügt man über eine Netzanbindung, so kann der Veranstalter aktuelle Informationen, wie z.B. einen kurzfristigen Ausfall oder eine Verschiebung direkt eingeben. Dies kann dann bei genügender Stabilität der Netzverbindung bis hin zu hochaktuellen Informationen im Minutenbereich wie z.B. Platzbelegung oder Ausverkauf gehen.

Als dritter Schritt, der eine erfolgreiche und stabile Implementierung der ersten beiden Schritte voraussetzt, kann dann die elektronische Buchung erfolgen.

Dabei sind die Probleme der Verbindlichkeit elektronischer Transaktionen zu klären. Hier wird es unterschiedliche Herangehensweisen geben, abhängig von der Erfahrungen mit den Mißbrauchsmöglichkeiten. So ist etwa eine Sicherheitsstufe, die mit der über Telefax möglichen Sicherheit vergleichbar ist, ohne größere Probleme zu erreichen. Eine direkte Bestellung und Bezahlung über das Netz setzt aber nicht nur die Lösung technischer Probleme des elektronischen Zahlungsverkehrs, sondern vor allem den Aufbau von organisatorischen Strukturen für die Abwicklung der Geschäftstransaktionen voraus.

4.4.4 Mitteilungen

Die Informationsbasis eines Stadtinformationssystems im Sinne des reinen Abrufes von Informationen ist nur ein erster Schritt auf dem Weg zu einem lebendigen Stadtinformationssystem.

Information ist oft zunächst erforderlich als notwendiges Faktenwissen zur Problemlösung. So muß ich die Adresse und Öffnungszeiten der Meldestelle wissen, wenn ich mich dort ummelden will. Viele alltägliche Probleme erfordern über die reinen Fakten hinaus ein eher einschätzendes Wissen. Die Suche nach einem Sportverein, der nicht nur leistungsorientiert ist, läßt sich schwer mit objektiven Kategorien unterstützen. Hier können subjektive Eindrücke und öffentliche Diskussionen im Zusammen mit Einrichtungen eine Hilfestellung geben. Dies kann mit Hilfe von öffentlich lesbaren Mitteilungsforen unterstützt werden. In diese Mitteilungsforen kann jeder Benutzer des Systems eigene Beiträge einbringen und die bisher eingegangenen Beiträge lesen.

Solche Mitteilungsforen können auch inhaltliche Diskussionen über unterschiedliche Themen und speziell über die Serviceangebote von öffentlichen Einrichtungen unterstützen. So kann man speziell zu jeder Einrichtungen Kommentare verfassen, die dann von anderen Benutzern gelesen werden können.

Die Mitteilungsforen haben in etwa die Funktion von Leserbriefen, indem sie es ermöglichen, daß Privatpersonen ihre Meinungen veröffentlichen können. Sie gehen allerdings in mehreren Punkten über Leserbriefe hinaus. Sie sind nicht nur am Erscheinungstag in der Zeitung verfügbar, sondern können über einen beliebig langen Zeitraum genutzt werden. Sie können damit zu ganzen Diskussions-Ketten verknüpft werden, in der sich die einzelnen Mitteilungen aufeinander beziehen und so einen ganzen Diskussionskontext herstellen.

Eine wichtige zusätzliche Funktion ist die Verfügbarkeit von Suchfunktionen zur inhaltlichen Erschließung mit Hilfe von Schlagworten und über die Suche von Zeichenketten. So kann man als Benutzer die Mitteilungen auswählen, an denen man interessiert ist und man wird nicht von der Kommunikationsflut erschlagen.

Zusätzlich zu den bis jetzt vorgestellten thematisch strukturierten Kommunikations-funktionen ist auch eine Unterstützung von informellen und unstrukturierten Kommunikationsfunktionen denkbar, wie sie über das Internet Relay Chat realisiert wird. Ich halte eine Unterstützung von plaudernden Gesprächen, bei denen eher die Interaktion und nicht so sehr der Inhalt im Vordergrund steht, bei Stadtinformationssystemen für nicht vordringlich. Hier haben sich in der Stadt von Kneipen über Altentagesstätten und Bürgerhäuser bis hin zum öffentlichen Raum eine ganze Reihe von Einrichtungen entwickelt, die das direkte persönliche Gespräch besser unterstützen als das Internet Relay Chat.

Die Besonderheit der hier vorgestellten Kommunikationsfunktion besteht in der Etablierung von Kontexten für Kommunikationsprozesse, in der Schaffung von Kristallisationspunkten für Kommunikation. Dies wird durch die Bezüge auf die bereits im System gespeicherten Objekte unterstützt. Ein Zugriff auf die Mitteilungen kann dann einerseits über die Mitteilungsforen und andererseits über die Informationsobjekte wie Einrichtungen und Veranstaltungen erfolgen.

Mit der Möglichkeit der direkten Eingabe von Meinungsäußerungen durch Benutzer wird ein erster Schritt auf dem Weg vom Verteilmedium zum Verständigungsmedium getan. Ohne diesen Schritt bleiben die verfügbaren Informationen inhaltlich statisch und spiegeln nur die Sichtweise der Betreiber eines Stadtinformationssystems wider. Erst mit der Möglichkeit der direkten Veröffentlichung wird ein Schritt zur Demokratisierung des Mediums getan und die Visionen, in denen die Trennung von Autor und Leser aufgehoben werden, rücken in eine greifbare Nähe.

Zur Umsetzung der oben beschriebenen Funktionen kam die Nutzung der im Internet vorhandenen Newsgroups-Funktionen in Frage oder die eigenständige Implementierung als spezielle Objektklasse. Wir haben uns für die eigenständige Implementierung entschieden (siehe Abbildung 27), um die Einheitlichkeit der Benutzungsoberfläche zu gewährleisten und um sehr differenzierte Beziehungen zwischen den einzelnen Objekten des Stadtinformationssystems darzustellen. So werden die Einrichtungen über E-Mail benachrichtigt, wenn eine neue Mitteilung zu ihnen verfaßt wird. Dies setzt natürlich die Existenz einer E-Mail-Adresse und die regelmäßige Leerung des Posteinganges voraus.

Wie in den Newsgroups des Internet auch können sich einzelne Mitteilungen als Antworten aufeinander beziehen und können Mitteilungen zu Bereichen zusammengefaßt werden.

In einer ersten Implementierung ist zunächst nur der Bezug von Mitteilungen zu Einrichtungen realisiert. Strukturell ist die Erweiterung auf Veranstaltungen und sonstige Informationen kein Problem, ebensowenig wie die Einbeziehung der Mitteilungen in den Verschlagwortungsmechanismus.

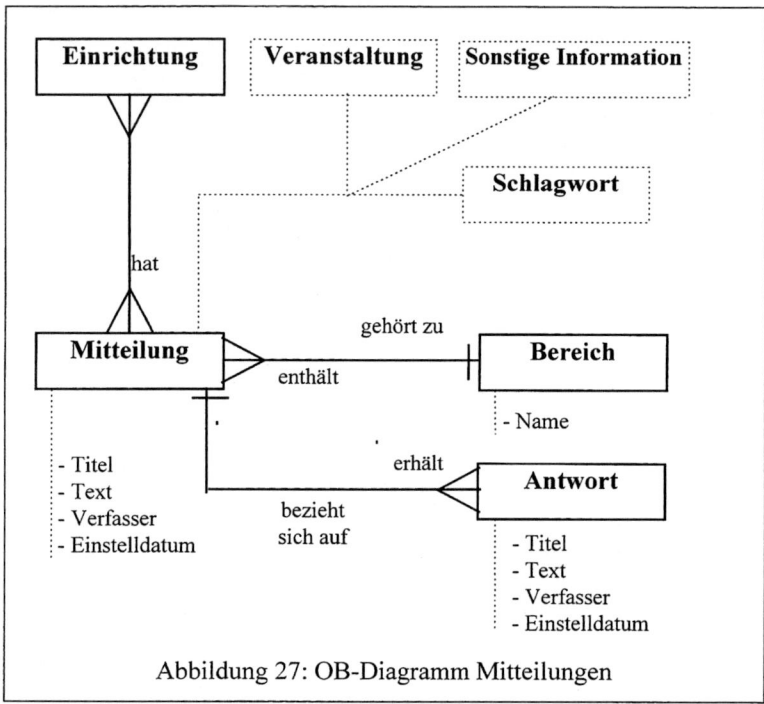

Abbildung 27: OB-Diagramm Mitteilungen

4.4.5 Sonstige Informationen

Zu Beginn dieses Kapitels habe ich betont, daß im Rahmen der Datenmodellierung auch die nicht strukturierten Bereiche berücksichtigt werden müssen. Die Objektklasse der sonstigen Informationen realisiert den Mechanismus der Einbindung beliebig strukturierter Informationen in den Suchmechanismus des Stadtinformationssystems.

Viele für die Benutzer eines Stadtinformationssysstems wichtige Informationen liegen bereits in elektronischer Form als HTML-Dokumente vor. Anstatt diese Informationen mühsam zu extrahieren und in die Datenbasis des Stadtinformationssystems einzufügen, ist ein systematischer Bezug auf diese externen Informationen ausreichend.

Eine erste Realisierung dieses Prinzips habe ich bereits bei den Einrichtungen gezeigt. Dort existiert ein Verweis auf weitergehendere Informationen bei den Einrichtungen, die über einen eigenen WWW-Server oder eine WWW-Homepage verfügen.

Die Objektklasse Sonstige Informationen (siehe Abbildung 28) ist eine Verallgemeinerung dieses Verweisprinzips. Sie besteht aus dem Namen, der über das Stadtinformationssystem dem Benutzer angezeigt wird und einer beliebige URL. Objekte der Objektklasse Sonstige Informationen können verschlagwortet werden und stehen

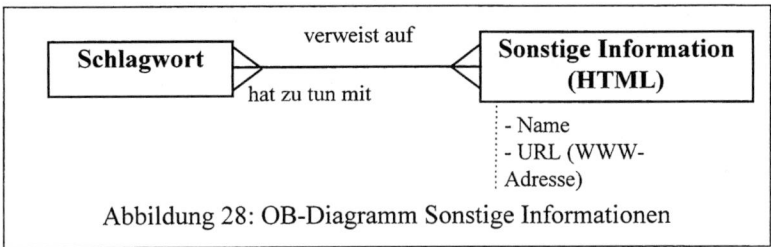

Abbildung 28: OB-Diagramm Sonstige Informationen

damit für die Suchfunktionen zur Verfügung. Die einzige Operation auf diesen Objekten ist dann die Anzeige über den WWW-Browser.

So trivial in technischer Hinsicht diese Objektklasse ist, so wichtig ist sie in organisatorischer und informationslogistischer Hinsicht. Sie ermöglicht die Verbindung zwischen strukturiertem und unstrukturiertem Bereich und zwingt den unstrukturierten Bereichen keine Struktur auf. Außerdem ermöglicht sie die Verbindung der Informationen unterschiedlicher Anbieter, die einer Zusammenführung ihrer Datenbestände ansonsten nicht zustimmen würden.

Über diese Verweisfunktion kann man interessante Informationen mit aufnehmen, allerdings dann mit einer eingeschränkten Funktionalität und mit einem eigenständigen Layout.

5 Architektur der Bremer InfoThek

Nach der Beschreibung des Datenmodells eines Stadtinformationssystems im vierten Kapitel stelle ich in diesem Kapitel den technischen Aufbau des in Bremen realisierten Stadtinformationssystems dar.

Dies bildet dann die Grundlage für die Diskussion in den folgenden Kapiteln: Im sechsten Kapitel gehe ich im Detail auf die Such- und Navigationsprobleme ein und beschreibe ein Modell, das mit dem hier vorgestellten System realisiert werden kann und in Teilen bereits realisiert ist.

Im siebten Kapitel beschreibe ich die Probleme einer effizienten Informationslogistik bei Stadtinformationssystemen und gehe auf die Organisation der Datenbereitstellung und die notwendigen Werkzeuge ein.

In diesem Kapitel will ich die allgemeinen Prinzipien beim Aufbau eines Stadtinformationssystems beschreiben, die zwar auf den Erfahrungen bei der Implementierung der Bremer Infothek beruhen, aber auch darüber hinaus von Interesse sind.

Ein Stadtinformationssystem ist ein komplexes technisches Gebilde, bei dem verschiedene Komponenten zusammenwirken, um dem Benutzer relevante Informationen zur Verfügung zu stellen. Bereits im dritten Kapitel habe ich eine grobe Dreiteilung für die Architektur eingeführt, die ich hier genauer ausführen will.

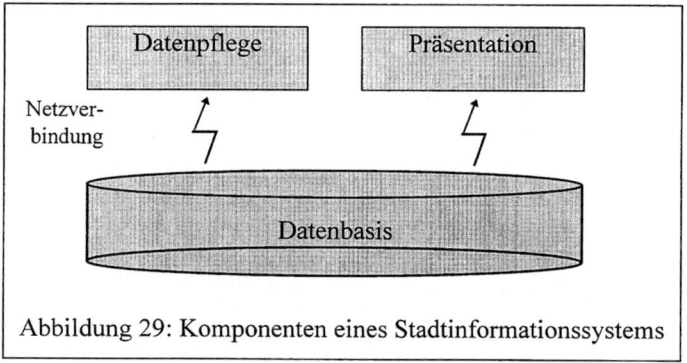

Abbildung 29: Komponenten eines Stadtinformationssystems

Die Unterteilung in die drei Komponenten Datenbasis, Präsentation und Datenpflege gilt nicht nur für das konkrete Stadtinformationssystem Bremer Infothek, sondern ist generell bei öffentlichen Informationssystemen sinnvoll. Die einzelnen Schichten unterliegen jeweils eigenen Gesetzmäßigkeiten, und es kommen jeweils unterschiedliche Werkzeuge zum Einsatz, so daß eine getrennte Behandlung sinnvoll ist.

Grundlegende Voraussetzung eines Stadtinformationssystems ist die Zugriff von vielen verschiedenen Orten auf den gleichen Datenbestand. Aus diesem Grund gehe ich zunächst auf die insgesamt vernetzte Struktur ein und beschreibe dann die einzelnen Komponenten.

5.1 Vernetzung

Ein Stadtinformationssystem ist von vornherein nur als technisch vernetztes System vorstellbar, da es das gesellschaftlich vernetzte System Stadt abbilden muß. Erste Versuche mit isolierten Systemen, wie etwa Glasgow Online oder auch der Prototyp der Bremer Infothek, können zwar wichtige Hinweise vor allem für die Gestaltung der Oberfläche und die wichtigsten Inhalte geben. Durch die fehlende Vernetzung ist aber weder eine tagesgenaue Aktualisierung noch die Unterstützung standortübergreifender Kommunikation möglich.

Mit der breiten Verfügbarkeit des Internet existiert seit wenigen Jahren eine Netzinfrastruktur, die einen einfachen Anschluß von unterschiedlichen Systemen ermöglicht. Die Durchsetzung des Internet markiert gewissermaßen den Übergang der Informationsgesellschaft von der Utopie zur Praxis. Auch vor 10 Jahren wurden vernetzte Anwendungen realisiert. Sie erforderten aber spezialisiertes Know-How, waren teuer und vor allem unflexibel. Entweder waren es spezialisierte Anwendungen wie etwa das Start-System, oder sie waren für einen öffentlichen Anwendungsbereich konzipiert wie etwa Btx und waren langsam, zentralistisch und bürokratisch.

Aus den Erfahrungen unserer Projektarbeit kann man die Wende in der Vernetzungsdiskussion in der BRD ziemlich genau auf den Zeitraum 1994/95 datieren. Zu dieser Zeit hatte das Internet bzw. das WWW gerade seinen Wachstumsschub begonnen, aber es gab noch Alternativen, die in der Diskussion waren und die zumindest ernsthaft als Plattformen in Frage kamen. Sowohl das geliftete T-Online als auch verschiedene proprietäre Systeme wie vor allem das Microsoft Network, aber auch Europe Online und auch Compuserve wurden als erfolgversprechende Online-Plattformen betrachtet.

Inzwischen hat sich das Internet bzw. das Protokoll TCP/IP in einer fast beängstigenden Ausschließlichkeit als Standard für gebäudeübergreifende Vernetzungen durchgesetzt. Die Gründe hierfür liegen vor allem in der breiten Verfügbarkeit von Netzzugängen und von Werkzeugen zur Einbindung der Netzfunktionen in Anwendungsprogramme sowie in der Existenz einer attraktiven, einfach zu bedienenden Anwendung, dem WWW mit seinen Browsern.

Diese Gründe führten auch zur Konzeption des Bremer Stadtinformationssystems als Anwendung im Internet. Die weltweite Verfügbarkeit, die auch ausgewanderten Heimatliebhabern einen Zugriff auf Lokales ermöglicht, ist dabei nur ein Nebenaspekt. Wichtiger ist die Nutzung des Internets als Netzinfrastruktur für ein regionales Informationssystem. Damit kann von allen an das Internet angeschlossenen Computern auf das Stadtinformationssystem zugegriffen werden. Dies bezieht sich sowohl auf den Abruf als auch auf die Pflege der Daten.

Die Zugänge unterscheiden sich vor allem durch die Bandbreite und damit verbunden durch die Kosten. Von einfachen Modems mit 2400 bit/s bis hin zu Hochleistungsverbindungen mit über 2 Mbit/s sind alle Varianten möglich. Realistische Anforderungen an Stadtinformationssysteme gehen von einer minimalen Zugangsbandbreite von 14.400 bit/s für private Nutzer und einer ISDN-Verbindung mit 64 Kbit/s für die öffentlichen Kioske aus. Damit ist die Übertragung von Bildern problemlos möglich. Die Sprachübertragung erfordert mindestens ISDN-Verbindungen und Video-Übertragungen sind nicht sinnvoll möglich. Allerdings könnten diese bei der Kiosk-Variante lokal gespeichert und dann lokal abgerufen werden.

Aufbauend auf der physischen Netzverbindung kann man die logischen Funktionen der angeschlossenen Stationen des Stadtinformationssystems unterscheiden.

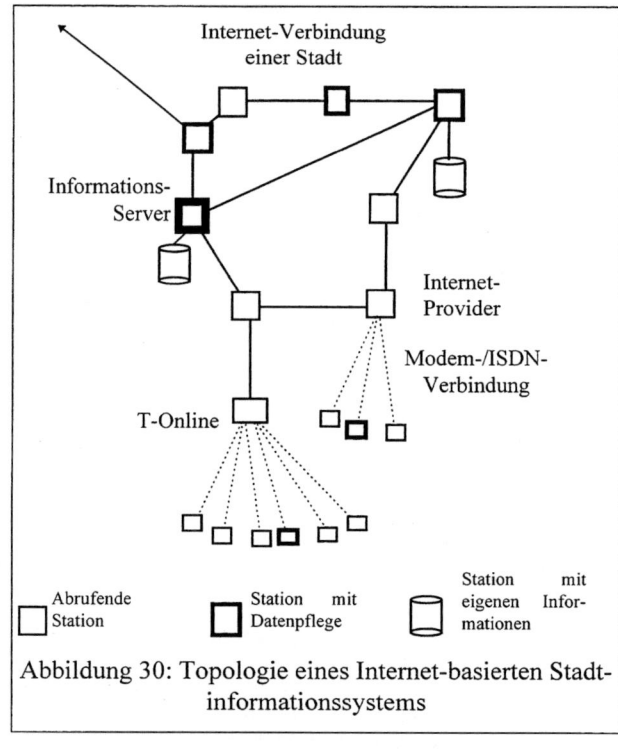

Abbildung 30: Topologie eines Internet-basierten Stadtinformationssystems

Die Topologie des Stadtinformationssystems kann man sich als ein Netz miteinander verknüpfter Computer vorstellen, wobei es drei unterschiedliche Klassen von Systemen gibt: abrufende, pflegende und solche mit eigenständigen Informationsangeboten (Server).

Ein Server betreibt die zentrale Datenbank und ist besonders kräftig gezeichnet. Die zentrale Datenbank ist eine Grundentscheidung, die in den folgenden Kapiteln ausführlich begründet wird. Daneben kann es mehrere dezentrale Informationsanbieter geben, die ihrerseits stadtbezogene Informationen anbieten und in das Gesamtsystem logisch integriert sind.

Neben den abrufenden Stationen gibt es Stationen, von denen aus Teile der Datenpflege erfolgen. Dies kann über spezielle Datenbankprogramme oder auch direkt über HTML erfolgen.

5.2 Datenbasis

Die Organisation der Datenbasis bestimmt grundlegend die Funktionalität und die Entwicklungsmöglichkeiten des Gesamtsystems.

Die zentralen Probleme beim Entwurf der Datenbasis bestehen in der Festlegung des erforderlichen Detaillierungsgrades der einzelnen Objekte sowie in der Integration der strukturierten und der nicht-strukturierten Bestandteile. Während die strukturierten Objekte die Verwendung einer Datenbank nahelegen, ist für die unstrukturierten Teile eine Verwaltung nach dem Modell der URLs eher angemessen.

Auf der Grundlage des im Kapitel 4 entwickelten Datenmodells einer Stadt habe ich eine Architektur entwickelt, die eine Verbindung der differenzierten Objektverwaltung mit einer flexiblen dezentralen Informationsbereitstellung erlaubt.

5.2.1 Unterschiedliche Ansätze zur Strukturierung der Datenbasis

Für Stadtinformationssysteme und andere multimediale Informationssysteme gibt es eine Reihe von unterschiedlichen Ansätzen zur Strukturierung der Datenbasis. Ich stelle kurz die wichtigsten Ansätze vor und entwickele anschließend den Aufbau der Datenbasis des Bremer Stadtinformationssystems.

HyperCard-Stadtinformationssysteme

In Glasgow wurde bereits in den 80er Jahren ein erstes Stadtinformationssystem auf einem Macintosh-Rechner mit Hypercard entwickelt ([BAIRD UND PERCIVAL 1989], [NIELSEN 1996]). Dieses System, Glasgow Online, nutzte die graphischen Möglichkeiten von Hypercard, um dem Benutzer eine intuitiv verständliche Benutzungsoberfläche anzubieten und stellte nützliche Stadtinformationen wie Hotelführer und Stadtpläne zur Verfügung.

Glasgow Online war auch das Vorbild für die erste Version der Bremer Infothek, die ebenfalls mit Hilfe von Hypercard realisiert wurde [AHRENS UND REDDER 1992]. Die Datenbasis bestand aus mehreren Hypercard-Stacks, in denen die Informationen zusammen mit dem Code für die Navigationsoperationen verwaltet wurden. Hypercard ermöglicht eine schnelle Protoypenentwicklung, allerdings wird die Strukturierung großer Datenmengen nicht unterstützt. Vor allem die fehlende Trennung von Präsentation und Datenhaltung erschwert die Einbindung von Grundinformationen von Objekten in unterschiedliche Kontexte. Eine weitere Schwäche ist das Fehlen von Selektionsoperationen, wie sie für Datenbanken typisch sind. Diese können zwar explizit programmiert werden, aber es fehlen die notwendigen Optimierungen bei großen Datenmengen.

WWW-Stadtinformationen

Am Bespiel des im WWW verfügbaren Mannheimer Stadtinformationssystems will ich auf das vorherrschende Datenmodell im WWW eingehen. Das Mannheimer Informationsangebot vor allem in Bezug auf Behördeninformationen wird zu Recht als vorbildlich gerühmt (vergl. [BÖHRET 1997]). Im Internet-Rathaus sind die behördenbezogenen Informationen zusammengefaßt, die eine breite Palette unterschiedlicher Behörden abdecken.

Die Informationen werden überwiegend in Form von statischen HTML-Dokumenten auf einem WWW-Server bereitgehalten, daneben gibt es Verweise auf andere Server mit Mannheimer Stadtinformationen. Über Formulare können teilweise Anträge ausgefüllt werden, die dann im jeweiligen Amt ausgedruckt und zur Unterschrift bereit liegen. Die Online-Funktionen sind vom Ansatz her sehr interessant, allerdings ist die elektronische Weiterbearbeitung noch nicht sehr weit gediehen. Mit einer Druckfunktion von Anträgen wird ein eher unproblematischer Teil des Umgangs mit Behörden technisiert, ohne daß es zu einer Vermeidung von Wegen und Wartezeiten kommt.

Die statischen HTML-Dokumente umfassen über 900 Dokumente, die von zwei Personen gepflegt werden[14]. Dabei werden die Rohinformationen von den Fachämtern geliefert und von der Redaktion überarbeitet und in das Informationsangebot eingefügt. Die Verweise zwischen den einzelnen Informationsangeboten und die Integration der einzelnen Angebote zu einem einheitlichen System müssen manuell erledigt werden. Insgesamt ist das Informationsangebot interessant gestaltet, allerdings fehlt eine übergreifende Erschließung, und es gibt kaum Verweise zwischen den einzelnen Informationsangeboten.

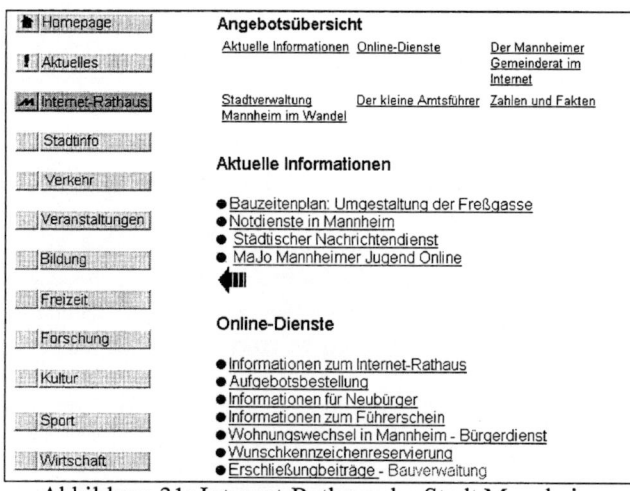

Die große Zahl von HTML-Dokumenten bereits bei einer Beschränkung auf den Behördenbereich und der Pflegeaufwand in Höhe von zwei Stellen machen deutlich, daß diese Form der Datenpflege nicht auf Dauer für ein gesamtes Stadtinformationssystem zu leisten ist.

Abbildung 31: Internet-Rathaus der Stadt Mannheim

---

[14] Persönliche Kommunikation mit Herrrn Armbruster, Amt für Organisation und Technikunterstützte Informationsverarbeitung der Stadt Mannheim.

Hyper-G

Das Hyper-G-System ist eine Erweiterung des WWW, das gerade das Problem der Strukturierung und Verwaltung großer Datenmengen lösen will [MAURER 1996]. Hyper-G wird vielfach im universitären Bereich eingesetzt, da es eine ganze Reihe fortgeschrittener Funktionen für die Verwaltung großer Informationsmengen zur Verfügung stellt. Eine spezielle Anwendung ist die Entwicklung von Informationskiosken, die als Stadtinformationssysteme eingesetzt werden können [MITTER 1996: S. 167 f.].

Das Datenmodell von Hyper-G nimmt Ansätze zur differenzierten Strukturierung der Datenbasis mit auf, bleibt aber aus Kompatibilitätsgründen der Dokumentorientierung des WWW verhaftet. Die grundlegenden Objekte in einem Hyper-G-System sind Dokumente, die mit Hilfe von Kollektionen strukturiert werden und die eine Reihe von Verwaltungsattributen besitzen wie etwa Rights, TimeExpire, Title u.ä. Der entscheidende Fortschritt gegenüber dem WWW besteht in der Trennung von Dokumenten und Verweisen. Verweise werden nicht wie im WWW in den HTML-Dokumenten verwaltet, sondern in einer eigenständigen Datenbank. Damit können die Verweise vom Hyper-G-Server überprüft und es kann die Konsistenz der Verweise sichergestellt werden [KAPPE 1996A].

Hyper-G ist ohne Zweifel technisch fortgeschrittener als das WWW, und Maurer bezeichnet das System zu Recht als eines der zweiten Generation von Hypermediasystemen [MAURER 1996]. Für eine weltweite Durchsetzung ist aber nicht die technische Funktionalität entscheidend, sondern eher die breite Anwendbarkeit und Verfügbarkeit von Werkzeugen. Die fortgeschrittenen Funktionen machen den Server sehr komplex, und die erforderlichen Werkzeuge für die Erstellung der Informationen und ihre Eingabe in das System sind vorwiegend in universitären Umgebungen vorhanden. Der Stellenwert von Hyper-G besteht deshalb vor allem im Nachweis der Notwendigkeit und Implementierbarkeit erweiterter Strukturierungsfunktionen, die dann in den Mainstream der WWW-Entwicklung eingehen.

HyperBase/Sepia

Im Zuge der Entwicklung des Hypertext-Autorensystems SEPIA [HAAKE UND SCHÜTT 1990] wurde die Hypermedia-Engine HyperBase zur Verwaltung der Datenbasis von SEPIA entwickelt [SCHÜTT UND STREITZ 1990]. SEPIA ist ein fortgeschrittenes Hypertextsystem, das vor allem wissenschaftliche Autoren bei der kooperativen Erstellung komplexer Argumentationszusammenhänge unterstützen soll. Die Datenbasis wird von der Komponente HyperBase verwaltet, die den Anwendungsmodulen Basisoperationen für den Zugriff und die Manipulation von Hyperdokumenten zur Verfügung stellt.

HyperBase wurde zunächst mit Hilfe des relationalen Datenbanksystems Sybase realisiert und später auf eine objektorientierte Datenbank portiert. Ziele bei der Entwicklung von HyperBase waren die Trennung der Datenhaltung von der Präsentation der Objekte, die Entwicklung einer eigenen Abfragesprache und der gleichzeitige Zugriff unterschiedlicher Benutzer auf die Datenbasis. Darüber hinaus sollte das Datenmodell unabhängig von dem speziellen SEPIA-System sein und somit als Referenzmodell für die Definition von Austauschformaten unterschiedlicher Hypertextsysteme dienen [SCHÜTT UND STREITZ 1990: S. 96].

Mit der Betonung der Austauschformate hat HyperBase große Ähnlichkeit mit dem Dexter Referenz Modell [HALASZ UND SCHWARTZ 1994]. Dexter wurde entwickelt, um die Funktionalitäten verschiedener Hypertextsysteme vergleichbar zu machen und auf dieser Basis ein Austauschformat zu definieren. Ganz ähnlich wie im Dexter-Modell sind Objekte in HyperBase Knoten, Kanten und komplexe Objekte. Knoten haben einen nicht weiter interpretierten Inhalt, Kanten verbinden Knoten, Kanten und komplexe Objekte miteinander, und komplexe Objekte sind teilweise geordnete Sammlungen von Referenzen auf andere Objekte [HAAKE UND SCHÜTT 1990: S. 70]. Damit lassen sich Mengen und Listen von Objekten darstellen. Integritätsbedingungen wie die Wahrung der Objektidentität und das Verhindern von Referenzen auf nicht existierende Objekte werden von HyperBase gewährleistet.

Die Ähnlichkeit mit den Strukturierungsmechanismen von Hyper-G sind deutlich. In beiden Systemen wird das Datenmodell aus der Sichtweise des Hypertext-Systems definiert und enthält Objekte, die für die Verwaltung des Systems wichtig sind. In beiden Systemen werden Attribute wie Autor, Erzeugungsdatum, Zugriffsrechte verwaltet. Diese Funktionen sind für ein großes Hypertextsystem von großer Bedeutung.

Allein die Betonung der Notwendigkeit der Datenbankunterstützung sagt noch nichts über die Datenmodellierung im Detail aus. Wenn Streitz etwa eine geeignete auf Hypertextstrukturen ausgelegte Datenbankunterstützung zur Verwaltung großer Datenmengen einfordert [STREITZ 1990: S. 12], so hat er eher Größenordnungen von 500 bis 600 Knoten und Verweisen im Sinn, wie sie in einem SEPIA-Beispiel eingesetzt wurden [SCHÜTT 1992].

Im Gegensatz zu Hyper-G und HyperBase kommt es mir auf die differenzierte Modellierung des Anwendungsbereiches Stadt an, wobei bei dem im vierten Kapitel vorgestellten Datenmodell mehr als 10 000 Objekte bei einer Großstadt zusammenkommen.

Aus Sicht von generellen Hyper-Systemen ist ein Stadtinformationssystem bereits eine spezifische Anwendung. Aus Sicht der Datenmodellierung einer Stadt entwerfe ich dagegen zunächst ein anwendungsunabhängiges Datenmodell der Stadt, auf das unterschiedliche Anwendungen aufsetzen. Dieses Datenmodell unterstützt die Integration von Anwendungen unterschiedlicher Informationslieferanten und ist damit notwendige Voraussetzung für eine effiziente Informationsbereitstellung.

5.2.2 Modell einer zentralen Verweisdatenbank mit dezentralen Zusatzinformationen

Das im 4. Kapitel entwickelte Datenmodell legt bereits den Einsatz einer Datenbank nahe und ist auch nur im Hinblick auf diesen Einsatz sinnvoll. Gleichzeitig muß die Realität zur Kenntnis genommen werden, in der der Großteil der angebotenen Informationen im WWW nicht mit Hilfe von Datenbanken verwaltet wird. Ich gehe deshalb zunächst auf die Gründe und auch die Grenzen für den Einsatz einer Datenbank ein und entwickele anschließend das Modell der Verweisdatenbank.

Wichtigster Vorteil beim Einsatz eines Datenbanksystems ist nach Date [DATE 1990] die Unterstützung einer zentralisierten Kontrolle über die Daten einer Organisation. Ein Datenbanksystem ermöglicht die Konzentration der Daten und die Dokumentation der zusätzlichen semantischen Entwurfsentscheidungen an einer Stelle. Diese Zentralisierung führt jedoch nicht zu einem Verlust an Flexibilität, sondern ermöglicht gerade den kontrollierten flexiblen Zugriff aus den unterschiedlichsten Applikationen auf diese Daten. Diese Aussage gilt zumindest für moderne Datenbanken wie Oracle oder Informix.

Date führt dann im Einzelnen eine Reihe von Vorteilen an, die ich etwas zusammengefaßt habe (vergl. [DATE 1995: S. 14f.]). Selbstverständlich setzt ihre Realisierung eine fachlich angemessene Modellierung und Anwendungsentwicklung voraus:

- Reduktion von Redundanz, Inkonsistenzen und Unterstützung der Integrität
- Durchsetzung von Standards und Sicherheitsanforderungen
- Gemeinsame Nutzung von Daten

und - für Date von besonderer Wichtigkeit -

- Gewährleistung der Unabhängigkeit der Anwendung von Änderungen in der Speicherstruktur und Zugriffsart (Datenunabhängigkeit).

Redundanz, Inkonsistenz und Integrität von Daten hängen eng zusammen. Redundanz bedeutet die mehrfache Abspeicherung der gleichen Sachverhalte. Erst bei redundanter Datenhaltung kann es zu Inkonsistenzen kommen in dem Sinn, daß sich die (mehrfach) gespeicherten Daten über ein und denselben Sachverhalt widersprechen.

Moderne Datenbanksysteme verfügen darüber hinaus über Mechanismen zur Gewährleistung des mehrfachen Zugriffs auf die Daten, Transaktionen und Recovery, die für den Produktionsbetrieb eines größeren Informationssystems unverzichtbar sind. Vor allem die Gewährleistung des mehrfachen Zugriffs auf die Daten ist bei einem größeren System von Bedeutung. Der Online-Abruf muß permanent möglich sein und darf nicht durch Pflegetätigkeiten unterbrochen werden. Die Pflegetätigkeiten, also von der Datensicherung bis zum Einspielen neuer Datenbestände, dürfen nicht den gesamten Datenbestand blockieren, sondern sollen nur möglichst kleine Einheiten betreffen, die dann bei einem Update kurzfristig gesperrt werden müssen.

Die Datenunabhängigkeit (Data independence) ist für Date ein wichtiger Grund für den Einsatz von Datenbanken. „It follows that the provision of data independence is a major objectiv of database systems. Data independence can be defined as the immunity of applications to change in storage structure and access technique ..." [DATE 1995: S. 17]. Die meisten Informatiker würden dieser Aussage zustimmen, aber gerade bei der Entwicklung von Hypermedia-Systemen wird selten so verfahren.

Mit dem Einsatz einer Datenbank zur Verwaltung der Daten eines Stadtinformationssystems wird die technische Grundlage gelegt für eine redundanzfreie Datenhaltung, die sowohl einen kontrollierten ändernden Zugriff unterschiedlicher Stellen als auch die mehrfache Nutzung von einmal gespeicherten Daten ermöglicht. Die Datenbank ist damit ein zentrales qualitätssicherndes Werkzeug bei der Produktion von Stadtinformationssystemen.

Im Zentrum der Implementierung des Stadtinformationssystems steht die Verweisdatenbank, die aus einer relationalen Datenbank mit verschiedenen Tabellen besteht. Diese Datenbank enthält strukturierte Beschreibungen von Objekten, die Erschließungsinformationen sowie Verweise auf weitergehende Informationsquellen. Mit der Bezeichnung als Verweisdatenbank soll ihre Hauptfunktion als Erschließungs- und Integrationsinstrument betont werden.

Die im vierten Kapitel entwickelten Objekttypen mit ihren Attributen werden als Tabellen verwaltet. Die vielfältigen Beziehungen zwischen ihnen können sehr einfach mit den relationalen Verknüpfungsoperationen realisiert werden. Die Erschließungsinformationen wie die Schlagwortzuordnung werden ebenfalls in Tabellen verwaltet und können ebenfalls sehr einfach selektiert werden. Für die Verweise auf weitergehende Informationen werden Uniform Resource Locators (URL) verwendet, die als Zeichenketten gespeichert werden und die dann bei der Abfrage als anklickbare Links dem Benutzer angeboten werden.

Die Verwaltung der Beziehungen zwischen Objekten ist eine der großen Stärken von relationalen Datenbanken. Moderne SQL-fähige Datenbanken wie Oracle können sehr effizient die notwendigen Selektionsoperationen zur Auswahl und zur Verknüpfung von Objekten ausführen. Die Erfahrungen beim Einsatz des Bremer Stadtinformationssystems zeigen, daß es zumindest bei mittelgroßen Datenbeständen in der Größenordnung von mehreren zehntausend Datensätzen keine Laufzeitprobleme bei den Selektionsoperationen gibt.

Für eine komfortable Erschließung ist eine zentrale Datenhaltung zwingend erforderlich, da andernfalls zum Zeitpunkt der Anfrage durch den Benutzer mehrere Datenbestände durchsucht werden müßten. Gleichzeitig darf die zentrale Datenhaltung die einzelnen dezentralen Informationsanbieter nicht unnötig einschränken. Maurer sieht in dieser lose gekoppelten Integration einen entscheidenden Punkt für die Weiterentwicklung des WWW: „...the concept of combining many small Web servers, at least logically (but not necessarily physically!), into a single larger one while retaining a reasonable amount of 'local' autonomy is crucial for the success of the Web." [MAURER 1996: S. 32 f.] Während Maurer mit dem Hyper-G-System eine allgemeine Lösung vorschlägt, konzentriere ich mich in dieser Arbeit auf die Ausgestaltung dieses Verhältnisses von Struktur und Autonomie für den Bereich der Stadtinformation.

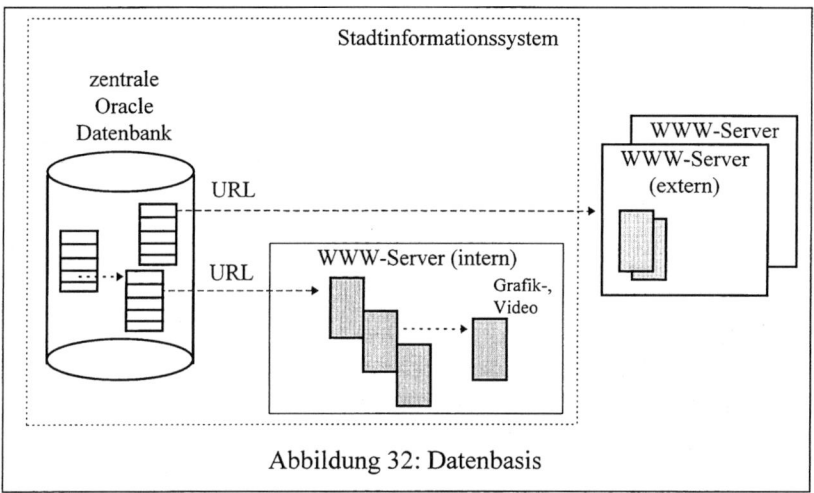

Abbildung 32: Datenbasis

Mit diesem Modell können zentrale Such- und Erschließungsfunktionen realisiert werden und gleichzeitig die Eigenständigkeit der Informationsangebote unterschiedlicher Anbieter beibehalten werden.

5.2.3 Kriterien für den Entwurf der Datenbank

Für den Entwurf der strukturierten Datenbasis kann ich auf die Qualitätskriterien zurückgreifen, die sich bei der Entwicklung betrieblicher Anwendungen bewährt haben.

Aus Sicht des Software-Engineering führt Denert als Qualitätskriterien für den Datenbasisentwurf in der Reihenfolge ihrer Wichtigkeit an: Performance, Einfachheit, Flexibilität und Speicherplatzökonomie [DENERT 1992: S. 279 f.].

Die Performance hat sicher einen hohen Stellenwert für die Aktzeptanz vor allem von interaktiven Systemen. Allerdings darf man diesen Faktor auch nicht absolut setzen, da es sonst zu isolierten Optimierungen kommt, die die Weiterentwicklung des Systems beeinträchtigen können.

Vor allem bedingt durch die zunehmende Leistungsfähigkeit der Hardware und die zunehmenden Optimierungsmöglichkeiten der modernen Datenbanksysteme ist die Performance eher als Negativ-Kriterium zu verwenden: unzumutbare Antwortzeiten sind ein Ablehnungsgrund für ein System, die Maximierung der Performance muß dagegen in Bezug gesetzt werden zu den anderen Kriterien.

Dies gilt vor allem für das zweite Kriterium, die Einfachheit. Da die Einfachheit schwer zu operationalisieren ist, geht Denert davon aus, „daß ein DB-Entwurf umso einfacher ist, je besser er normalisiert ist." [DENERT 1992: S. 280] Da die Normalisierung eine zentrale Aufgabe beim Entwurf einer Datenbasis ist, gehe ich gleich noch ausführlicher darauf ein.

Mit Flexibilität ist die Fähigkeit gemeint, sich ändernde Sachverhalte ohne großen Aufwand im System abbilden zu können. Angesichts permanenter Veränderungen in unserer Umwelt ist diese Anforderung verständlich. Eine gute Datenmodellierung mit einer guten Dokumentation sind hierbei hilfreich.

Das vierte Kriterium, die Speicherplatzökonomie, wird von Denert selbst relativiert und angesichts von Gigabyteplatten selbst in Standard-PC ist dieses Kriterium heutzutage eher nebensächlich.

Die von Denert beschriebene Normalisierung und die Redundanzfreiheit sind zwei Seiten einer Medaille. Redundanzfreiheit bedeutet, daß Daten physisch nur an einer Stelle gespeichert und für die jeweils unterschiedlichen Anwendungskontexte mit anderen Daten kombiniert werden. Date beschreibt dies als Entwurfsprinzip, nach dem 'eine Tatsache an einen Platz' [DATE 1995: S. 289] gehört. Die Normalisierung von Relationen formalisiert dieses Konzept und stellt mit der Normalisierungsprozedur einen Weg zur reversiblen Transformation von Relationen in höhere Normalformen zur Verfügung, die jeweils stärkeren Einschränkungen unterliegen [DATE 1995: S. 290].

Die Redundanzfreiheit wird heute oft nur für die Entwurfsphase als zentrales Qualitätskriterium akzeptiert und in der Realisierungsphase wird dann, in der Regel aus Gründen der Zugriffsgeschwindigkeit, eine kontrollierte Redundanz akzeptiert. Denert unterscheidet in diesem Zusammenhang recht scharf zwischen dem Datenmodell auf der konzeptionellen Ebene und dem Datenbasisentwurf auf der physischen Speicher- und Zugriffsebene [DENERT 1992: S. 274].

Der große Vorteil der Redundanzfreiheit ist die fast automatische Gewährleistung der Konsistenz sowie die Vereinfachung bei der Aktualisierung von Daten.

Jede redundante Datenhaltung hat demgegenüber mit Problemen bei der Gewährleistung der Konsistenz und Aktualität zu kämpfen. Jede Änderung muß an allen Orten vorgenommen werden, an denen ein Datum mehrfach gespeichert ist. Dies läßt sich entweder manuell oder auch durch eine geeignete Programmierung erreichen. Bei einer manuellen Aktualisierung redundanter Daten steigt der Arbeitsaufwand enorm, und es besteht immer die Gefahr, etwas zu vergessen. Man kann eine redundante Datenhaltung auch durch die Programmierung spezieller Pflegeprogramme unterstützen. In diesem Fall entsteht der zusätzliche Aufwand nicht bei der Datenpflege, sondern bei der Programmierung der Pflegeprogramme. Hierbei ist die Gefahr groß, daß es vor allem bei der Weiterentwicklung der Programme zu Inkonsistenzen kommt, da nicht immer alle Abhängigkeiten bedacht werden.

Beim physischen Entwurf der Datenbank des Stadtinformationssystems war die Redundanzfreiheit ein zentrales Entwurfskriterium. Da die Anzahl der zu verwaltenden Objekte für Datenbanken relativ gering ist, war die Erfüllung dieses Kriteriums ohne Laufzeitprobleme möglich.

5.2.4 Tabellenentwurf

Im Zentrum des vorgeschlagenen Stadtinformationssystems steht eine relationale Datenbank. Die Tabellen in dieser Datenbank stellen im wesentlichen eine direkte Abbildung des im Kapitel 4 beschriebenen Datenmodells dar. Dabei sind die Objektklassen jeweils als eigenständige Tabellen umgesetzt, die Attribute finden sich als Felder der Tabellen wieder. Die Verbindungen zwischen den Tabellen, also etwa die 1:N-Beziehung zwischen Einrichtungen und Aufgaben, wird durch die Aufnahme des Primärschlüssels der Einrichtungstabelle in den Primärschlüssel der Aufgabentabelle realisiert.

Bei N:M-Beziehungen kann sich jedes Objekt der einen Objektklasse auf mehrere Objekte der anderen Objektklasse beziehen und das gleiche gilt für den umgekehrten Fall. So können einer Einrichtung beliebig viele Schlagworte zugeordnet werden und umgekehrt kann jedes Schlagwort beliebig vielen Einrichtungen zugeordnet werden. N:M-Beziehungen sind etwas schwieriger abzubilden und erfordern eine zusätzliche Zwischentabelle, die die Primärschlüssel der beiden Objektklassen enthält und auch noch zusätzliche Informationen enthalten kann, die die Beziehung charakterisieren. So realisiert z.B. die Index-Tabelle die Zuordnung von Einrichtungen und anderen Objekten zu den Schlagworten.

Man kann mehrere inhaltlich zusammenhängende Bereiche unterscheiden, wobei die einzelnen Tabellen auch Querbeziehungen zu anderen Bereichen aufweisen können:

- Einrichtungen
- Veranstaltungen
- Mitteilungen
- Index
- Thesaurus
- Verschiedenes.

Exemplarisch soll die Einrichtungstabelle mit den einzelnen Feldern dargestellt werden.

Feldname	Bedeutung / Verwendung
Institution_ID	eindeutige Kennung, sprechende Namen erwünscht, Primärschlüssel
Name	vollständiger Name
Anrede_Inst	Anrede-Kürzel, z.B. zur Verwendung in der Textverarbeitung In WinWord kann der Inhalt abgefragt werden und so je nach Kontext unterschiedliche Texte eingesetzt werden
Kategorie	eher rechtliche Kategorien: Verein, Behörde, Privat Vorschläge für dieses Feld kommen aus der Abfrage Kategorien (Tabelle T_Vorschlagswerte)
ÜberOrg	Übergeordnete Organisationseinheit: für die Beziehungen zwischen einzelnen Abteilungen und übergeordneten Dienststelle oder (im Sozialbereich) zwischen Trägern und Einrichtungen
Zentrum	viele Vereine und Initiativen treffen sich in größeren Zentren: Lagerhaus, Klöntje. Bei der Eingabe werden die Adressdaten des eingegebenen Zentrums übernommen
PLZ	wird bei Bremer Strassen automatisch berechnet
Strasse_ID	Strassenschlüssel der kommunalen Straßendatei
Hausnummer	Hausnummer der Einrichtung
Ort	wird in Bremen automatisch vorgeschlagen, sonst Eingabe möglich
Strassenname	wird aus Strassentabelle Bremen vorgeschlagen
Stadtteil	wird über PLZ für Bremer Stadtteile versorgt
Gebäudename	gebräuchlicher Name für bestimmte Gebäude (z.B. Tivoli-Haus)
Telefon	Telefon-Nr der Institution insgesamt
Telefax	Telefax-Nr der Institution insgesamt
E_Mail	Adresse der Institution via elektronischer Post
Ansprechperson	(Nach-)Name der Ansprechperson
Anrede_AP	Anrede für die Ansprechperson
Vorname_AP	Vorname der Ansprechperson
Öffnungszeiten	Öffnungszeiten der Einrichtung
Beschreibung	beliebig langer Text

Bild	Dateiname für 1 Bildinformation auf Unix-Server
Logo	Dateiname für 1 Logo auf Unix-Server
Zusatz	Dateiname für 1 HTML-Dokument auf Unix-Server
ÖPNV	Beschreibung Erreichbarkeit über den Öffentlichen PersonenNah-Verkehr
Herkunft	Herkunft dieses Datensatzes
Prüfung	Wird bei inhaltlicher Überprüfung des Datensatzes gesetzt
Verantwortlich	Verantwortlichkeit für den Inhalt
Bereich	inhaltlicher Bereich der Infothek (z.b. BHW,..)
Veroeffentlichung	für offline-Verwaltung: Übergabe an Infothek
Auswahl	für offline-Verwaltung: temp-Feld für Serienbrief
Aenderdatum	Datum letzte Änderung des Datensatzes
GKK_X, GKK_Y	Gauß-Krüger-Koordinaten
BS_X, BS_Y	Bildschirmkoordinaten (GIF)
Kachel_ID	ID des Kartenausschnittes, auf den sich BS_X, BS_Y beziehen

Tabelle 1:T_Institutionen (Einrichtungen)

Die einzelnen Schlüsselfelder der Objekte sind immer 50 Zeichen lang und können (und sollten) Klartext enthalten. Im Fall der Einrichtungen ist der Primärschlüssel das Feld Institution_ID, da die Einrichtungen zunächst als Institutionen bezeichnet wurden.

Neben dem Schlüsselfeld enthält die Tabelle diverse inhaltliche Felder, die selbster-klärend sind (Name, Telefon, Öffnungszeiten) und die dem Benutzer der InfoThek angezeigt werden.

Besonders erwähnt werden muß die Dreiergruppe aus PLZ, Straße_ID und Haus-nummer. Dabei ist die getrennte Speicherung und die Verwendung einheitlicher Be-zeichnungen vor allem für den Strassennamen von besonderer Bedeutung, da mit Hilfe dieser Felder eine eindeutige Zuordnung zu einer Tabelle mit den geographi-schen Koordinaten möglich ist.

Die Felder Bereich, ÜberOrg und Zentrum dienen der Gruppierung von Beschrei-bungen nach unterschiedlichen Zugehörigkeiten.

Die Felder Herkunft, Verantwortlich, Prüfung und Änderdatum werden für die interne Verwaltung und Pflege der Datensätze genutzt.

Die Felder Bild, Logo, Zusatz und Kachel_ID enthalten jeweils die Namen von Dateien. Von der Präsentationsschicht werden diese Felder, falls sie gültige Dateinamen enthalten, dazu genutzt, um diese Dateien anzuzeigen. Auf die letzten drei Zeilen gehe ich am Ende dieses Abschnittes im Zusammenhang mit der Stadtplananzeige genauer ein.

Die in der Tabelle T_Institutionen gespeicherten Daten sind die direkten Attribute einer Einrichtung. Da bei der Modellierung festgelegt wurde, daß einer Einrichtung mehrere Aufgaben zugeordnet werden können, müssen die Aufgabenbeschreibungen in einer gesonderten Tabelle verwaltet werden, wobei die Verknüpfung über die Aufnahme des Feldes Institution_ID in den Primärschlüssel der Aufgabentabelle erfolgt.

Die Tabelle T_Aufgaben enthält eine Beschreibung der Aufgabe sowie Erreichbarkeitsinformationen wie den Namen einer Ansprechperson, die Zimmernummer und eine E-Mail-Adresse.

Feldname	Bedeutung / Verwendung
Institution_ID	Verweis auf T_Institutionen
Aufgabe	Bezeichnung der Aufgabe
Beschreibung	Beschreibung der Aufgabe
Ansprechperson	(Nach-)Name der Ansprechperson
Zimmer	Zimmer-Nr der Ansprechperson
E_Mail	Elektronische-Post-Adresse für Aufgabe
Aenderdatum	Datum letzte Änderung

Tabelle 2: T_Aufgaben

Die Tabelle T_Aufgaben_Unterlagen enthält eine Zuordnung von Unterlagen, die für eine bestimmte Aufgabe in einer Einrichtung erforderlich ist. Eine Beschreibung der Unterlagen wird in der Tabelle T_Unterlagen verwaltet.

Feldname	Bedeutung / Verwendung
Institution_ID	Verweis auf T_Institutionen
Aufgabe	Bezeichnung der Aufgabe - Verweis T_Aufgaben
Unterlage	Verweis auf T_Unterlagen
Aenderdatum	Datum letzte Änderung

Tabelle 3: T_Aufgaben_Unterlagen

Eine Unterlage kann z.b. ein Bundespersonalausweis, ein Reisepaß oder eine Vermieterbescheinigung sein. Die Beschreibungen werden in der Tabelle T_Unterlagen verwaltet.

Feldname	Bedeutung / Verwendung
Unterlage	Bezeichnung der Unterlage
Beschreibung	Beschreibung
Aenderdatum	Datum letzte Änderung

Tabelle 4: T_Unterlagen

Zur gesamten Datenbasis der Einrichtungen gehören insgesamt die folgenden Tabellen:

Tabellen-Name	Beschreibung
T_Institutionen	Einrichtungen und Institutionen mit Adressen
T_Aufgaben	Aufgaben von Institutionen
T_Aufgaben_Unterlagen	erforderliche Unterlagen, die für Aufgaben benötigt werden
T_Unterlagen	Beschreibung Unterlagen
T_Stadtteile	Stadteile Bremens für die Regionalzuordnung

Tabelle 5: Tabellen im Bereich Einrichtungen

Der Bereich Veranstaltung umfaßt die eigentliche Veranstaltungstabelle sowie in einer 1:N-Beziehung dazu die Besprechungen. Damit können für jede Veranstaltung mehrere Besprechungen aus unterschiedlichen Quellen verwaltet werden.

Tabellen-Name	Beschreibung
T_Veran	Veranstaltungen
T_VA_Besprechungen	Besprechungen von Veranstaltungen

Tabelle 6: Tabellen im Bereich Veranstaltungen

Im Bereich Mitteilungen werden die Nachrichten und Kommentare der Benutzer verwaltet.

Tabellen-Name	Beschreibung
T_Mitteilungen	Nachrichten, Mitteilungen
T_Mitteilungsbereiche	Gruppierung von Mitteilungen zu Foren
T_Antwort	Antworten auf Mitteilungen

Tabelle 7: Tabellen im Bereich Mitteilungen

Der Bereich Verschiedenes umfaßt die restlichen Tabellen. Dabei werden in der Tabelle T_URLS die Verweise auf beliebige HTML-Dateien verwaltet, die auch verschlagwortet werden können. Die Tabelle T_Wertstofftage realisiert eine spezielle Anwendung zur Bestimmung der Müllabfuhrtermine und die Tabellen T_Berechtigung und T_Kennwort dienen der differenzierten Aktualisierungskontrolle.

Tabellen-Name	Beschreibung
T_URLS	Verweise auf HTML-Dateien bzw. WWW-Server
T_Wertstofftage	Spezialanwendung: Wertstofftage bezogen auf Straßen
T_Berechtigung	Änderungsberechtigungen
T_Kennwort	Kennworte zu den Änderungsberechtigungen

Tabelle 8: Tabellen im Bereich Verschiedenes

Die inhaltlichen Beziehungen zwischen den Tabellen werden durch die Abbildung 33 exemplarisch dargestellt. Deutlich wird im Verhältnis von Einrichtungen, Aufgaben und Unterlagen die datenbanktechnische Umsetzung der Abhängigkeiten. Im Datenmodell wurde festgelegt, daß es zu jeder Einrichtung beliebig viele Aufgaben geben kann (1:N-Beziehung). Jede Aufgabe in jeder Einrichtungen kann wiederum beliebig viele Unterlagen erfordern (weitere 1:N-Beziehung). Dies wird durch die Aufnahme des Primärschlüssels Institution_ID in den Primärschlüssel der Aufgaben-

Tabelle und durch die Aufnahme des Primärschlüssels der Aufgaben-Tabelle (Institution_ID, Aufgabe) in den Primärschlüssel der Aufgaben_Unterlagen-Tabelle erreicht.

Die Beschreibung der Unterlagen und die Unterlagen selbst (also etwa Beschreibung und eingescanntes Bild des Formulars 'Vermieterbescheinigung') existieren ganz unabhängig von der Einrichtung oder Aufgabe und sind in einer eigenen Tabelle Unterlagen gespeichert. Abbildung 33 faßt die Beziehungen der Tabellen im Zusammenhang mit den Einrichtungen noch einmal zusammen.

In der Index-Tabelle werden die Zuordnungen von Schlagworten zu den Informationsobjekten verwaltet. Ursprünglich gab es nur Institutionen als Objekte im Index, so daß als Feldname Institution_ID genommen wurde. In einem zweiten Schritt wurden die Verweise auf die sonstigen Informationen mit aufgenommen, die die Verweise auf die HTML-Dateien realisieren. Grundsätzlich ist es sinnvoll, alle im System vorhandenen Objekte mit Hilfe der Index-Tabelle zu verschlagworten und so in den Suchmechanismus einzubeziehen. Die unterschiedlichen Typen dieser Objekten werden über das Feld Typ verwaltet, und bei der Anzeige wird abhängig von dem Typ des Verweises die entsprechende Präsentation des Objektes dynamisch aufgebaut.

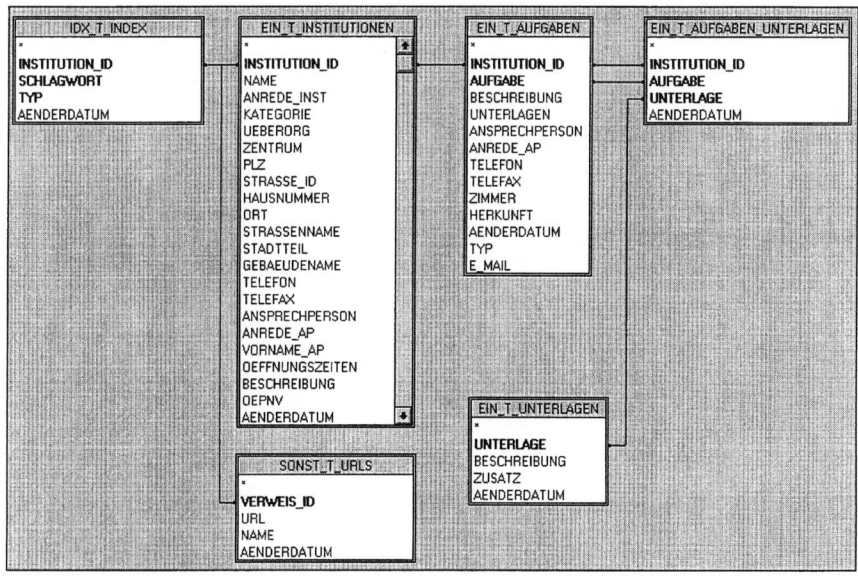

Abbildung 33: Tabellenverknüpfungen

Die Anzeige eines Standortes auf einem Stadtplan erfordert eine Zuordnung der Adresse des Standortes zu den Koordinaten des Stadtplanes. Eine manuelle Erfassung kommt vom Aufwand her nicht in Frage, da es in einer Großstadt wie Bremen mit knapp 600 000 Einwohnern immerhin über 130 000 unterschiedliche Adressen gibt.

Zumindest eine Annäherung an die gewünschte Raumkoordinate ist im kommunalen Datenbestand in den Grundstückdateien vorhanden. Dort werden Flurstücke verwaltet, denen sowohl eine Adresse als auch die Koordinaten im Gauß-Krüger-Format zugeordnet sind. Dieses Koordinatensystem wird in Deutschland in der amtlichen Kartographie vielfach verwendet und ermöglicht eine Abbildung von Punkten auf der Kugeloberfläche der Erde in die Ebene (vergl. [HAKE UND GRÜNREICH 1994: S. 69 ff.]). Die X-Werte werden dabei als Hochwerte und die Y-Werte als Rechtswerte bezeichnet.

Durch eine Kooperation mit 'Kataster und Vermessung', einem Wirtschaftsbetrieb der Stadtgemeinde Bremen, konnten die entsprechenden Zuordnungen aus dem Automatisierten Liegenschaftsbuch extrahiert und in die Datenbank des Stadtinformationssystems importiert werden. Außerdem stellte 'Kataster und Vemessung' elektronische Stadtpläne mit farbigen Rasterbildern und einer Zuordnung der Rasterbilder zu den Raumkoordinaten zur Verfügung. Zur Anzeige einer beliebigen Punktes auf einem Stadtplan, der durch seine Gauß-Krüger-Koordinaten identifiziert wird, müssen die Gauß-Krüger-Koordinaten in die Bildkoordinaten des elektronischen Stadtplanes umgerechnet werden.

Für die Identifizierung der Adressen war eine eindeutige Speicherung der Adressen erforderlich. Das Paar Strasse_ID und Hausnummer ist für die Stadt Bremen eindeutig, so daß mit der folgenden Tabelle für jede Bremer Adresse die Gauß-Krüger-Koordinaten ermittelt werden können. Zur Anzeige des entsprechenden Stadtplanausschnittes muß dann für die jeweilige Gauß-Krüger-Koordinate der entsprechende Stadtplanausschnitt berechnet werden.

Feld	Bedeutung/Verwendung
Strasse_ID	Strassenschlüssel der Strassendatei
Hausnummer	Hausnummer
H_Wert	Hochwert (X_Wert Gauss-Krüger-Koord)
R_Wert	Rechtswert (Y_Wert Gauss-Krüger-Koord)

Tabelle 9: Zuordnung Adresse - Raumkoordinaten

Beim Vorliegen der notwendigen Ausgangsdaten sind diese Umrechnungen einfach zu realisieren. Schwieriger war die Beschaffung der Ausgangsdaten, da in Bremen - und auch in anderen Städten - die Umstellung auf elektronische Stadtpläne noch nicht abgeschlossen ist und die erforderlichen Daten nur teilweise zur Verfügung standen.

In der ersten Version ist nur eine einfache Anzeige einer Adresse möglich. Damit ist eine Basis geschaffen, die ohne großen Aufwand um anspruchsvollere Funktionen ergänzt werden kann. Dazu gehören die Anzeige mehrerer Objekte (z.b. alle Kinos), die Angabe eines Anzeigeradius (z.b. alle Apotheken im Umkreis von 2 Kilometern) u.ä.

5.2.5 Eigenständige Informationsdateien

Bei den eigenständigen Informationsdateien handelt es sich vorwiegend um statische HTML-Dateien, aber auch um Graphik- und Videodateien, die dann zur Präsentation in die HTML-Dateien eingebunden werden.

Die statischen HTML-Dateien befinden sich in einem Unterverzeichnis auf dem WWW-Server der InfoThek. Für größere Bereiche sind hier noch weitere Unterverzeichnisse eingerichtet, auf die die Informationslieferanten zugreifen können. Die Verknüpfung zwischen den Datenbankobjekten und den statischen HTML-Seiten kann auf der Ebene einzelner Einrichtungen und über die Objektklasse sonstige Informationen erfolgen. In den Datensätzen der einzelnen Objekte können Verweise auf zusätzliche Informationen in Form von Dateinamen (statische HTML-Dateien) oder auch als direkte WWW-Verweise (Uniform Resource Locator - URL) auf andere Server gespeichert werden. In den statischen HTML-Dateien befinden sich vor allem graphisch gestaltete, zusätzliche Informationen zu einzelnen Objekten und all die Informationen, die ohne Eingriff der Serverbetreiber direkt von den Informationsanbietern über direkte Dateiübertragung (File Transfer Programm - FTP) aktualisiert werden. Da die Verknüpfung über die Dateinamen läuft, kann der Inhalt flexibel gestaltet und nach Bedarf aktualisiert werden.

Die Möglichkeit des Verweises auf andere WWW-Server bietet die weitestgehende Gestaltungsfreiheit für Informationsanbieter, da sie hier auch eigene WWW-Server angeben können und damit die volle Kontrolle über ihren Teilbereich behalten. Allerdings muß sich der Nutzer dann u. U. auf andere Interaktionstechniken einlassen, und es gibt die Standard-Bedienungsfunktionen wie Rücksprung zur Startseite und Kommentare nicht mehr.

Darüber hinaus besteht über die Objektklasse der sonstigen Informationen die Möglichkeit, auch ohne die Anbindung an Einrichtungen HTML-Seiten zur Verfügung zu stellen. Über die Tabelle T_URLs können diese HTML-Seiten verschlagwortet werden und sind dann in den Suchmechanismus einbezogen.

5.3 Die Präsentationsschicht

Die technische Verwirklichung eines modernen alltagsorientierten Stadtinformationssystems erfordert die Fähigkeit zur Anzeige und Verarbeitung von graphischen Elementen und darüber hinaus von multimedialen Elementen wie Bewegtbildern und Tönen. Erst mit diesen Elementen wird die im dritten Kapitel beschriebene visuelle

Gestaltung der Benutzungsoberfläche möglich, die auch gelegentliche Nutzer anzieht.

Zentrale Anforderung an die Präsentationskomponenten ist daher die Fähigkeit zur Behandlung multimedialer Elemente. Das ab 1987 mit jedem Macintosh-Computer ausgelieferte Programm HyperCard ermöglichte erstmals auf breiter Ebene einen einfachen Umgang mit Texten, Graphiken, Tönen und auch Videos sowie die Integration dieser Elemente zu einfachen multimedialen Anwendungen. Aus diesem Grund wurden die ersten Versionen der InfoThek auf Macintosh-Rechnern mit HyperCard entwickelt.

Allerdings ist HyperCard eher ein Werkzeug für die Erstellung von Prototypen und als Basis für ein Produktionssystem nicht geeignet. HyperCard ist als Einzelplatz-System konzipiert und somit fehlen Funktionen für den Netzzugriff und für die Verwaltung gleichzeitiger Zugriffe auf einen gemeinsamen Datenbestand. Diese Funktionen hätte man unter Einsatz von Zusatzprodukten zusätzlich integrieren müssen.

Mit dem Aufkommen von WWW-Browsern wie Netscape steht heute eine völlig neue Klasse von Programmen für die multimediale Präsentation zur Verfügung. Bereits die erste Generation dieser Browser konnte Texte, Grafiken und andere multimediale Elemente darstellen und erfüllte so die wesentlichen funktionalen Anforderungen für den Informationsabruf. Allerdings waren zunächst noch die Interaktionsmöglichkeiten ziemlich eingeschränkt, da keine lokale Verarbeitung und damit auch keine lokale Reaktion auf Nutzeraktionen möglich war. Ereignisse wie Mausbewegung und -klicks mußten erst zum Server übertragen werden, damit von dort entsprechende Reaktionen veranlaßt werden konnten.

Spätestens seit der Integration der Programmiersprache Java in die gängigen WWW-Browser ist deren Funktionalität so weit entwickelt, daß man mit ihnen alle Anforderungen an die Abruffunktionen von öffentlichen Informationssystemen erfüllen kann. Da diese Anwendungen von Anfang an für den Einsatz im Internet konzipiert worden sind, ist die Netzfähigkeit bei einem Anschluß an das Internet sofort gegeben. Darüber hinaus sind sie auch als lokale Anwendungen einsetzbar. Da sie außerdem für den privaten Gebrauch kostenfrei und für den kommerziellen Gebrauch nur mit geringen Kosten verbunden sind und praktisch auf allen an das Internet angeschlossenen Rechnern verfügbar sind, bieten sie sich als Plattform für Stadtinformationssysteme geradezu an.

Die Präsentationskomponenten umfassen die statischen HTML-Seiten, die Kiosk-Programme sowie vor allem die Skripte für die Datenbankabfragen und die dynamische Erzeugung von HTML-Seiten. Den Zusammenhang der Präsentationsschicht mit der Datenbasis und den Werkzeugen zur Datenpflege verdeutlicht die folgende Abbildung (siehe Abbildung 34), die damit einen Überblick über das Gesamtsystem liefert.

Als statische HTML-Seiten sind vor allem die Eingangsseite, die obersten Auswahlseiten und die individuellen Seiten von Informationsanbietern umgesetzt. Vorteil ist die erhöhte Flexibilität und Gestaltungsmöglichkeit, Nachteil ist die schlechtere Wartbarkeit. Bei einer systemweiten Änderung des Grundlayouts der Seiten und der Standardelemente, die auf jeder Seite vorhanden sein sollten, müssen alle statischen Seiten einzeln geändert werden. Dies kann teilweise durch Werkzeuge unterstützt werden, allerdings ist immer eine manuelle Kontrolle und Nachbearbeitung erforderlich.

Zentraler Mechanismus für die Flexibilität des Systems ist die Trennung von Präsentation und Datenhaltung und ihre Integration durch die programmgesteuerte Erzeugung von dynamischen HTML-Dokumenten.

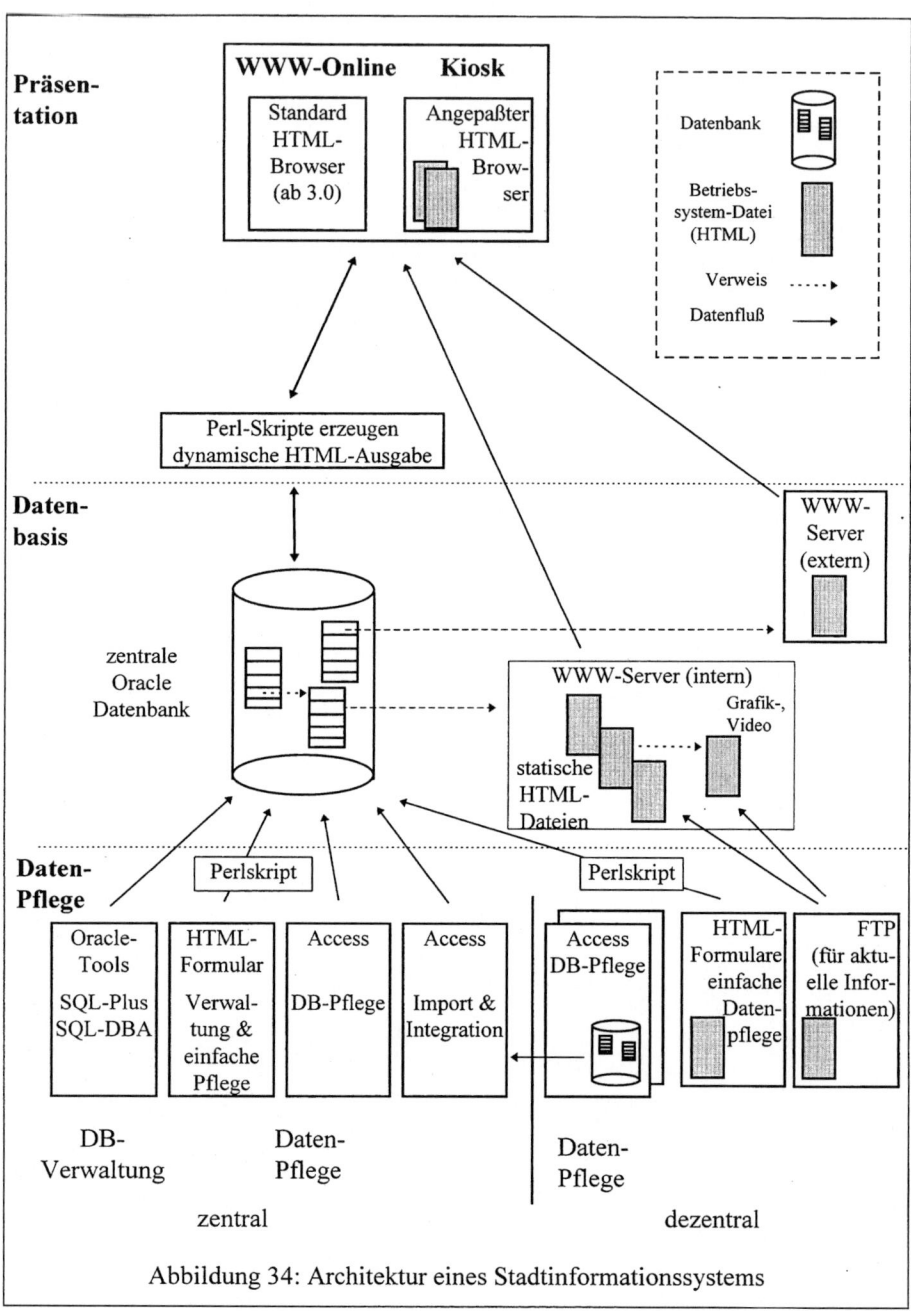

Abbildung 34: Architektur eines Stadtinformationssystems

Dynamische HTML-Dokumente werden zur Laufzeit mit Hilfe von Programmen generiert, die auch die Datenbankabfrage durchführen und die Ergebnisse im HTML-Format an den WWW-Browser zurücksenden. In Abhängigkeit von den Werten einzelner Datenbankfelder können unterschiedliche HTML-Präsentationen erzeugt werden.

Die Programmierung erfolgte in der Skriptsprache Perl [WALL UND SCHWARTZ 1991], die um eine Komponente für den Zugriff auf die Oracle-Datenbank ergänzt wurde und als Oraperl bezeichnet wird.

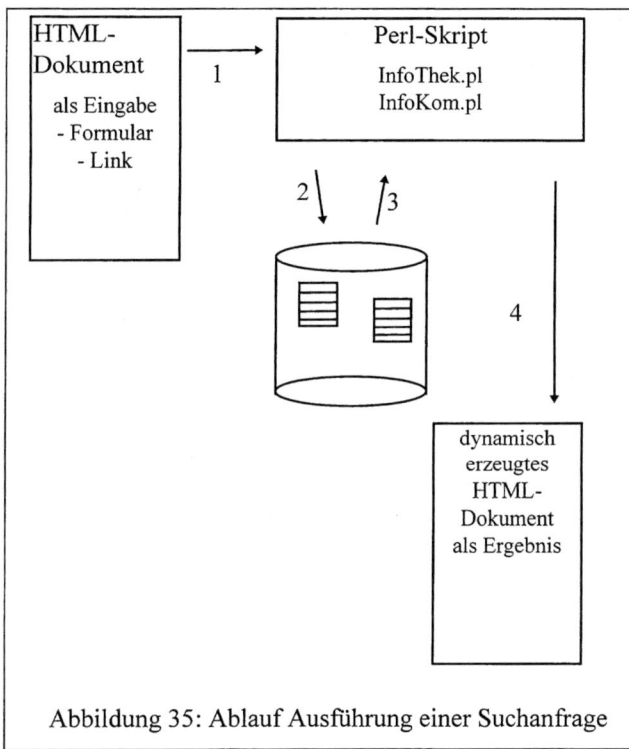

Die nebenstehende Abbildung zeigt den Ablauf einer Suchanfrage. Der Benutzer stößt mit Hilfe eines HTML-Dokumentes die Abfragefunktion an, diese wird von dem Perl-Skript analysiert, die gewünschte Abfrage wird ausgeführt und das Ergebnis wieder als HTML-Dokument an den aufrufenden Client zurückgeschickt.

Die Ausführung der Abfrage beinhaltet die Interaktion mit der Datenbank. Dazu erfolgt eine Anmeldung bei der Datenbank, anschließend werden eine oder mehrere SQL-Abfragen gestartet, und das Ergebnis wird vom Perl-Skript weiterverarbeitet. Im einfachsten Fall wird das Ergebnis nur mit HTML-Anweisungen versehen. Es können aber auch komplexere Aktionen stattfinden, bei denen in Abhängigkeit von den Ergebniswerten weitere Datenbankabfragen erfolgen.

Am Beispiel der Funktion 'EinrichtungenEinfache Suche', die den Hauptsuchmechanismus der InfoThek darstellt, will ich den Ablauf deutlich machen.

Abbildung 35: Ablauf Ausführung einer Suchanfrage

113

Die Funktion „EinrichtungenEinfacheSuche" wird aus einem statischen HTML-Formular heraus aufgerufen, bei dem der Benutzer in einem Eingabefeld einen Suchbegriff eingeben kann. Bei HTML-Formularen kann man beim Absenden von Formularen eine URL sowie Parameter angeben. In diesem Fall ist dies

http://infothek.informatik.uni-bremen.de/InfoThek.pl?FN=EE&SELECT_PATTERN =internet

Dabei ist InfoThek.pl der Name des Perl-Skriptes, das ausgeführt werden soll. Alles, was nach dem Fragezeichen kommt, sind Paare von Parametern in der Form Parameter_Name=Parameter_Wert, die jeweils durch ein '&'-Zeichen getrennt werden.

Im Perl-Skript InfoThek.pl werden zunächst die Parameter in Variablen geschrieben, und dann wird der erste Parameter FN (=Funktion) ausgewertet. 'EE' steht für EinrichtungenEinfacheSuche, so daß die entsprechende Prozedur aufgerufen wird. Der zweite Parameter SELECT_PATTERN mit dem Wert 'internet' wird einer Variablen $suchwort zugewiesen und steht dann dort ebenfalls zur Verfügung.

In der Prozedur EinrichtungenEinfacheSuche wird zunächst eine Anmeldung bei der Datenbank vorgenommen über den Prozeduraufruf

&ora_login(datenbank, name, password).

Danach kann die eigentliche Datenbankabfrage über die Prozedur ora_open erfolgen. Dabei wird als ein Parameter die SQL-Abfrage übergeben. Im Fall der EinrichtungenEinfacheSuche ist diese nicht trivial. Sie lautet:

```
SELECT DISTINCT name, t_institutionen.institution_id, typ
   FROM t_institutionen, t_index
   WHERE UPPER(t.index.schlagwort) LIKE UPPER('%$suchwort%')
   AND t_index.institution_id = t_institutionen.institution_id
   UNION
   SELECT name, institution_id, 'Thema'
   FROM t_institutionen
   WHERE UPPER(t_institutionen.name) LIKE UPPER('%$suchwort%')
   UNION
   SELECT name, url, 'URL'
   FROM t_urls, t_index
   WHERE UPPER(t_index.schlagwort) LIKE UPPER('%$suchwort%')
   AND t_index.institution_id = t_urls.verweis_id
   AND t_index.typ = 'URL'
```

Die großgeschriebenen Wörter sind SQL-Schlüsselwörter, t_institutionen, t_index und t_urls sind Tabellennamen, name, institution_id sind Feldnamen und $suchwort ist eine perl-Variable, die den gesuchten Begriff enthält.

Mit dem Operator '%' wird Oracle angewiesen, sowohl vor als auch hinter dem Suchbegriff zu trunkieren, d.h. beliebige Zeichenketten zuzulassen. Damit wird erreicht, daß nach dem Suchbegriff an einer beliebigen Stelle im Feld gesucht wird. Durch die Verwendung der Funktion UPPER wird die Groß- und Kleinschreibung ignoriert. Die Abfrage besteht aus drei selbständigen Unterabfragen, deren Ergebnisse kombiniert werden. Es wird nach dem eingegebenen Suchwort sowohl in den Schlagworten im Index, als auch im Namensfeld der Institutionen und in den Verweisen auf URL's gesucht.

Das Ergebnis dieser Abfrage steht dann in einer temporären Zwischentabelle zur Verfügung und kann über Prozedur ora_fetch() zeilenweise weiterverarbeitet werden.

```
PRINT „<H2>Gefundene Einrichtungen zum Suchbegriff '$suchwort'</H2>„;

WHILE (@fields = &ora_fetch($csr))

{ PRINT „<LI>„;
  PRINT „<A HREF=„http://infothek.uni-bremen.de/InfoThek.pl?
  FN=V&Institution_ID=$fields[0]">$fields[1]</A>„;

}
```

In dem Beispiel wird mit Hilfe einer Print-Anweisung in Perl ein HTML-Text ausgegeben, der in diesem Fall die Überschrift für die gefundenen Einrichtungen mit dem vom Benutzer eingegebenen Suchwort anzeigt.

In der WHILE-Schleife wird bei jedem Schleifendurchlauf ein neuer Einrichtungs-Datensatz nach Perl eingelesen, und dann werden die Datenwerte zusammen mit den HTML-Auszeichnungen wieder über eine Print-Anweisung ausgegeben und im WWW-Browser dargestellt.

Insgesamt wird mit der WHILE-Schleife eine Verweis-Leiste von gefundenen Einrichtungen ausgegeben. Beim Klicken auf eine der Einrichtungen in der Liste wird wiederum das Perl-Skript aufgerufen. Diesmal mit der Funktion 'V' (für Vollansicht) und der Institution_ID als Kennung. In dieser Funktion wird die übergebene Einrichtung mit allen Einzelangaben angezeigt.

Mit der Erzeugung des dynamischen HTML-Dokumentes wird auch die visuelle Präsentation der Ergebnisse für den Benutzer festgelegt. Grundsätzlich werden nur Felder dem Benutzer angezeigt, die auch Werte enthalten.

Bestimmte durch den Styleguide festgelegte Vorgaben, wie etwa die Form der Fußzeile, werden über eine einzige Prozedur realisiert und können dann auf einfache Weise an einer Stelle geändert werden.

Bei der Weiterverarbeitung wird in Abhängigkeit von den Attributen unterschiedlicher HTML-Code erzeugt, und es können unterschiedliche Verweise hergestellt werden.

Das Verfahren mit der programmierten Generierung von dynamischen HTML-Seiten ist sehr flexibel. Eine Änderung des Suchalgorithmusses erfordert vor allem eine Änderung der SQL-Abfrage. Wenn bei der einfachen Suche nicht mehr im Namensfeld gesucht werden soll, so kann man den entsprechenden Teil der SQL-Abfrage entfernen.

Ein weiterer Vorteil liegt in der Sicherstellung von Zieladressen für die Verweise. Durch die dynamische Generierung aus der Datenbank heraus kann es nicht vorkommen, daß Verweise ins Leere gehen.

Erfahrungen bei der Entwicklung haben gezeigt, daß bei der Größenordnung der Anzahl der Objekte in einem Stadtinformationssystem auch komplexe SQL-Abfragen keine Laufzeitprobleme der Oracle-Datenbank verursachen.

Ein zeitliches Problem ergibt sich durch die bei jeder HTML-Anfrage erforderliche Anmeldung bei der Oracle-Datenbank, die teilweise bis zu 3 Sekunden dauert. Hier können andere Datenbankanbindungen als die mit Oraperl umgesetzten Abhilfe schaffen, allerdings erfordert dies dann die Implementierung eines eigenständigen Abfrageprozesses, der ständig bei der Datenbank angemeldet ist.

5.4 Datenpflege

Die Pflege und Aktualisierung der Datenbasis erfordert eine Reihe von unterschiedlichen Werkzeugen, da verschiedene Personen und Organisationen an diesem Prozeß beteiligt sind. Im Zusammenhang mit der Informationslogistik im Kapitel 7 gehe ich genauer auf die Funktionalität der Programme ein.

5.4.1 Datenbankpflege

Um möglichst frühzeitig die Daten in einem für die InfoThek passenden Format zu strukturieren, wurde für die Ersterfassung und die dezentrale Datenpflege durch die Informationslieferanten eine Datenbankanwendung unter MS-Access entwickelt, die die lokale Eingabe, Änderung und Löschung von Einrichtungen und Aufgaben ermöglicht. Um die Motivation der Informationslieferanten zu erhöhen, kann diese Anwendung auch für die eigene Ansprechpartnerverwaltung genutzt werden.

In dieses Erfassungswerkzeug ist eine Exportfunktion integriert, um alle oder ausgewählte Daten in eine gesonderte Datei zu exportieren. Mit einem speziellen Integrationswerkzeug werden diese Daten in die zentrale Datenbank übertragen. Dabei werden bestimmte Integrationsaufgaben wie die Überprüfung ähnlicher Datensätze und die Behandlung gleicher Datensätze technisch unterstützt. Diese Werkzeuge sind ebenfalls als Access-Anwendungen realisiert, die mit Hilfe der ODBC-Schnittstelle auf die Oracle-Datenbank zugreifen.

Veranstaltungen werden aus dem internen Verwaltungsprogramm eines Stadtmagazins exportiert und dann mit einer Access-Anwendung in die zentrale Datenbank importiert.

Außerdem gibt es die Möglichkeit, direkt über HTML-Formulare Datensätze zu ändern. Allerdings ist dies nur bei den Datenfeldern möglich, die nicht-referentielle Beziehungen betreffen, da ansonsten eine vollständige Datenbankanwendung mit differenzierter Fehlerbehandlung und Berechtigungsprüfungen entwickelt werden müßte. In Zukunft wird jedoch wahrscheinlich die Datenpflege stärker auf WWW-Anwendungen umgestellt, um die Pflege so weit wie möglich an den Ursprungsort der Daten zu verlagern und damit die Qualität der Daten zu verbessern.

Die direkte Online-Pflege in der Datenbank wird im wesentlichen mit den gleichen Access-Anwendungen durchgeführt, die auch für die lokale Datenpflege zur Verfügung stehen. Sie sind um einige Funktionen für die Pflege zusätzlicher Datenfelder erweitert. Die Programmlogik ist dabei in der Access-Anwendung konzentriert und die Abhängigkeiten und Integritätsbedingungen werden durch die Access-Anwendung sichergestellt. Dieses Modell ist angemessen, wenn es viele Datenlieferanten gibt, die keinen Online-Zugriff auf die zentrale Datenbank besitzen.

Mit der zunehmenden Verfügbarkeit von Internetanschlüssen wird eine Verlagerung der Programmlogik in die Datenbank unter Verwendung der Programmierungsfähigkeiten der Datenbank immer interessanter.

Moderne SQL-Datenbanken dienen nicht nur als Behälter zum Ablegen und Wiederfinden von Daten, sondern sie können auch aktive Komponenten aufweisen. Über sogenannte 'Trigger' (vergl. [LUFTER, SCHAARSCHMIDT UND KÜSPERT 1997]) können beim Eintreten bestimmter Ereignisse weitere Aktionen ausgelöst werden. Dieser Mechanismus wird in der Infothek zur Gewährleistung der referentiellen Integrität genutzt, so daß nur korrekt aufeinander bezogene Objekte in der Datenbank vorhanden sind. So werden z.B. beim Löschen einer Einrichtung auch alle Verweise auf diese Einrichtung aus dem zentralen Index mit entfernt sowie die abhängigen Objekte bei den Aufgaben und den zugeordneten Unterlagen gelöscht.

Diese Trigger sind bei der Datenbank Oracle als spezielle Datenbankobjekte in der Datenbank abgelegt und in einer prozeduralen Erweiterung von SQL, der Programmiersprache PL/SQL geschrieben. In dieser Programmiersprache können auch beliebige Prozeduren geschrieben werden, die von den Benutzern der Datenbank bzw. den entsprechenden Programmen aufgerufen werden können.

Der folgende Trigger dient zum Löschen einer Institution und bewirkt neben der Löschung des Datensatzes in der Einrichtungstabelle gleichzeitig die Löschung von abhängigen Datensätzen in der Index-Tabelle, der Aufgaben- und der Aufgaben_Unterlagen-Tabelle.

```
create or replace trigger inst_del
after delete on t_institutionen
for each row
begin
    delete from t_index where t_index.institution_id = :old.institution_id;
    delete from t_aufgaben where t_aufgaben.institution_id = :old.institution_id;
    delete from t_aufgaben_unterlagen where t_aufgaben_unterlagen.institution_id =
:old.institution_id;
end;
```

Die technische Datenbank-Administration, also die Datensicherung, Nutzerverwaltung und die Überwachung des laufenden Betriebs, erfolgt mit den Standard-

Werkzeugen von Oracle, also SQL*DBA, SQL*Plus und dem Server Manager. In Zukunft wird es auch hier verstärkt zum Einsatz von Werkzeugen auf HTML-Basis kommen.

5.4.2 Pflege statischer HTML-Seiten

Die statischen HTML-Seiten werden in eigener Verantwortung der Informationslieferanten von diesen erstellt. Die Verbindung zwischen der Datenbank und den statischen HTML-Seiten erfolgt über den Eintrag des Dateinamens bzw. der URL in die Datenbank. Dies muß einmal mit Hilfe des Online-Pflegewerkzeuges durch die Redaktion erfolgen. Danach kann der Inhalt der Datei bzw. URL von den Informationslieferanten beliebig oft aktualisiert werden. Falls sie über einen eigenen WWW-Server verfügen, erfolgt dies völlig unabhängig von der Redaktion. Falls die Informationslieferanten über keinen eigenen WWW-Server verfügen und die Seiten auf dem WWW-Server der InfoThek verwaltet werden, so können diese per FTP dorthin übertragen werden.

Die Gestaltung eigener HTML-Seiten wird inzwischen von einer Vielzahl von Werkzeugen unterstützt, die auch ohne großen Einarbeitungsaufwand genutzt werden können. In der weitverbreiteten Textverarbeitungssoftware Word 97 ist die Möglichkeit zur Erstellung von HTML-Dokumenten bereits integriert, die Firma Netscape stellt im Rahmen ihres WWW-Browsers Communicator 4.0 einen einfachen HTML-Editor zur Verfügung, und das Programm Frontpage von Microsoft ermöglicht die Erstellung und Verwaltung auch komplexerer WWW-Präsentationen.

6 Suchen in großen Datenbeständen

In den letzten beiden Kapiteln habe ich Funktionsumfang und Architektur eines konkreten Stadtinformationssystems vorgestellt. Diese Beschreibung liefert die Grundlage, um in den folgenden beiden Kapiteln zwei zentrale Bereiche qualitativ hochwertiger Stadtinformationssysteme zu diskutieren:

* die Bereitstellung von Such- und Navigationsfunktionen und

* die Organisation der Informationslogistik.

Die Bereitstellung von Informationen in einem Informationssystem ist kein Selbstzweck sondern bezogen auf mögliche Nutzungen durch Benutzer. Die Hauptform der Nutzung ist die Suche nach Informationen durch Benutzer. Hierbei wählt der Benutzer unter den vielen Informationen diejenigen aus, die für sein Anliegen von Bedeutung sind. Daneben gibt es andere Nutzungsformen wie etwa die aktive Anlieferung von Informationen, die aber erst auf einem klaren Verständnis der Suchprozesse sinnvoll diskutiert werden können.

In diesem Kapitel geht es mir um die Entwicklung einer Architektur für ein technisches System, das die Suchprozesse von Benutzern möglichst gut unterstützt. Zu diesem Zweck entwickele ich ein Modell der Suchprozesse, wie sie sich im Kontext alltagsbezogener Problemlösungen als gesellschaftliche Praxis entwickelt haben. Anschließend kann ich dann diejenigen Teilfunktionen identifizieren, die auf dem heutigen Stand der Technik mit vertretbarem Aufwand durch ein Informationssystem unterstützt werden können.

Zunächst gehe ich auf die im Zusammenhang mit dem fachbezogenen Information Retrieval entwickelten Verfahren und das zugrundliegende Suchmodell ein. Das unter dem Begriff 'Hypertext' in den letzten Jahren breit diskutierte Modell der beliebigen Informationsverknüpfung ermöglicht eine flexiblere Sicht auf die Suchvorgänge, und so komme ich im Ergebnis auf eine Integration der traditionellen Suchverfahren des Information Retrieval mit den flexiblen Verknüpfungsverfahren aus dem Hypertext-Bereich. Die datenbankbasierte Architektur der Bremer Infothek ermöglicht eine effiziente Implementierung des vorgeschlagenen Suchmodells.

6.1 Gezieltes Suchen

Zentrale Frage bei Informationssystemen generell ist der Zugriff auf die gespeicherten Informationen, das Herausfiltern oder Suchen der benötigten Informationen aus einem - in der Regel großen - Datenbestand. In dieser allgemeinen Form gilt die Aussage für fast alle Computeranwendungen von der Textverarbeitung über die Personalverwaltung bis hin zum Bibliothekssystem.

Bei der Textverarbeitung ist den Nutzern dieser Suchprozeß meist gar nicht bewußt, da hier Ablage und Zugriff oft individuell erfolgen und oft an aktuellen Dokumenten gearbeitet wird, deren Namen man sowieso im Kopf hat. Handelt es sich aber um einen gemeinsamen Arbeitsbezug, bei dem man auf Dokumente anderer Personen zugreifen muß oder man sucht nach lange vergessenen eigenen Dokumenten, so ist eine Strukturierung in thematisch gegliederte Ordner und eine inhaltlich treffende Benennung von Dokumenten von großer Hilfe.

Auch bei einem Personalverwaltungssystem spielen Suchprozesse eine große Rolle. Zugriffe erfolgen oft über den Namen bzw. die Personalnummer von einzelnen Personen oder über Kapitel bzw. Kostenstellen-/Abteilungsnamen. Dies ist möglich, weil der Problembereich selbst schon sehr strukturiert ist und dadurch festgelegte Zugriffspfade programmiert werden können. Als Arbeitserleichterung gibt es dann oft Suchhilfen wie Suche mit Stellvertreterzeichen (z.b. Me?er) oder phonetische Suche (zeige mir alle, die so ähnlich klingen wie 'Meyer').

Ist die Person oder die Abteilung gefunden, kann die eigentliche inhaltliche Sachbearbeitung beginnen und z.b. die Steuerklasse geändert oder das Personalbudget der Abteilung gekürzt werden. Diese Beispiele zeigen Suchprozesse bei klassischen EDV-Anwendungen. Sie sind gleichzeitig Beispiele für Anwendungen im Bereich der (Erwerbs-)-Arbeit.

Precision und Recall

In der wissenschaftlichen Forschung beschäftigt sich die Teildisziplin des Information Retrieval speziell mit der Wiedergewinnung gespeicherter Daten. Nach Salton und McGill [SALTON UND MCGILL 1987] umfaßt Information Retrieval die Repräsentation, Speicherung und Organisation von Informationen und den Zugriff darauf. Seit gut 20 Jahren bemüht sich die Forschung insbesondere im Bereich der Fachinformation, Informationen so zu strukturieren, daß die Suchabfragen von Nutzern in einem professionellen Kontext möglichst effektiv bedient werden.

Als effektiv gilt ein Retrievalsystem mit einem günstigen Kosten-Nutzen-Verhältnis. Zu den Kosten zählen Maschinenressourcen und -laufzeiten, aber auch der vom Nutzer aufzubringende Zeitaufwand und seine mentale Belastung. Der Nutzen wird vor allem als Relevanz der gelieferten Ergebnisse begriffen. Deren präzise Definition bereitet jedoch schon bei Fachinformationssystemen erhebliche Schwierigkeiten, obwohl dort gemeinsame begriffliche Grundlagen existieren und sich die Suche stets auf Dokumente im Sinne von Texten bezieht. Ganz allgemein gilt ein Dokument als relevant, wenn eine hohe kontextuelle Übereinstimmung zwischen der Suchanfrage und dem gefundenen Dokument besteht. Salton und McGill (vergl. [SALTON UND MCGILL 1987: S. 174 ff.] definieren zwei Kriterien für die Relevanz:

Precision p = <u>Zahl der nachgewiesenen relevanten Dokumente</u>
Zahl der nachgewiesenen Dokumente

Recall r = <u>Zahl der nachgewiesenen relevanten Objekte</u>
Zahl aller relevanten Objekte der Datenbank

Im ersten Fall geht es darum, daß von den nachgewiesenen Dokumenten (Treffer, Ergebnisse) möglichst viele Dokumente sich auch tatsächlich auf die Inhalte der Suchanfrage beziehen. Im zweiten Fall geht es darum, daß das Informationspotential der Datenbasis auch ausgeschöpft wird.

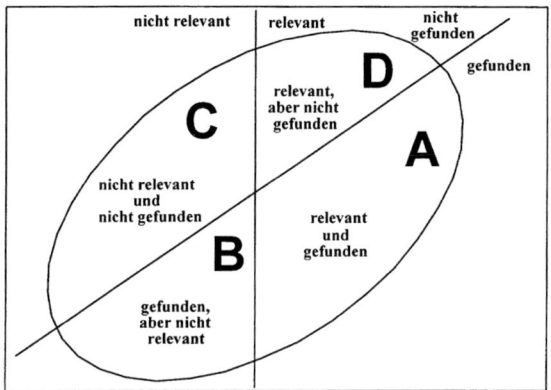

Abbildung 36: Ergebnisse von Suchanfragen in Retrievalsystemen

Beide Anforderungen decken sich nur zum Teil. In Abbildung 36 sind insgesamt vier Teilmengen unterschieden:

(A) die Menge der gefundenen relevanten Objekte,

(B) die Menge der gefundenen und nicht relevanten Objekte,

(C) die Menge der nicht gefundenen relevanten Objekte,

(D) die Menge der nicht gefundenen, nicht relevanten Objekte.

Jedes Retrievalsystem produziert immer auch Elemente der Mengen B und C. Im Fall B ärgert sich der Nutzer, weil er Informationen bekommt, nach denen er nicht gefragt hat oder nicht fragen wollte. Im Fall C ist er enttäuscht, weil ihm das System keine oder wenige Treffer liefert. Auch die Betreiber werden in diesem Fall enttäuscht sein, weil sie wissen, daß doch mehr Informationen zu der Suchanfrage im System enthalten sind. Will man das Informationspotential ausschöpfen, erhöht man das Risiko, daß auch nicht relevante Informationen geliefert werden. Die Optimierung beider Kriterien stellt eine Gratwanderung dar, in der Praxis immer einen Kompromiß.

Das grundlegende Modell zur Beschreibung der Probleme bei der Suche in einem Datenbestand mit seiner Aufteilung von vorhandenen und gefundenen relevanten Dokumenten im Verhältnis zur Gesamtzahl der Dokumente ist intuitiv einleuchtend. Seine Anwendung als wichtigstes Qualitätsmaß für das Information Retrieval wird jedoch von einigen Autoren kritisch gesehen ([GLÖCKNER-RIST 1993: S. 22 ff.],

[RIEHM, BÖHLE, GABEL-BECKER UND WINGERT 1992: S. 180 ff.]). Die Bestimmung der Relevanz von Dokumenten wird häufig nicht von den Endbenutzern[15], sondern von den Informationsvermittlern der Fachinformation vorgenommen, die ein Abfrageergebnis mit der von ihnen wahrgenommenen Suchformulierung vergleichen. Der eigentliche Nutzen für den Endbenutzer hängt aber oft nicht von objektiv feststellbaren Relevanzkriterien, sondern von Kriterien wie Neuheit, Aktualität und Auffindbarkeit ab und differiert auch intra- und interindividuell [GLÖCKNER-RIST 1993: S. 23]. Darüber hinaus ist es ein fast unmögliches Unterfangen, bei großen Datenbeständen wirklich alle relevanten Dokumente zu identifizieren.

Wenn man sich der Unschärfe bei der Bestimmung der Relevanz bewußt ist, dann bietet das Precision-Recall-Modell einen Rahmen für die Diskussion unterschiedlichen Suchverfahren.

Volltext-Suche

Vor der breiten Verfügbarkeit von maschinenlesbaren Dokumenten war die Suche in alphabetischen und Sachkatalogen die einzige Möglichkeit zur Suche in umfangreichen Datenbeständen. Dies änderte sich in der 70er Jahren, als im Bereich der internationalen Fachinformation teilweise auch die Volltexte der Dokumente gespeichert wurden. Mit der Möglichkeit der Suche nach Zeichenketten im Volltext von Dokumenten erhofften sich viele eine Lösung der Probleme und des Aufwandes bei der Sacherschließung.

Es wurden eine Reihe von Untersuchungen über die Effizienz der Volltextsuche durchgeführt, die aber zu unterschiedlichen Ergebnissen kamen. Das zentrale Problem solcher Untersuchungen ist dabei die Bestimmung der Qualität des Suchergebnisses. Die bei einer Suchanfrage gefundenen Dokumente müssen daraufhin untersucht werden, welche relevant bezüglich der Suchanfrage sind (Precision), und vor allem, ob es noch weitere relevante, aber nicht gefundene Dokumente in der Datenbasis gibt (Recall). Die Beantwortung der zweiten Frage setzt einen Überblick über die gesamte Datenbasis voraus und ist bei umfangreichen Datenbeständen sehr aufwendig. Blair und Maron [BLAIR UND MARON 1985] haben in einer detaillierten Studie diesen Aufwand betrieben und die Effizienz der Volltextsuche anhand von Fragestellung aus dem juristischen Bereich untersucht.

Ihr wichtigstes Ergebnis war, daß bei großen Datenbanken die Effizienz der Volltextsuche wesentlich geringer als erwartet (und gefordert) war. Die Ergebnisse anderer Studien, bei denen ein hoher Recall-Wert gemessen wurde, konnten sie damit erklären, daß es es sich dort um kleinere Datenbanken handelte: „These experiments

---

[15] Im Information Retrieval wird oft zwischen dem professionellen Informationsvermittler als dem eigentlichen Benutzer eines Informationssystems und den Endbenutzern als denjenigen, die ihr Informationsproblem lösen wollen, unterschieden.

show that full-text document retrieval has worked well only on unrealistically small databases" [BLAIR UND MARON 1985: S. 295]. Dieses Ergebnis verallgemeinerten sie dahingehend, daß Suchstrategien generell nicht einfach von kleinen auf größere Systeme bzw. Datenbasen übertragen werden können.

Den Grund für die schlechten Recall-Werte bei der Volltext-Suche sehen Blair und Maron im Reichtum und in der Flexibilität der menschlichen Schriftsprache. Dadurch ist es späteren Benutzern unmöglich, die exakten Worte und Sätze vorherzusagen, mit denen ein bestimmter Sachverhalt umschrieben wird. Die Schwierigkeiten der Volltextsuche hängen eng mit den Problemen der natürlichen Sprachverarbeitung zusammen, da auch hier eine semantische Interpretation erforderlich ist, die vom Computer nur in trivialen Fällen geleistet werden kann.

Die Ergebnisse der Blair- und Maron-Studie implizieren keine generelle Ablehnung der Volltextsuche, sondern ermöglichen eine bessere Einschätzung der Stärken, aber auch der Schwächen dieses Verfahrens. Blair und Maron verweisen zustimmend auf ein Retrieval System, das eine manuelle Indexierung mit der Volltextsuche kombiniert.

Zu einem ähnlichen Ergebnis kommt ein Autorenteam, das die Suche in einem Hypertextsystem mit der Suche in konventionellen Dokumenten verglichen hat. Als zentrales Problem beschreiben sie die Abhängigkeit von der Wortwahl des Autors. Nur dann, wenn die Suchenden die gleichen Worte wie der Autor benutzten, hatten sie Erfolg. Schon die Verwendung von Synonymen führten zu schlechteren Suchergebnissen im Vergleich zum konventionellen Text [EGAN ET AL. 1989: S. 53].

Im Lichte dieser Studien müssen auch die Ergebnisse der zur Zeit im WWW so weit verbreiteten Suchmaschinen relativiert werden. Im WWW haben wir 'auf Knopfdruck' eine riesige Menge von potentiell hilfreichen und problemlösenden Dokumenten verfügbar und viele WWW-Nutzer versuchen verzweifelt, an diese heranzukommen. Zur Zeit das wichtigste Werkzeug für eine Suche nach unbekannten Zielorten sind die Volltext-Suchmaschinen im WWW, daneben gibt es aber auch eine Reihe von Suchdiensten, die mit begrifflich strukturierten Erschließungskatalogen arbeiten ([BEKAVAC 1996], [STEINBERG 1996]).

Bei der Suche im WWW wird es vom Nutzer oft schon als Erfolg gesehen, wenn er überhaupt etwas findet, was auf seine Suchanfrage paßt. Eine systematische Untersuchung des Recalls - also all der Fundstellen, die vorhanden sind und die auch für das Problem relevant sind im Vergleich zu den gefundenen Objekten - ist angesichts des Umfanges des WWW nicht durchführbar.

So wird im WWW im Grunde auch nicht die Anforderung nach einem hohen Recall gestellt, und die Fundstellen werden eher als zusätzliche Zufallsfunde willkommen geheißen.

Es tritt aber auch eine Verengung der Suchmethode ein, die durchaus kritisch zu sehen ist. Die besten Suchergebnisse im WWW erzielt man mit eindeutigen Zeichenketten, wie z.B. Produktbezeichnungen. Demgegenüber sind abstrakte Konzepte schwer suchbar bzw. haben eine sehr geringe Precision. So produziert eine Suche nach Dokumenten zur 'Informationsgesellschaft' in der Suchmaschine Altavista 12470 Treffer[16] und ist damit für eine gezielte Suche wertlos. Die Gefahr bei dieser Entwicklung wird in der schönen Geschichte vom Betrunkenen[17] deutlich, der lieber unter einer Laterne sucht, als an dem Ort, wo er den Schlüssel verloren hat: Nur das, was leicht suchbar ist, wird auch gesucht und dann als suchenswert angesehen.

6.1.1 Information Retrieval

Es kann hier nicht darum gehen, die gesamte Entwicklung der Gebiete Dokumentation und Information Retrieval nachzuzeichnen. Allerdings müssen bei einer Arbeit aus dem Bereich der Angewandten Informatik, die sich mit Informationssystemen beschäftigt, die Methoden verwandter Disziplinen zur Kenntnis genommen, aufgearbeitet und kritisch auf den jeweiligen Bereich hin überprüft werden.

Das Information Retrieval hat sich aus dem bibliothekarischen Bereich und den Kommunikationsmedien der wissenschaftlichen Gesellschaften heraus entwickelt (vergl. [KUHLEN 1995: 272 ff.], [SEEGER 1991B: 22 ff.]). Traditionell hat das Bibliotheks- und Archivwesen die Aufgabe, das in der Gesellschaft vorhandene Wissen zu ordnen, zu verwalten und dieses Wissen an andere weiterzuleiten. Für Rayward sind Bibliotheken eine institutionalisierte Lösung für das Problem, einen breiten Zugriff auf schriftliches Material zu gewährleisten:

"Libraries may be regarded as a major institutionalized response to the problems of providing generalized access to the record of what is known. They are a complex organization of access mechanisms. A collection of books and other traditional library materials organized according to the conventions of librarianship by a specially trained and deployed staff for the use of a defined clientele - this is a typical way in which libraries provide access to a portion of the record of knowledge." [RAYWARD 1983: 360]

Diesem generellen Anspruch sind die Bibliotheken und die bibliothekarischen Standesorganisationen in ihrer Organisationsgeschichte nicht gerecht geworden, und sie haben sich stark auf den Teilbereich der Bücher und Zeitschriften konzentriert (vergl. [RAYWARD 1983]). Der generelle Anspruch, alle Arten von Dokumenten verfügbar zu machen, wurde von der Dokumentations-Bewegung vertreten, die von

---

[16] Abruf am 28.7.1997

[17] Diese Geschichte ist im Rahmen einer kritischen Würdigung der Informatik schon oft erzählt worden. Ihre allgemeine Anwendbarkeit in der Informatik sollte uns nachdenklich stimmen.

Paul Otlet zu Beginn des Jahrhunderts maßgeblich geprägt wurde. "His {Paul Otlets - WT} concern was not to limit bibliographical control to the cataloging books in local institutions, but to find a way of creating a universal index of all documents that constituted records of knowledge; books, yes, but also parts of books, journal articles, brochures industrial catalogs, patents, certain kinds of administrative records of governments, the archives of municipalities, photographs, post cards, newspapers." [RAYWARD 1983: S. 347]

Während in dieser Definition von Otlet noch ein breiter universalistischer Ansatz deutlich wird, ist das Selbstverständnis der heutigen Informations- und Dokumentationsspezialisten auf fachliche Fragestellungen eingeschränkt: „Informationsspezialisten ... sehen ihre Aufgabe darin, Informationen (im Sinne von Wissen, etwa im Gegensatz zu Meinung), welches in einer Vielzahl von unterschiedlichen Dokumenten enthalten ist, so aufzubereiten und zu vermitteln, daß es zielgerichtet an fachlich Tätige weitervermittlungsfähig ist." [SEEGER 1991B: S. 10]

Gründe für diese Einengung sind sicher der hohe Abstraktionsgrad der im Informations- und Dokumentationsbereich verwendeten Instrumente und die damit verbundenen qualifikatorischen Anforderungen an mögliche Nutzer und Nutzerinnen sowie gerade in der Bundesrepublik die staatliche Förderpolitik, die gezielt den Bereich der Fachinformation unterstützt hat.

„Um fachliches Wissen (d.h. Fakten, Erkenntnisse, Gedanken über Prozesse der Natur und Gesellschaft) an andere Personen weiterleiten zu können, sind spezielle Methoden, Verfahren, Instrumente und Regeln, sowie Techniken und Technologien notwendig, mit deren Hilfe die Aufgabe des 'Informierens' bewältigt werden kann." [SEEGER 1991A: S. 1]

Ausgangspunkt und zentrales Problem der Dokumentation ist die Bewältigung einer großen Menge von Informationen. Solange einzelne Personen noch alle relevanten Texte im Original überblicken können, ist keine gesonderte Dokumentation erforderlich. Erst durch eine nicht mehr zu überschauende Menge an Informationen ergibt sich die Notwendigkeit zur Entwicklung spezieller Erschließungsinstrumente.

So hat sich die Zahl der wissenschaftlichen Fachzeitschriften seit ihrem Entstehen im 17. Jahrhundert ungefähr alle 15 Jahre verdoppelt und überschritt bereits 1950 die Schwelle von 100 000 Fachzeitschriften im Bereich der Naturwissenschaft und Technik. Die Notwendigkeit zur Erschließung der veröffentlichten Artikel führte zur Entwicklung von Referate-Zeitschriften. Dies sind Zeitschriften, die nur Verweise und Kurzfassungen von anderen Zeitschriftenartikeln oder Veröffentlichungen enthalten. Sie stellen eine erste Indirektionsstufe dar, die angesichts der lawinenartigen Zunahme von Veröffentlichungen versucht, das veröffentlichte Wissen erschließbar zu machen. Das Aufkommen der Referate-Zeitschriften wird als der Beginn der klassischen Dokumentation gesehen [SEEGER 1991B: S. 30].

Auch die Zahl der Referate-Zeitschriften erreichte mit ca. 1500 Zeitschriften Anfang der 70er Jahre wieder unüberschaubare Ausmaße und erforderte neue Wege der Erschließung. Mit dem Aufkommen der rechnergestützten Information-Retrieval-Systeme in den 60er Jahren wurde eine neue Entwicklungsstufe erreicht. Die MED-LARS-Datenbank im medizinischen Bereich und die elektronische Version der Chemical Abstracts waren die ersten Retrieval-Systeme, die in Bereichen mit sehr großen Mengen an Veröffentlichungen eingerichtet wurden (vergl. [HENZLER 1992]). Inzwischen hat sich ein riesiger Informationsmarkt entwickelt, und man geht von ungefähr 10 000 Online-Datenbasen mit insgesamt 6 - 7 Milliarden Datensätzen aus, die Ende 1995 weltweit zur Verfügung standen [MANECKE UND SEEGER 1997: S. 53]. Angesichts dieser Zahlen wird die Befürchtung vor dem Versinken in einer Informationsflut verständlich und die Notwendigkeit für neue Erschließungsinstrumente deutlich.

6.1.2 Erschließung von Datenbasen

Der eigentliche Sinn und Zweck von Informationssystemen besteht darin, die gespeicherten Daten für einen bestimmten Zweck verfügbar zu machen. In dieser Allgemeinheit trifft das sowohl für klassische EDV-Systeme wie etwa Gehaltsabrechnung oder Lagerhaltung als auch für Informationssysteme im engeren Sinn zu.

Bei den klassischen EDV-Systemen ist der Zweck meist weitgehend bestimmt und wird im Zuge der Analyse und Systementwicklung immer feiner operationalisiert, bis er sich in bestimmten Listen, Masken usw. niederschlägt. Diese operativen Systeme sind nach meiner im dritten Kapitel getroffenen Unterscheidung keine Informationssysteme im engeren Sinne, sondern Werkzeuge oder auch Maschinen, die einer viel festgelegteren Logik gehorchen als Informationssysteme.

Aber auch hier wird angesichts eines immer dynamischeren Umfeldes zunehmend ein flexibler Entwurf gefordert, der auch neue, zur Systementstehungszeit noch unbekannte Verwendungen bereits unterstützen soll. Mit dem Ansatz des 'Data Warehousing' [SCHREIER 1996] wird versucht, die operativen Systeme als Datenlieferanten für entscheidungsunterstützende Informationssysteme zu nutzen und diese mit dem 'Data Mining' [SCHEER 1996] nach problemrelevanten Zusammenhängen zu untersuchen.

Bei den Information-Retrieval-Systemen im engeren Sinn ist der spätere Verwendungszusammenhang der gespeicherten Daten noch unklarer. Die Erschließbarkeit der gespeicherten Daten für immer wieder neue Anfragen wird zum wichtigen Qualitätsmerkmal.

Bei der Erschließung geht es um die Aufbereitung einer Menge von Objekten durch eine erschließende Person (Dokumentar) mit dem Ziel, daß spätere Nutzer einige dieser Objekte zur Lösung ihrer Probleme verwenden können. Das folgende Modell soll verdeutlichen, daß ein erfolgreiches Information Retrieval letztlich ein Verständigungsprozeß zwischen Nutzern und Dokumentaren bzw. Redaktionen ist.

Abbildung 37: Information Retrieval als Verständigung

Beide, sowohl Dokumentar als auch Nutzer, müssen eine gemeinsame Vorstellung vom Problemlösungsprozeß besitzen und einen gemeinsamen gedanklichen Kontext des Objektbereiches teilen. Bei der Fachinformation ist dies die Fachsystematik und die Begrifflichkeit, wie sie in Lehrbüchern und Nachschlagewerken oft über Jahrzehnte entwickelt wird. Dieser Kontext ist durch ein begriffliches Wissen geprägt, das vor allem durch hierarchische Relationen geprägt ist. Begriffe werden dabei Merkmale repräsentiert, die in einem Netzwerk durch Relationen unterschiedlicher Stärke miteinander verbunden sind [HOFFMANN 1986].

Bei der erfolgreichen Suche kommt es zu einer „Horizontverschmelzung" [CAPURRO 1986: S. 145] zwischen dem in den Erschließungsinstrumenten verobjektivierten Vorverständnis der Dokumentare und dem Vorverständnis des Suchenden. Eine erfolglose Suche kann dann am Fehlen der gewünschten Informationen oder auch am Scheitern der Horizontverschmelzung liegen. Bei der Fachinformation sind durch die fachspezifische Sozialisation und die fachspezifische Konstruktion fachlicher Bedeutungsinhalte gute Voraussetzungen für ein Gelingen dieses Verschmelzungsprozesses gegeben.

Bei Stadtinformationen ist hingegen dieser Kontext, sind Sprache und Interessen der Nutzerinnen und Nutzer weniger klar und insgesamt vielfältiger. Ob auch in einem alltagsbezogenen Kontext die hierarchischen Begriffe bei den Benutzern für ihre Problemlösung herangezogen werden, ist eine offene Frage, die weiter zu untersuchen ist. Zu vermuten ist, daß auf jeden Fall die Dominanz von Begriffshierarchien nicht gegeben ist. Assoziative Beziehungen, wie sie vor allem in Hypertexte unterstützt werden, spielen sicher eine wichtige Rolle. Eine zusätzliche alltagsbezogene Problemlösungsstrategie könnte die Identifikation mit Rollen bzw. Rollenträgern darstellen, die einem Vorschlag von Laurel zugrundeliegt [LAUREL 1990A].

Die bisher für die Erschließung und Suche in großen Datenbeständen entwickelten Verfahren beruhen auf der begrifflichen Erschließung, so daß ich zunächst darauf eingehe.

6.1.3 Klassifikation und Thesaurus

Wie bereits im dritten Kapitel im Zusammenhang mit der Unterscheidung von Wissen und Informationen kurz angesprochen, sind Klassifikationsysteme und Thesauri zentrale Instrumente der dokumentarischen und bibliographischen Arbeit (vergl. [MANECKE 1997], [BURKART 1997]). Beides sind Dokumentationssprachen, die dazu dienen, Dokumente oder auch andere Objekte so zu erschließen, daß sie in einem anderen Kontext wiedergefunden werden können. Dieser andere Kontext umfaßt in der Regel mehrere Personen, kann aber auch z.b. durch den Zeitablauf bei ein- und derselben Person gegeben sein. Grundsätzlich geht es bei beiden Verfahren darum, das Wissen eines bestimmten Bereiches durch begriffliche Repräsentationen in ein Ordnungsschema einzuordnen, um es später gezielt wiederfinden zu können.

Bei beiden Verfahren werden Ordnungsschemata aufgebaut, denen dann zu suchende Objekte zugeordnet werden. Die Ordnungsschemata sind vor allem begrifflicher Art, können aber auch regionale oder zeitliche Dimensionen umfassen. Die zu suchenden Objekte können dann Bücher oder andere Dokumente, aber auch beliebige andere Sachverhalte der realen Welt wie Veranstaltungen oder Einrichtungen sein.

Manecke unterscheidet in Bezug auf die Klassifikation zwischen dem Prozeß der Klassifikationserarbeitung, dem Klassifikationssystem als Ergebnis der Klassenbildung und dem Klassieren, also dem Zuordnen von Objekten zu den Klassen einer Klassifikation [MANECKE 1997: S. 141]. Die Unterscheidung dieser drei Punkte gilt gleichermaßen für Thesauri und muß auch bei der Pflege von Informationssystemen beachtet werden.

Klassifikation

Ein Klassifikationssystem faßt gleichartige Objekte bzw. Sachverhalte in einer Klasse zusammen, wobei mindestens ein Merkmal für alle Objekte der Klasse gleich ist. Es ist das Ergebnis eines schrittweisen Strukturierungsprozesses, bei dem jeder Klasse in dem System ein bestimmter Platz zugeteilt wird. Klassifikationssysteme erfüllen eine Ordnungsfunktion, die Gleiches zu Gleichem zuordnet und diese wiederum in Bezug zu über- bzw. untergeordneten Begriffen setzt. Je nach Klassifikationsschema gibt es unterschiedliche Eigenschaften, wie etwa Monohierarchie (ein Objekt gehört zu genau einem übergeordneten Objekt) und Polyhierarchie oder mehrfache Dimensionalitäten.

Als ein Beispiel für ein Klassifikationssystem soll hier die Internationale Dezimalklassifikation (DK) beschrieben werden, wobei ich den Darstellungen von Burkart und Manecke folge ([BURKART 1991], [MANECKE 1997]).

Es gibt zehn Hauptabteilungen:

0	Allgemeines
1	Philosophie
2	Religion, Theologie
3	Sozialwissenschaft, Recht, Verwaltung
4	nicht belegt
5	Mathematik, Naturwissenschaften
6	Angewandte Wissenschaften, Medizin, Technik
7	Kunst, Kunstgewerbe, Photographie, Musik, Spiel, Sport
8	Sprachwissenschaft, Philologie, Schöne Literatur, Literaturwissenschaft
9	Heimatkunde, Geographie, Biographien, Geschichte

Diese Klassen werden nun sehr weitgehend weiterhin unterteilt, um eine sinnvolle Zuordnung zu ermöglichen. Als Beispiel für die Gliederungstiefe führt Burkhart die Einordnung langfristig verzinslicher Schuldbriefe an:

3	Sozialwissenschaften, Recht, Verwaltung
33	Volkswirtschaft
336	Finanzen, Bank- und Geldwesen
336.7	Geldwesen, Bankwesen, Börsenwesen
336.76	Börsenwesen, Geldmarkt, Kapitalmarkt
336.763	Wertpapiere, Effekten
336.763.3	Obligationen, Schuldverschreibungen
336.763.31	Allgemeines
336.763.311	Verzinsliche Schuldbriefe
336.763.311.1	Langfristig verzinsliche Schuldbriefe

Insgesamt gibt es ca. 130 000 verschiedene Klassen, wovon sich die meisten (ca. 73 000) in der Abteilung 6 befinden.

Neben den Hauptzahlen gibt es Anhängezahlen, die allgemeine Begriffe wie etwa Sprache, Ort oder Zeit bezeichnen und so die Berücksichtigung unterschiedlicher Dimensionen ermöglichen. So bezeichnet etwa 622.33(493) den Kohlebergbau in Belgien, wobei 493 für Belgien steht und die Klammer () das Symbol für eine örtliche Anhängezahl ist.

Als Vorteile der Klassifikation werden die Universalität, die Erweiterungsfähigkeit und durch die Ziffernnotation die internationale Verständlichkeit gesehen. Die Aufteilung der Hauptgruppen wird aus heutiger Sicht als Nachteil gesehen, da sie eher der Sichtweise des 19. Jahrhunderts verpflichtet ist und die heute stark expandierenden technisch-naturwissenschaftlichen Bereiche in den beiden Abteilungen 5 und 6 konzentriert.

Bei der Klassifikation wird zunächst nur die hierarchische, und bei den frühen Klassifikationsschemata nur die monohierarchische Zuordnung von Begriffen unterstützt. Durch das System der Anhängezahlen können auch andere Beziehungsarten, wie die geographische Zuordnung, unterstützt werden. Dies ist aber eher eine nachträgliche Erweiterung des ursprünglich hierarchischen Systems und trägt nicht zur Übersichtlichkeit bei.

Mit der Facettenklassifikation wird versucht, die Beschränkungen der reinen Klassifikation aufzuheben. Dabei werden innerhalb eines Fachgebietes die Begriffe in sich gegenseitig ausschließende Gruppen, die sog. Facetten, aufgeteilt, die unabhängig voneinander recherchiert werden können. „Das Wesen der Facettenanalyse besteht im Anordnen von Bezeichnungen innerhalb eines gegebenen Wissensbereiches in homogene, sich gegenseitig ausschließende Facetten, wobei jede durch ein einziges Einteilungsmerkmal aus dem ursprünglichen Gesamtbereich abgeleitet ist." [VICKERY 1969: S. 16] Vorteile sieht Vickery in der flexiblen Verknüpfung von Facetten, die „miteinander in voller Freiheit kombiniert werden können, so daß jede Art von Beziehung zwischen Bezeichnungen und Sachverhalten ausgedrückt werden kann" und die „Verflechtung des Wissens" [VICKERY 1969: S. 17] besser dargestellt werden kann.

Klassifikationen sind präkoordinierte bzw. präkombinierte Systeme [KNORZ 1997]. Die zu klassifizierenden Objekte werden einem zusammengesetzten Eintrag aus der Klassifikation zugeordnet (z.B. den langfristig verzinslichen Schuldbriefen - 336.763.311.1) und die Erschließung kann durch die Navigation im Klassifikationsbaum erfolgen. Problematisch ist allerdings die Starrheit der Zuordnungen, da eine exakte Zuordnung zum Zeitpunkt der Erfassung erforderlich ist.

Demgegenüber erfolgt bei der Postkoordination zum Zeitpunkt der Indexierung nur eine Zuordnung einfacher, voneinander unabhängiger Indexbegriffe, die als eine Menge von Indexbegriffen das Objekt repräsentieren. Erst bei der Suche (daher 'post'-Koordination) erfolgt ein Vergleich der für die Suche eingegebenen Begriffe mit den den Objekten zugeordneten Indexbegriffen.

Bei der einfachen Postkoordination, dem sog. Coordinate indexing, werden die Indexbegriffe gleichberechtigt (im mathematischen Sinn als Menge) behandelt, während bei der strukturierten Indexierung die Reihenfolge (oder auch andere Relationen) der Indexbegriffe signifikant ist.

Thesaurus

Ein Thesaurus dient, genau wie die Klassifikation, der Ordnung von Begriffen. Er wird in der DIN-Norm 1463 folgendermaßen definiert:

130

„Ein Thesaurus im Bereich der Information und Dokumentation ist eine geordnete Zusammenstellung von Begriffen und ihren (vorwiegend natürlichsprachigen) Bezeichnungen, die in einem Dokumentationsgebiet zum Indexieren, Speichern und Wiederauffinden dient. Er ist durch folgende Merkmale gekennzeichnet:

a) Begriffe und Bezeichnungen werden eindeutig aufeinander bezogen ('terminologische Kontrolle'), indem

- Synonyme[18] möglichst vollständig erfaßt werden,

- Homonyme und Polyseme besonders gekennzeichnet werden

- für jeden Begriff eine Bezeichnung (Vorzugsbenennung, Begriffsnummer oder Notation) festgelegt wird, die den Begriff eindeutig vertritt,

b) Beziehungen zwischen den Begriffen (repräsentiert durch ihre Bezeichnungen) werden dargestellt." [DIN 1463 zitiert nach BURKART 1997: S. 160]

Burkart fügt noch als dritten Punkt hinzu:

„c) Der Thesaurus ist präskriptiv, indem er für seinen Geltungsbereich festlegt, welche begrifflichen Einheiten zur Verfügung gestellt werden und durch welche Beziehungen diese repräsentiert werden." [BURKART 1997: S. 160]

Grundprinzip der Thesaurusentwicklung ist die Darstellung begrifflicher Strukturen durch die Darstellung von Beziehungen zwischen Bezeichnungen natürlicher Sprachen [WERSIG 1985]. Bei einem Thesaurus wird strikt unterschieden zwischen den Bezeichnungen (den Worten) der natürlichen Sprache und den zugrundeliegenden Begriffen, die dann für die Speicherung und das Retrieval genutzt werden. So ist vor allem die Synonymverwaltung in einem Thesaurus zentral, da hiermit die Vielfältigkeit der natürlichen Sprache auf besonders ausgezeichnete Vorzugsbezeichnungen oder Deskriptoren abgebildet wird.

In einem Thesaurus sind reichhaltigere Relationen als nur die Hierarchie zwischen den Begriffen zugelassen. Zu den grundlegenden Thesaurus-Relationen gehören vor allem die Verwaltung von Synonymen und die Möglichkeit zur Darstellung assoziativer Beziehungen. Darüber hinaus werden im Rahmen der Information und Dokumentation recht spezielle Relationen diskutiert, wie etwa die räumliche Nebenordnung, die Kausalbeziehung oder die Nachfolgebeziehung [SCHÖNFELDT 1994]. Je differenzierter man die Beziehungen faßt, desto schwieriger wird die korrekte Zuordnung, und man muß ähnliche Probleme lösen, wie sie von der künstlichen Intelligenzforschung für allgemeine Wissensbereiche auch noch nicht gelöst wurden.

---

[18] Synonyme sind unterschiedliche Worte, die das gleiche bedeuten; Homonyme und Polyseme sind gleichlautende Worte mit unterschiedlicher Bedeutung

Wersig grenzt Thesauri von einfachen Stich- und Schlagwortsystemen ab, die in der Regel über keine systematische Vokabularkontrolle und keine Begriffsbeziehungen verfügen [WERSIG 1985: S. 33]. Umgekehrt ist bei Vorliegen dieser Voraussetzungen der Übergang von Stich- und Schlagwortsystemen zu Thesauri fließend. Damit wird die zentrale Rolle der systematischen Vokabularkontrolle und der Begriffsbeziehungen als entscheidende Qualitätskriterien für die Erschließung deutlich.

Mit einem Thesaurus können nicht nur Begriffe und ihre Beziehungen verwaltet werden. Fischer stellt einen 'komplexen Regionalthesaurus' vor, der neben Begriffen vor allem topographische und biographische Daten verwaltet [FISCHER 1988] und der damit die Raum- und Zeitdimension berücksichtigt. Dieser Thesaurus wurde in Berlin entwickelt und ermöglicht raumbezogene Abfragen (z.B. Adressen von Institutionen und auch invertiert alle Institutionen zu einer Adresse) sowie biografische Angaben (z.B. Bert Brecht in Bezug zu seinen Werken, Wohnorten und Wirkungsstätten in Berlin). Durch die explizite Berücksichtigung der Zeit können interessante Abfragen wie z.B. nach der historischen Entwicklung von Gebäuden durchgeführt werden. Diese Ansätze zur Berücksichtigung von zeitlichen und topographischen Abfragen müssen im Zusammenhang mit Stadtinformationssystemen noch weiter ausgebaut werden.

Auch wenn im Bereich der Information und Dokumentation lange Zeit ein erbitterter Streit zwischen den Vertretern des Klassifikations- und Thesaurusprinzips herrschte, sind die Ähnlichkeiten der beiden Verfahren doch deutlich. Man kann das Thesaurus-Prinzip als Verallgemeinerung des Klassifikationsprinzips sehen. Ein Thesaurus, der ausschließlich die hierarchische Über- bzw. Unterordnung enthält, läßt sich auf eine traditionelle Klassifikation abbilden. Der Unterschied besteht in der fehlenden internationalen Normierung für die dann entstehenden Notationen. Diese könnten aber durchaus auch auf der Basis von Thesauri erfolgen.

Die strukturelle Ähnlichkeit von Thesaurus und Klassifikation bildet auch die Grundlage für die Integration der beiden Verfahren. Manecke sieht als Trend in der Klassifikationsentwicklung die Verbindung von Klassifikationsprinzipien mit Thesauruselementen und damit die Entwicklung einer Dokumentationssprache, die an der Oberfläche sowohl als Thesaurus wie auch als Klassifikation erscheinen kann [MANECKE 1997: S. 158]. Ganz ähnlich bezeichnet Capurro Fachklassifikation und Thesaurus als komplementäre Verfahren [CAPURRO 1986: S. 153].

Neben seiner Funktion als Indexierungs- und Retrievalsprache hat ein Thesaurus eine Orientierungsfunktion. Er soll „die Beziehungen zwischen den dem Thesaurus zugrundeliegenden begrifflichen Einheiten derart aufzeigen, daß einerseits ein Überblick über die impliziten begrifflichen Strukturen gewonnen werden kann, andererseits das schnelle Auffinden einer beliebig allgemeinen oder spezifischen begrifflichen Einheit gewährleistet ist." [WERSIG 1985: S. 29]

Durch die explizite Darstellung der Zusammenhänge zwischen den Begriffen können die Benutzer eines Thesaurus nicht nur nach Einzelphänomenen suchen, sondern können Klassen von Objekten in ihre Suche einbeziehen und damit Beschränkungen der Volltextsuche, die an die Wortwahl konkreter Beschreibungen gebunden ist, überwinden. Wenn darüber hinaus Thesauri nicht nur in gedruckter Form vorliegen, sondern in einem Informationssystem für navigierende Zugriffe verfügbar sind [JANSEN 1993], dann können sie als ein Instrument zur Erforschung neuer Räume dienen.

Größtes Problem der Thesaurusentwicklung - und allgemeiner gefaßt der Entwicklung moderner flexibler Dokumentationssprachen - ist der mit dem Aufbau und der Pflege verbundene Aufwand [BURKART 1988]. Die Begriffe und ihre Beziehungen zueinander verändern sich ständig und müssen kontinuierlich gepflegt werden. Hier ist zwar in den letzten Jahren mit der Verfügbarkeit von PC-basierten Programmen eine deutliche Arbeitserleichterung eingetreten ([RASCH 1992], [NOHR 1993], [SCHÖNFELDT 1995]), aber der Arbeitsaufwand bei der inhaltlichen Erstellung von Thesauri ist nach wie vor sehr groß.

Dieser auf der Oberfläche als Aufwandsproblem wahrgenommenen Schwierigkeit liegen grundsätzliche Probleme bei der Systematisierung und Formalisierung von begrifflichem Wissen zugrunde. In dem Moment, in dem man ganz allgemein versucht, das 'Wissen der Welt' zu erfassen und in strukturierten Begriffszusammenhängen zu systematisieren, wächst der Aufwand ins Unermeßliche und angesichts der Weiterentwicklung des Wissens und der kommunikativen Neuschöpfung von Begriffsinhalten und -zusammenhängen ist die Aufgabe der Pflege allgemeiner Thesauri nicht zu bewältigen. Burkart spricht von den „Gigantomaniegefahren" und den „geheimen Allmachts- und Weltgestaltungswünschen" [BURKART 1988: S. 208] mancher Thesaurusvertreter - eine Charakterisierung, die auch manchen Vertretern der Künstlichen Intelligenz zugeschrieben wird.

Wenn man den Anwendungsbereich eines Thesaurus beschränkt und vor allem den Thesaurus nicht als alleiniges Erschließungsinstrument betrachtet, sondern als eines unter vielen, so werden die Anforderungen an die Reichweite und die Komplexität und damit der Aufwand reduziert.

Thesauri können bei der interaktiven Nutzung eine wichtige Rolle zur Orientierung der Benutzer in unbekannten Wissensstrukturen spielen. Mit ihrem Ansatz zur expliziten Darstellung von Begriffen und ihren Beziehungen haben sie auch eine große Nähe zu Ansätzen der künstlichen Intelligenz, die stark auf automatische Ableitungen dieser Zusammenhänge setzen.

6.1.4 Expertensysteme und Semantische Netze
Gerade angesichts der fast unüberschaubaren Informationsangebote besteht bei vielen Informationsspezialisten die Hoffnung, über automatisierte Verfahren früher oder

später leistungsfähige Werkzeuge zur Erleichterung von Suchprozessen zu erhalten. Eine zentrale Rolle sollen hier Expertensysteme mit ihren Wissenbasen spielen.

Reimer sieht in den semantischen Netzen einen geeigneten Repräsentationsformalismus zur thematischen Beschreibung von Dokumenten [REIMER 1997]. Semantische Netze wurden 1968 zur Modellierung von Gedächtnisleistungen von Quillian entwickelt (vergl. [STRUBE UND SCHLIEDER 1996]). Die Grundidee ist, semantische Objekte nicht einzeln, sondern in größeren strukturellen Zusammenhängen als gerichtete Graphen zu repräsentieren. Ein semantisches Netz besteht aus Knoten, die Begriffe oder Begriffsausprägungen repräsentieren und Kanten zwischen den Knoten, die semantische Beziehungen zwischen ihnen darstellen. Dabei wurden im ursprünglichen Modell vor allem die grundlegenden Beziehungen 'IS-A' und 'HAS-PROP' verwendet. Dabei steht die 'IS-A'-Beziehung für die hierarchische Zuordnung von Ober- und Unter-Konzepten und die 'HAS-PROP'-Beziehung für die Zuordnung von Eigenschaften.

Auf der Grundlage der semantischen Netze entstanden im Bereich der KI weitverbreitete Sprache wie KL-ONE, das allerdings mit dem Frame-Konzept eine komplexere Form der Wissensrepräsentation unterstützt ([STRUBE U.A. 1995], [REIMER 1997]).

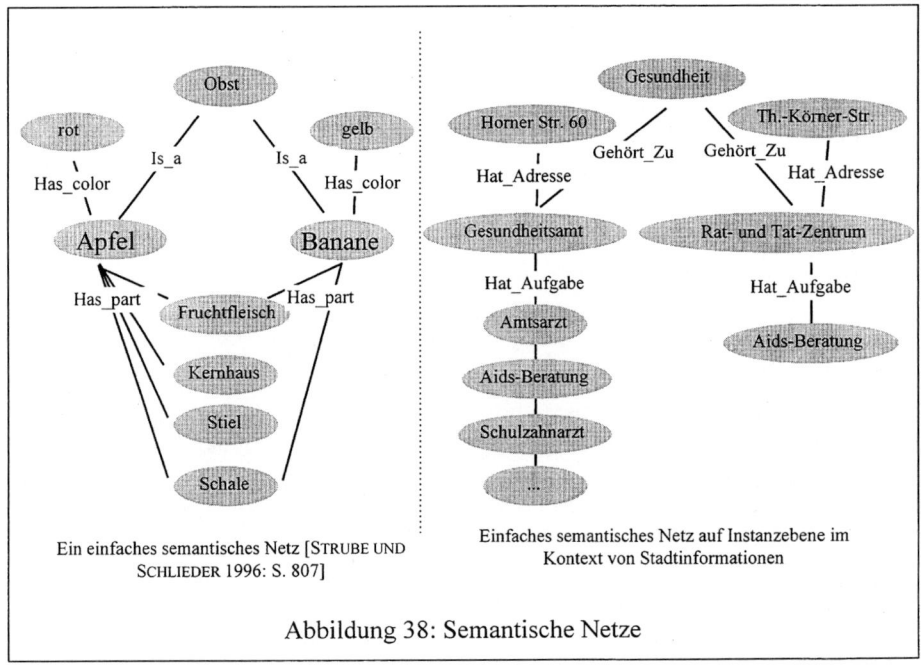

Ein einfaches semantisches Netz [STRUBE UND SCHLIEDER 1996: S. 807]

Einfaches semantisches Netz auf Instanzebene im Kontext von Stadtinformationen

Abbildung 38: Semantische Netze

Die Ähnlichkeit der semantischen Netze mit der Strukturierung von Begriffsbeziehungen, wie sie in den Thesauri erfolgt, ist offensichtlich. Der große Unterschied besteht in der fehlenden exakten Festlegung der Semantik und damit auch der fehlenden Ableitungskomponenten, so daß die Beziehungen in den Thesauri zunächst nur statisch sind und von den Benutzern jeweils interpretiert werden müssen.

Spezialisten des Information Retrieval wie Norbert Fuhr sind eher skeptisch, was die Einsatzmöglichkeiten von Expertensystemen angeht, da diese eine detaillierte Wissensrepräsentation für ein spezielles Aufgabengebiet erfordern [FUHR 1991A: S. 1175]. Ob der Aufbau und die Pflege dieser Wissensrepräsentation über geeignete Verfahren des 'knowledge engineering' befriedigend zu lösen ist, bleibt abzuwarten. Wersig zumindest weist im Zusammenhang mit dem Aufbau von Wissenbasen auf die Problematik der Reduktion von 'Wissen' auf eine „kalkülisierte und trivialisierte Form von Hintergrundsystemen" [WERSIG 1991A: S. 1153] hin.

In den Diskussionen um den Einsatz von Stadtinformationssystemen wurde allerdings von vielen potentiellen Informationsanbietern die Erwartung geäußert, daß ein solches System automatisch die eigentlichen Informationswünsche des Benutzers erkennen soll ('do what I mean, not what I say') und die Benutzer differenziert bis hin zu den relevanten Formularen führen soll. Leider waren diese Informationsanbieter dann oft nicht in der Lage, auch nur verständliche verbale Beschreibungen ihrer Organisationen zu liefern. Die Schwierigkeiten bei der systematischen - ganz zu schweigen von einer formalen - Aufbereitung von praktischem Wissen konnten von ihnen nicht gesehen werden. Damit teilen sie aber nur die Fehleinschätzungen, die auch prominenten Vertretern der künstlichen Intelligenz nach ihren ersten Erfolgen unterlaufen sind (vergl. [DREYFUS 1985]).

Im Gegensatz zu den automatischen Ableitungsverfahren halte ich die Unterstützung des interaktiven und damit vor allem aktiven Such- und Navigationsverhaltens durch Benutzer für erfolgversprechender. Auch bei diesem navigationsorientierten Ansatz müssen allerdings die in der realen Welt und vor allem in der Alltagspraxis vorhandenen Beziehungen systematisch erfaßt und in Datenstrukturen auf dem Computer repräsentiert werden.

Semantische Netze haben auch zum Konzept der Hypertexte eine Ähnlichkeit und Conklin spricht von der Hypertexterstellung als einer Art „informellen knowledge engineering" [CONKLIN 1987: S. 33]. Die Interpretation der verwendeten Beziehungen ist aber unterschiedlich: Während im Bereich der künstlichen Intelligenz die Beziehungen formal definiert und interpretiert werden, werden bei Hypertexten die Beziehungen als ein vorwiegend für den Benutzer bedeutungsvolles Netz von Ideen interpretiert.

6.1.5 Explorative Suche im Information Retrieval

Noch vor der Hypertext-Euphorie der 80er Jahre hat Bates im Rahmen des Information Retrieval zur Verbesserung der Suchprozesse ein neues Paradigma eingefordert, das „explorative Paradigma" der Informationssuche [BATES 1986A][19]. Sie beschreibt die bis dahin (und auch heute noch) vorherrschenden Retrieval-Systeme, in denen die Suchende im vorherein ihre Suche spezifizieren müssen und das System darauf ausgelegt ist, exakt und ausschließlich des Spezifizierte zu suchen.

Beim Matching-Paradigma gibt der Benutzer eine Beschreibung der gewünschten Information ein, und das System vergleicht die gespeicherten Informationen mit der Beschreibung und gibt die passenden Dokumenten ('match') zurück (siehe Abbildung 39) [BATES 1986A: S. 91].

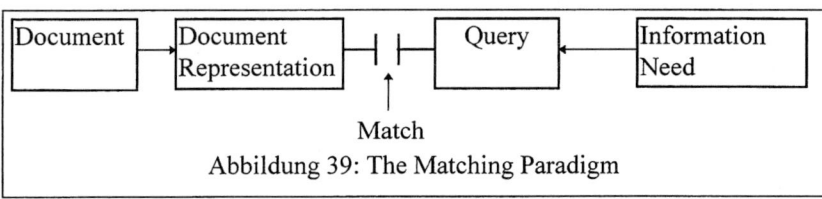

Match

Abbildung 39: The Matching Paradigm

Bates spricht in diesem Zusammenhang vom Idealbild der „perfekten 30 Treffer Suche" [BATES 1984], das sie als verkürztes Idealbild des Information Retrieval kritisiert.

Dies ist die klassische Form die Suche, die auch den heutigen Information Retrieval Systemen zugrunde liegt. Die Dokument-Repräsentation besteht dabei normalerweise aus den weiter oben beschriebenen Index-Begriffen oder Deskriptoren, es kann sich aber auch um eine Volltextsuche handeln. Sowohl bei der einfachen Form der Volltextsuche, bei der direkt Zeichenketten verglichen werden, als auch bei fortgeschrittenen Formen, bei denen zusätzliche Faktoren ausgewertet werden, wird jeweils eine Suchbeschreibung mit einer Dokumentrepräsentation verglichen.

Man kann diese Form der Suche auch als deklarative Suche bezeichnen, da hier der Benutzer sein Suchziel im voraus beschreiben muß und anschließend das System einer Reihe möglicherweise äußerst komplexer Suchoperationen durchführt.

Das Problem hierbei besteht darin, daß der Benutzer normalerweise gar nicht weiß, was er genau sucht. In der Informationswissenschaft wird hierfür der Begriff

---

[19] Bates mußte sich 1986 noch gegen eine Abwertung des Browsing als Stiefkind des Information Retrieval (Browsen = Magazine im Bahnhof durchblättern) wehren.

'Anomalous state of knowledge'[20] [BELKIN, ODDY UND BROOKS 1982] verwendet: dem Benutzer fehlt ja gerade das, was er sucht, deshalb kann er es auch nicht exakt beschreiben, sondern kann immer nur eine *Um*schreibung angeben für das Gesuchte. Für eine Suche nach dem Matching-Paradigma muß der Benutzer die Struktur des Informationsraumes bereits gut kennen. Da das in der Regel nicht der Fall ist, benötigt er die Hilfe eines Vermittlers. Das grundlegende Wissen dieses Vermittlers besteht in der Kenntnis der Struktur des Informationsraumes, auf deren Hintergrund er die verbale Problembeschreibung des Benutzers in eine Suchanfrage transformiert. Mit anderen Worten, es ist nicht so sehr das syntaktische Wissen der Abfragesprachen, sondern das strukturelle Wissen, das den Informationsvermittler auszeichnet.

Bates fordert zur Unterstützung der erforschenden Suche einen ergänzenden Thesaurus, der nicht nur auf die Bedürfnisse der Indexierer zugeschnitten ist, sondern auf die der Benutzer. Zentrales Element eines solchen Endbenutzer-Thesaurus ist nach Bates die Verfügbarkeit eines großen Eingangsvokabulars, das auch umgangssprachliche Worte enthält, die dann mit Hilfe der Synonym-Beziehungen auf die Deskriptoren abgebildet werden. Dieser Ansatz wurde zunächst in der Informationswissenschaft kritisch gesehen, da damit der alltägliche Sprachgebrauch aufgewertet wurde. Inzwischen ist er weitgehend akzeptiert [LOPEZ-HUERTAS 1997].

Um die Unzulänglichkeiten der Suche nach dem Matching-Paradigma zu beseitigen, fordert Bates die systemseitige Unterstützung auch des erforschenden Suchverhaltens. Allerdings faßt sie die erforschende Suche als eine völlig zufällige und unvorhersagbare Aktivität: „It is difficult to diagram exploratory information retrieval because the behavior *should* be random and unpredictable." [BATES 1986A: S. 94] Ich gehe dagegen davon aus, daß auch die erforschende Suche bestimmten Mustern folgt, die durch Beobachtung und eine Beteiligung der Benutzer an der Gestaltung der Systeme identifiziert und dann auch technisch unterstützt werden können.

Bei der deklarativen Suche nach dem Matching-Paradigma wird quasi der Zwischen-Raum zwischen dem Ausgangs- und Endpunkt eliminiert. Mit der Beschreibung des Ziels wird die Überbrückung des Raumes dem System übertragen und der Benutzer sieht nur den Zielbereich. Dabei kann die am meisten eingeschränkte Rückmeldung in der Erfolgs-/Mißerfolgsmeldung bestehen ('Buch vorhanden'), in der Regel wird aber die Umgebung des Zielortes etwas ausführlicher dargestellt, damit der Benutzer sich besser orientieren kann.

---

[20] Eine Übersetzung ist nicht einfach, da 'anomal' im Deutschen eine stark negative Konnotation hat. Die Autoren verwenden teilweise auch den Begriff 'inadequate', so daß unzureichender oder unvollständiger Wissensstand eine Umschreibung wäre. In der Literatur ist die Bezeichnung ASK (anomalous state of knowledge) üblich.

Dieses Verschwinden des Zwischen-Raumes ist in manchen Fällen angemessen. Aber in vielen Fällen - vor allem bei gelegentlichen Nutzern - ist das Bewegen durch den Informationsraum wichtig für seine Orientierung, da er nur so die Relevanz des Ergebnisses abschätzen kann. Bei der erforschenden Suche kann der Benutzer in einem interaktiven und iterativen Prozeß sowohl seinen unvollständigen Wissensstand klären als auch durch die Erforschung der Struktur des Systems ein Modell des Informationssystems entwickeln. Im Idealfall besteht eine erfolgreiche Suche in der Annäherung und gegenseitigen Klärung der beiden Modelle.

Die erforschende Suche mit ihrer iterativen Herangehensweise kann als Navigationsvorgang in einem Informationssystem angesehen werden. Die Navigation ist das zentrale Element der Hypertextsysteme, auf die ich im folgenden eingehe.

6.2 Hypertext-Browsing

6.2.1 Hypertext/Hypermedia

Mitte der 80er Jahre wurde mit Hypertext/Hypermedia ein neuer Ansatz zur flexiblen Darstellung und Verwaltung von Informationen entwickelt, der schnell auf ein breites Interesse der Fachwelt stieß. Zentrale Idee dabei ist das Aufbrechen des linearen Textes hin zu einer Ansammlung Informationsknoten, die durch flexible Verweise miteinander verknüpft sind. Auf diese Weise soll die Informationsvermittlung eher dem menschlichen Denken angepaßt sein und so die Informationsaufnahme durch den Menschen besser unterstützten. Dieses Konzept hat teilweise ein geradezu enthusiastisches Echo gefunden, so daß Norman Meyrowitz - einer der führenden Entwickler in diesem Gebiet - etwas ironisch fragte: „Hypertext - Does It Reduce Cholesterol, Too?" [MEYROWITZ 1989A]. Heute ist das Hypertext/Hypermedia-Konzept zum Standard für die Entwicklung multimedialer Anwendungen geworden und soll im Zusammenhang dieser Arbeit vor allem unter dem Gesichtspunkt der Informationserschließung untersucht werden.

Conklin definiert in einem der ersten Überblicksartikel das Konzept von Hypertext folgendermaßen: „Windows on the screen are associated with objects in a database, and links are provided between these objects, both graphically (as labelled tokens) and in the database (as pointers)." [CONKLIN 1987: S. 17] Bei dieser Definition wird nicht zwischen Text und anderen Medien unterschieden, so daß sie sowohl für Hypertext als auch für Hypermedia zutrifft. Im Vordergrund der Betrachtung stehen die Objekte und ihre Beziehungen, die Art der Repräsentation der Objekte ist nicht entscheidend. Der ursprüngliche Begriff Hypertext stammt aus der Zeit, als Informationen mit Hilfe von Computern fast ausschließlich als Text dargestellt werden konnten und diese Einschränkung die Begrifflichkeit geprägt hat. Hypermedia umfaßt sowohl textuelle als auch multimediale Darstellungen und ist deshalb als Oberbegriff zu sehen. Im weiteren Verlauf der Arbeit unterscheide ich nicht zwischen Hypertext und Hypermedia[21] und verwende auch die Zitate anderer Autoren in diesem Sinn.

Das Neue an Hypertext besteht nicht nur in der Knoten- und Kanten-Darstellung, sondern in einer insgesamt neuen Sichtweise auf die Speicherung und den Abruf von Informationen. Für Conklin sind drei Charakteristika von Hypertext zentral [CONKLIN 1987: S. 33]:

- eine neue Art von Datenbank-Zugriffsmethode,

- ein Repräsentationsschema in der Art eines semantischen Netzes,

- eine neue Art von Benutzungsschnittstelle, die im Inhalt eingebettete Befehls-schaltflächen (link icons) unterstützt.

Die Besonderheit von Hypertext besteht darin, daß er diese drei Sichtweisen in eine Funktionalität integriert, die eine qualitativ neue Vereinigung darstellt. Dieses qualitativ Neue will ich in den folgenden Abschnitte etwas genauer klären und einen Bezug zur Informationssuche in Stadtinformationssystemen herstellen.

6.2.2 Verweise und Kontexte

Hypertext-Anwendungen und später Hypermedia-Anwendungen gibt es in ganz unterschiedlichen Bereichen, von der Dokumentation komplexer technischer Systeme über Lehr- und Lernsysteme, Stadtinformationssysteme bis hin zur Literaturkritik (vergl. [NIELSEN 1996: S. 67ff.]

Hypertexte eignen sich für alle Anwendungsbereiche, in denen es unterscheidbare Objekte oder Sachverhalte gibt, die miteinander in Beziehung stehen. Es macht wenig Sinn, etwa den Roman 'Die Buddenbrocks' von Thomas Mann als Hypertext zu realisieren. Wenn allerdings dieser Roman das Objekt der wissenschaftlichen Betrachtung oder der Lehre wird, so kann man um diesen Roman (und andere Kunstwerke) herum einen Hypertext entwickeln, der das Kunstwerk (oder einzelne Teile davon) in Beziehung setzt zum Autor, zur gesellschaftlichen Situation und zur Rezeptionsgeschichte.

Die Vorteile von Hypertexten werden oft in der Auseinandersetzung mit der Linearität von traditionellen Texten entwickelt. Unter Linearität wird die Tatsache verstanden, daß Bücher und Artikel aus einzelnen Seiten bestehen, die so angeordnet sind, daß sie nacheinander gelesen werden.

Dieses Grundmodell wird bereits bei traditionellen Texten an vielen Stellen durchbrochen: vor allem in wissenschaftlichen Texten gibt es Fußnoten und Querverweise, die ein Abweichen von der strengen Linearität ermöglichen und die Einteilung in

---

[21] Besonderheiten der Hypermedialität kommen vor allem im Zusammenhang mit den dynamischen, also zeitabhängigen Medien zum Tragen, auf die ich aber nicht näher eingehe.

Kapitel, Erschließungshilfsmittel wie Inhalts- oder Schlagwortverzeichnisse gestatten dem Leser eine auf seine Bedürfnisse zugeschnittene Navigation im Text. Aber diese Abweichungen sind noch bezogen auf das Grundmodell des linearen Textes.

Der zunächst äußerlichen Bestimmung des linearen Textes als Folge von Seiten entspricht eine inhaltliche Abfolge. Der Autor muß das, was er sagen will, in eine lineare Form bringen und eine Argumentation entwickeln, die einen Anfang und ein Ende hat.

Hypertext wird von vielen Befürwortern als eine Befreiung von diesem Zwang zur Linearisierung gesehen ([KUHLEN 1991], [LANDOW 1994A], [NELSON 1972]).

Die Hypertext-Technologie ermöglicht die Aufteilung eines einheitlichen Textes in einzelne inhaltliche Bestandteile, die Knoten, die durch Verweise miteinander verbunden sind. Die lineare Abfolge von Knoten ist dann die direkte Nachbildung des linearen Textes, der lineare Text also ein Spezialfall eines Hypertextes. Damit können aber auch alle Probleme der Texterstellung, wie sie von Germanistik bis Philosophie diskutiert wurden, als Spezialprobleme der Hypertexterstellung gefaßt werden.

Um das obige Beispiel mit den Buddenbrooks aufzunehmen: formal ist es möglich, auch traditionelle Romane als Hypertexte darzustellen. Sinnvoll ist es aber nur dann, wenn der Text bereits eine innere Struktur hat, die über den linearen Text hinausgeht. Die explizite Darstellung der inneren Struktur und damit die Entstehung des Textes als gesonderter Gegenstand ist historisch gesehen eine relativ junge Entwicklung. Ivan Illich beschreibt sehr schön die Entstehung solcher strukturierter Texte im 12. Jahrhundert. Er sieht in der Entstehung von alphabetischen Registern, also der Anordnung von Namen oder Themen in der Reihenfolge von Buchstaben, eine epochale Erfindung. „Analog zum Bild der Wasserscheide, die die präalphabetische mündliche Kultur der Griechen von der griechischen Kultur unter der Ägide von Literatur und Wissenschaft trennt, scheint es berechtigt, von einem Prä- und Post-Index-Mittelalter zu sprechen." [ILLICH 1991: S. 109] Mit der „Entstehung des Textes als Gegenstand" wird überhaupt die Möglichkeit geschaffen, den Text als eigenständiges Objekt zu bearbeiten, zu erschließen und schließlich in Form von Hypertexten in Teilobjekte zu zerlegen und durch explizite Verknüpfungen wieder zusammenzusetzen.

Heute basieren viele Texte - vor allem wissenschaftliche Literatur, aber auch die inzwischen weitverbreitete Ratgeberliteratur - immer mehr auf einer Komponentenarchitektur, auch wenn sie noch die Form des linearen Textes haben. Dank der Textverarbeitung nimmt die Mehrfachverwertung zu, über Inhaltsverzeichnisse, Abbildungs- und Tabellenverzeichnis, Literaturverzeichnis sind verschiedenartige Zugänge zu einzelnen Stellen im Text möglich, die Fußnoten mit ihrer fakultativen Abschweifung vom Haupttext sind erste Formen der Flexibilisierung von Texten.

Hypertexte erlauben und unterstützen die explizite Handhabung von Objekten und ihren Beziehungen. Immer dann, wenn man einen Weltausschnitt als Netz von Objekten sehen will, kann man diese Sichtweise mit Hypertexten gut abbilden.

Die einzigartige Besonderheit von Hypertext besteht nun darin, daß man die gleichen Objekte in unterschiedlichen Kontexten darstellen kann. Dies macht die Faszination von Hypertexten aus. Conklin spricht von „the power of linking" [CONKLIN 1987: S. 33].

Das Problem beim linearen Text ist gerade, daß man sich beim Entwurf (also beim Schreiben) auf genau einen Kontext, eine Sichtweise einlassen muß. Dies ist die Stärke und die Schwäche des linearen Textes. Die Stärke resultiert aus dem Zwang, eine Sichtweise konsistent zu entwickeln und durchzuhalten. Erst aus diesem Zwang heraus können sich Argumentationen bewähren, kann sich die Gestalt eines Argumentationsmusters entwickeln. Der Unterschied zwischen einem Zettelkasten und einem linearen Text besteht in der Entwicklung eines konsistenten Argumentationsmusters[22].

Beim linearen Text mußte und konnte sich der Leser auf die Darstellungsabfolge des Autors einlassen. Beim Hypertext muß und kann er unter Alternativen wählen. Diese Alternativen müssen verständlich sein. Die verständliche Darstellung von Objekten in unterschiedlichen Kontexten ist eine Herausforderung der Hypertext-Methode.

Hypertext befreit nicht nur von der Linearität des Textes, sondern - und beide Punkte hängen zusammen - ermöglicht auch das Angebot von vielen Verweisungen und befreit damit weitgehend vom Zwang zur Auswahl und zur Beschränkung auf die in einem Kontext wichtigen Verweisungen. In Hypertexten kann der Autor ganz unterschiedliche Verknüpfungen herstellen und überläßt es dem Leser, ob er einer angebotenen Verknüpfung folgen will. Damit kann ein Autor eine größere Zielgruppe abdecken, da sich die unterschiedlichen Leser das für ihre Zwecke passende heraussuchen können. Allerdings darf der Autor auch nicht zu viele Verweise setzen, da jeder Verweis auch einen Aufforderungscharakter [WINGERT 1993: S. 35] hat. Zu viele Aufforderungen können sich gegenseitig aufheben und „Paralyse und Stillstand" zur Folge haben.

Für Landow [LANDOW 1994A] hat Hypertext starke Gemeinsamkeit mit dem Poststrukturalismus etwa von Barthes und Derrida, mit den Arbeiten von Kristeva, Foucalt, Deleuze und Guattari. „The very idea of hypertext seems to have taken form at approximately the same time that poststructuralism developed, but their points on

---

[22] In einem schönen kleinen Essay ('Kommunikation mit Zettelkästen') beschreibt N. Luhmann bereits 1981 den Aufbau und die Verwendung (s)eines Zettelkastens [LUHMANN 1981] und nimmt dabei die Funktionalität eines Hypertextsystems vorweg. Im Gegensatz zu manchen Hypertext-Autoren kommt er allerdings nicht auf die Idee, seinen Zettelkasten zu veröffentlichen.

convergence have a closer relation than that of mere contingency, for both grow out of dissatisfaction with the related phenomena of the printed book and hierarchical thought." [LANDOW 1994A: S. 1] Die Unübersichtlichkeit und Partikularität unserer modernen Gesellschaft wird am besten mit einem flexiblen und vernetzten Werkzeug wie Hypertext dargestellt.

Mit einer gewissen Berechtigung kann man sagen, daß Hypertext der unübersichtlichen Welt angemessen ist. Es bleibt allerdings ein menschliches Grundbedürfnis nach Orientierung auch und gerade in einer unübersichtlichen Welt, und das Problem des 'getting lost in hyperspace' trifft sowohl den Hypertextbenutzer als auch im übertragenen Sinn die Leser mancher Poststrukturalisten.

Probleme der Verweisungen

In der Hypertextentwicklung wurde schnell klar, daß die reine Assoziativität nicht ausreicht. Notwendig sind vielmehr strukturierende Funktionen und Konventionen, die das Chaos der Assoziativität ergänzen. Sehr früh tauchten deshalb Warnungen vor der Komplexität von Hypertexten auf und wurde das Problem der Desorientierung beobachtet und untersucht.

McKnight et al. weisen darauf hin, daß es beim Übergang vom linearen zum Hypertext neben dem befreienden Aspekt auch eine Einschränkung gibt. Wenn nämlich der Autor die Verweisungen ungeschickt anlegt, so können u. U. einzelne Knoten überhaupt nicht mehr erreicht werden und man ist gezwungen, sich auf die besondere Denkweise der Autoren einzulassen [MCKNIGHT, RICHARDSON UND DILLON 1989]. Beim gedruckten Text ist demgegenüber mit dem Überfliegen immer auch eine abweichende Nutzung möglich. McKnight et al. schlagen deshalb eine gründliche Untersuchung der kulturellen Erfahrungen mit Papierdokumenten und die Erstellung einer Taxonomie von Dokumenten vor, die für elektronische Navigationsverfahren geeignet sind. Dabei betonen sie die Wichtigkeit, reale Nutzungsmuster im Detail zu erforschen, um konkrete Hinweise für die zu unterstützenden Operationen zu erhalten.

Frank Halasz, bekannt als einer der Entwickler des NoteCard-Hypertextsystems, fordert auf der Hypertext-Konferenz 1991, die „Tyrannei der Verweisungen" zu beenden [HALASZ 1991]. Er meint damit die ausschließliche Verwendung von Verweisen zur Strukturierung komplexer Hypertexte, und er fordert die Einbeziehung des Information Retrieval in die Hypertextsysteme.

Mit der Implementierung von Hypertext-Systemen wurde erstmals eine Form der Informationssuche technisch unterstützt, die nicht auf einer begrifflich gezielten Suche beruht, sondern eher auf der einer assoziativ-stöbernden Erforschung eines Informationsraumes.

In der Begründung für das Konzept Hypertext wird fast ausnahmslos auf einen Aufsatz von Vannevar Bush aus dem Jahr 1945 verwiesen, in dem die Assoziativität des menschlichen Denkens zum Ausgangspunkt für ein technisches Werkzeug gemacht wird.

„The Human Brain Files By Association - The Memex Could Do This Mechanically

The real heart of the matter of selection, however, goes deeper than a lag in the adoption of mechanisms by libraries, or al lack of development of devices for their use. Our ineptitude in getting at the record is largely caused by the artificiality of systems of indexing. When data of any sort are placed in storage, they are filed alphabetically or numerically, and information is found (when it is) by tracing down from subclass to subclass. It can be in only one place, unless duplicates are used; one has to have rules as to which path will locate it, and the rules are cumbersome. Having found one item, moreover, one has to emerge from the system an re-enter a new path.

The human mind does not operate that way. It operates by association. With one item in its grasp, it snaps instantly to the next that is suggested by the association of thoughts, in accordance with some intricate web of trails carried by the cells of the brain. (...) Selection by association, rather than by indexing, may yet be mechanized." [BUSH 1945: S. 101f.]

Diese Kritik an der „Künstlichkeit von Indexierungssystemen" zusammen mit der Vorstellung, das menschliche Denken direkt technisch zu unterstützen, haben vor allem zu Beginn der Hypertextentwicklung zu manchen überzogenen Erwartungen an die Navigationsfähigkeiten von Hypertexten geführt. Im Hypertext-Prinzip wird das vernetzte menschliche Denken auf die Knoten- und Kanten-Struktur von technischen Systemen abgebildet: „Der Anspruch der kognitiven Plausibilität von Hypertext leitet sich weitgehend aus dieser vermuteten Analogie zur Speicherung von Wissen im menschlichen Gehirn ab." [KUHLEN 1991: S. 99] Die Analogie zur Wissensspeicherung im menschlichen Gehirn ist sicher eher als Bild denn als wissenschaftliche These zu betrachten. Als forschungsleitendes Bild ist es auf jeden Fall erfolgreich und hat zur Implementierung flexibler Wissensstrukturen geführt, deren Komplexität allerdings bis heute nicht richtig beherrscht wird.

Bei der navigierenden Suche 'bewegt sich' der Benutzer durch Hypertext, er 'hangelt sich durch' bis er zu einem Ziel kommt bzw. entlang einer Spur, die sein Interesse findet. Dabei erkundet der Benutzer sowohl den Inhalt als auch die Struktur des Informationsraumes [BOWMAN, DANZIG, MANBER UND SCHWARTZ 1994]. Der Benutzer hat eine wesentlich aktivere Rolle als beim traditionellen Suchen: er kann (und muß) sich immer wieder entscheiden, welcher Verzweigung er folgt und welchen nicht. Dabei kann er auf ganz neue Sachverhalte aufmerksam werden, die ihm bei seinem Problem helfen, er kann aber auch von seinem eigentlichen Ziel abgelenkt werden.

Für Halasz ist die Unterstützung der Navigation die entscheidende Eigenschaft von Hypermedia: „In some sense, hypermedia is navigational access. The ability to browse around a network by following the links from node to node is a defining feature of hypermedia." [HALASZ 1988: S. 841] Die Navigation überläßt im Vergleich zu der deklarativen Suche zunächst dem Nutzer die aktivere Rolle. Auf jeder neuen Seite entscheidet der Benutzer selbst, ob er einem Verweis folgt oder nicht. Damit wird ein Grundprinzip der Software-Ergonomie (Keep the user in control) unterstützt.

Die Navigation - also das Bewegen des Benutzers im Informationsraum - unterstützt sehr gut die stöbernde Suche. Bei der stöbernden Suche - dem Browsen - folgt der Benutzer den Angeboten, die auf dem Bildschirm zu sehen sind bzw. die das Ergebnis des letzten Suchschrittes sind. Es ist eine relative Bewegung, bei der sich der Benutzer von einem Ausgangs- zu einem Endpunkt fortbewegt. Der stöbernden Suche liegt eine räumliche Vorstellung zugrunde, der Begriff Navigation kommt ja aus der Schiffahrt. Bei der Fortbewegung sieht der Benutzer immer einzelne Objekte des Informationsraumes, und er sieht immer auch als Angebote die Verweise, denen er nicht folgt.

Der Vorteil der stöbernden Suche besteht in der Möglichkeit, bei jedem Suchschritt auf Neues und Interessantes zu reagieren, auch wenn es nicht in der ursprünglichen Absicht des Benutzers lag. Dabei wird unterschieden zwischen dem 'Serendipity-Effekt', bei dem der Benutzer von der ursprünglichen Suche so weit abgelenkt wird, daß das ursprüngliche Ziel in Vergessenheit gerät und dem eigentlichen 'Browsing', bei dem der Benutzer weiter das ursprüngliche Ziel verfolgt, aber neue und unerwartete Informationen mit aufnimmt (vergl. [KUHLEN 1991: S. 128 ff.]

Die am wenigsten vorhersagbare Form der stöbernden Suche ist das assoziative Browsen. Hierbei lösen ganz subjektive Erinnerungen des Benutzers den Reiz aus, einem Verweis zu folgen. Dies ist sicher die kreativste Form der Informationssuche, aber auch die am schwierigsten vom System her zu unterstützende. Hilfreich sind hier sicher unterschiedliche multimediale Präsentationsformen, da damit vielfältige Anknüpfungspunkte für Assoziationsreize gegeben werden.

Hypertexte sind ein hervorragendes Hilfsmittel zur Darstellung überschaubarer Sachverhalte. Solange die Anzahl der Knoten und die Anzahl der Verbindungen zwischen ihnen eine gewisse Größenordnung nicht übersteigt, kann der Hypertext vom Benutzer überblickt und flexibel genutzt werden. Dabei ist das Überblicken durchaus wörtlich zu nehmen: da Hypertexte stark mit der direkten Manipulation von auf dem Bildschirm sichtbaren Objekten arbeiten, ist die Menge der auf dem Bildschirm darstellbaren Objekte ein begrenzender Faktor.

Auch für Nielsen ist die Größe des Objektbereiches ein begrenzender Faktor für die Anwendung des reinen Navigationsprinzips. „Dieser navigierende Suchansatz eignet sich für kleine Hypertexte, die man flächendeckend absuchen kann und für solche, mit denen der Benutzer derart vertraut ist, daß er weiß, wo er suchen soll." [NIELSEN

1996: S. 223] Umgekehrt folgt daraus die Notwendigkeit bei größeren Systemen, zusätzliche Erschließungshilfsmittel und bei unvertrauten Systemen, Mittel zur Herstellung von Vertrautheit bereitzustellen.

Wenn Hypertexte diese überschaubare Größenordnung überschreiten treten Orientierungs- bzw. Suchprobleme auf: Der Benutzer weiß nicht mehr, wo er sich im Netzwerk des Hypertextes befindet und wo sich sein Ziel befindet. Er ist 'lost in Hyperspace'.

Die aktive Rolle des Benutzers ist gleichzeitig eine große Schwäche des Navigationskonzeptes. Das aktive Stöbern ist nur in überschaubaren Informationsräumen sinnvoll. In großen Informationsräumen sind Mechanismen zur problembezogenen Verkleinerung erforderlich. Dies können nur inhaltliche Strukturierungsmechanismen sein, wobei die Struktur der Strukturierungsmechanismen selbst wieder navigierbar sein muß.

6.2.3 Strukturierung von Hypertexten

Ein wichtiges Hilfsmittel zum Überschauen großer Hypertexte ist die Strukturierung der zugrundliegenden Informationen. In vielen Veröffentlichungen zum Thema Hypertext, in der Anwendung, die Hypertext populär gemacht hat (HyperCard) und im heutigen WWW werden die Verknüpfungsmöglichkeiten auf einzelne Objekte bezogen. Dies führt dazu, daß größere Datenmengen nicht mehr systematisch erschlossen werden können und damit kognitiv nicht mehr überschaubar sind. Das einfache Knoten-und-Verweis-Modell von Hypertexten [HALASZ 1988] muß um strukturierende Elemente erweitert werden.

Conklin beschrieb bereits in seinem Übersichtsartikel „organizational links" [CONKLIN 1987: S. 34], die die hierarchische Struktur eines Hypertextes abbilden sollen und unterschied sie von den referentiellen Verweisen, die nur einen Verweis auf einen anderen Knoten darstellen. Die Textboxen in NoteCards sind ein Beispiel für diese organisatorischen Verweise, und Halasz berichtet von den Erfahrungen und Problemen der Benutzer damit [HALASZ 1988]. Für ihn ist die Weiterentwicklung des einfachen Knoten-und-Verweis-Modells durch die Einbeziehung von „Composites" [HALASZ 1988: S. 843] eine der sieben Anforderungen für die damals nächste Generation von Hypertexten. Es wurden aber nur in wenigen Hypertext-Systemen der zweiten Generation Konstrukte zur expliziten Handhabung der Struktur von Hypertexten eingeführt.

Im Rahmen des Dexter-Referenzmodells [HALASZ UND SCHWARTZ 1994] wurden zwar 'Composite components' definiert, aber Halasz und Schwartz wiesen darauf hin, daß bis dahin wenige Systeme diesen Mechanismus realisieren und daß damit eher zu erwartende zukünftige Hypertext-Systeme abgedeckt werden sollten.

In Hyperbase, einer „hypermedia engine" [SCHÜTT UND STREITZ 1990] sind „Composite_Objects" definiert, die eine geordnete Menge von Referenzen zu anderen Objekten darstellen und mit denen man z.b. guided tours in einem Hypertext-Netzwerk realisieren kann.

Garzotto et al. führen in Anlehnung an die Begriffsbildung im Software Engineering die Begriffe 'authoring-in-the-small' und 'authoring-in-the-large' im Bereich der Hypertextentwicklung ein [GARZOTTO, PAOLINI UND SCHWABE 1993]. Während sich das authoring-in-the-small auf die Erstellung einzelner Knoten bezieht, geht es beim authoring-in-the-large um die globalen und strukturellen Aspekte der Hypertextentwicklung in einem Anwendungsbereich. Mit dem Hypertext Design Model (HDM) stellen sie ein Modell zur Entwicklung von Anwendungs-Schemata vor, mit dem die semantischen und strukturellen Regelmäßigkeiten der Repräsentationsstrukturen einer Klasse von Anwendungen beschrieben werden können.

Garzotto et al. weisen auf unterschiedliche Rollen hin, die Hypertextverweise einnehmen können. Sie können einmal strukturelle Beziehungen eines Anwendungsbereiches und anderseits navigierende Beziehungen darstellen. In vielen Fällen sind beide Rollen konsistent zueinander, sie können aber auch voneinander abweichen, wenn etwa hierarchische Beziehungen nicht sinnvoll von Benutzern traversiert werden können oder Navigations-Beziehungen nur eine sehr unscharfe semantische Bedeutung ('hat zu tun mit') besitzen.

In HDM sind unterschiedliche Verweis-Typen definiert: perspective links, structural links und application links. Perspective links verbinden Komponenten, die alternative Repräsentationen des gleichen Inhalts sind, wie etwa Texte in unterschiedlichen Sprachen. Structural links implementieren die strukturellen Navigationsbeziehungen der Hierarchie und der Sequenz. Application links sind komplexe anwendungsbezogene Verweise, die die jeweilige Semantik des speziellen Anwendungsbereiches abbilden. Sie dienen der Realisierung von Verweisen mit definierten Typen, wie etwa 'ist Autor von' oder 'gerechtfertigt durch'.

Ein HDM Schema besteht aus einer Menge von Entitäts-Definitionen und Verweis-Definitionen und dient der Beschreibung der strukturellen Gemeinsamkeiten einer Hpyertextanwendung. So können typische Netzwerk-Muster beschrieben werden und später einmal direkt aus einer Definition generiert werden.

Isakowitz et al. [ISAKOWITZ, STOHR UND BALASUBRAMANIAN 1995] bauen mit ihrer Relational Management Methodology (RMM) auf HDM auf, betonen aber die Unterstützung der einzelnen Entwurfsschritte auf dem Weg zu einer komplexen Hypermediaanwendung. In ihrem Datenmodell modellieren sie den Anwendungsbereich mit Hilfe der aus dem Entity-Relationsship-Modell bekannten Primitive Entity, Attribut und Beziehung. Hinzu kommt noch der 'slice' als eine Zusammenfassung von Attributen, was in etwa einer Sicht im relationalen Modell entspricht.

Zur Modellierung der Navigation sehen sie sechs Zugriffs-Primitive vor: den gerichteten einseitigen und zweiseitigen Verweis, die Zusammenfassung zu einer Gruppe sowie drei Primitive, die auf Listen von Elementen definiert sind, und zwar die bedingte Auswahl, die bedingte Tour und die bedingte Tour mit Auswahl. Die Navigationsprimitive für die Listen sind generisch angelegt, so daß sie nicht auf spezifische Instanzen von Objekten verweisen, sondern sich auf Eigenschaften von Objekten beziehen und so zur Laufzeit generiert werden.

Der Erfolg des WWW ist zunächst ein Rückschlag für die Unterstützung strukturierender Funktionen. Das WWW bzw. HTML basiert wieder auf dem einfachen Knoten-und-Verweis-Modell, und es erschwert mit seinem zustandslosen Protokoll jede Unterstützung zusammenhängender Interaktionsmuster. Es gibt eine Reihe von Ansätzen zur Erweiterung der einfachen Knoten-und-Verweis-Modells im Rahmen des WWW.

Die Konstanzer Forschungsgruppe um Rainer Kuhlen verfolgt im Projekt 'Virtuelle Informationsräume' einen Ansatz zur Visualisierung der Struktur von inhaltlich zusammenhängenden Informationsknoten ([KUHLEN, RITTBERGER UND BEKAVAC 1996], [BEKAVAC UND RITTBERGER 1997]). Die Struktur wird dabei nicht gesondert erfaßt und verwaltet, sondern wird aus den Verweisstrukturen der Hyperlinks generiert und dem Benutzer als navigierbarer Graph präsentiert. Damit ist dieser Ansatz zunächst auf statische HTML-Seiten beschränkt und kann Informationen aus Datenbanken nicht erfassen. Ein weiteres Problem ist die Abhängigkeit von Qualität der zu analysierenden Hyperlinks.

Auf der 5. WWW-Konferenz stellte Hauck einen Mechanismus zur Unterstützung hierarchisch geschachtelter Sequenzen im WWW vor [HAUCK 1996]. Damit können sequentielle Touren durch eine Reihe von WWW-Seiten mit den Navigationsoperationen Vorwärts, Rückwärts, Gehe_Zum_Anfang und Gehe_Zum_Ende realisiert werden, die dann allerdings explizit von HTML-Autoren erzeugt werden müssen. Zur Implementierung ist eine Erweiterung des Servers erforderlich, also letztlich eine Weiterentwicklung von HTML.

Ein wesentlich umfassenderer Ansatz zur Strukturierung ist im Hyper-G System [MAURER 1996] realisiert, auf das ich im Folgenden etwas ausführlicher eingehe. Das Hyper-G System ist als Erweiterung des WWW gedacht und verspricht eine Abhilfe bei zentralen Schwächen des WWW: dem Fehlen von zusammengefaßten und hierarchischen Strukturen, sowie der Einbettung der Verweisinformationen in den Dokumenten und der ungenügenden Unterstützung bei Server-übergreifenden und fokussierten Suchen [MAURER 1996: S. 18].

Als Erweiterung des einfachen Knoten-und-Link-Modell sind in Hyper-G sogenannte Kollektionen implementiert: „A collection is a composite (container) object. It contains documents or other collections ... This - recursive - definition leads to the

147

concept of a collection hierarchy." [KAPPE 1996: S. 104] Ein Dokument oder eine Kollektion muß mindestens einer (Eltern-)Kollektion zugeordnet sein (mit Ausnahme der root-collection), kann aber auch mehreren zugeordnet sein. Es dürfen allerdings keine Zyklen entstehen, die Hierarchie muß ein gerichteter azyklischer Graph sein.

Diese Kollektionen werden für verschiedene Zwecke verwendet. Die Kollektionshierarchie dient der Navigation und kann für schrittweise Auswahlprozesse aus einer Sequenz von Menüs eingesetzt oder auch direkt als Graph visualisiert werden. Ein sogenannter Kollektionskopf kann zusammenfassende Informationen über die Kollektion enthalten. Eine Liste aller Elemente der Kollektion wird automatisch erstellt, so daß man beim Einfügen eines neuen Dokumentes keinen expliziten Verweis von Hand erstellen muß. Kollektionen dienen als Basis für die Darstellung des relativen Ortes in einem Netz (location feedback), so daß sich die Benutzer besser orientieren können.

Kollektionen dienen sowohl der Navigation als auch der Verwaltung der Datenbestände mit der Zuweisung von Zugriffrechten und Definition von benutzerbezogenen Kollektionen.

Als Spezialisierung von Kollektionen gibt es die Unterklassen Bündel (cluster) und Sequenz. Bündel dienen der Erstellung von zusammengesetzten Dokumenten, die aus mehreren Teilen bestehen, die je nach Spezifikation gleichzeitig dargestellt werden (z.B. Bild und begleitender Text) oder auch alternativ dargestellt werden (z.B. Versionen in unterschiedlichen Sprachen). Eine Sequenz besteht aus einer geordneten Menge von Dokumenten oder (Unter-)Kollektionen, die in einer definierten Reihenfolge mit den oben beschrieben Sequenzoperationen navigiert werden können.

Mit den Konstrukten Kollektion, Bündel und Sequenz kann der Informationsraum im Hyper-G System strukturiert werden. Mesaric und Schinnerl geben eine Reihe von Beispielen z.B. für die Implementierung mehrfacher Hierarchien in einem Restaurantführer unter Benutzung von „multi-collection hierarchies" [MESARIC UND SCHINNERL 1996: S. 338]).

Aus der Darstellung der verschiedenen Ansätze zur Strukturierung von Hypertexten wird deutlich, daß in allen Fällen die Hierarchie und die Sequenz unterstützt werden. Beide beinhalten Abstraktions- und Navigationsmuster, die uns vertraut sind und die wir bei der Erforschung großer und unbekannter Informationsräume benutzen. Die Zusammenfassung von Objekten zu Klassen und ihre hierarchische Anordnung ist eine weitverbreitete Methode zur Ordnung von Objekten. Diese Klassen von Objekten stellen semantisch zusammengehörige Einheiten dar, die unter verschiedenen inhaltlichen Gesichtspunkten hierarchisch angeordnet werden. Diese Zusammenhänge müssen explizit repräsentiert und verwaltet werden. Hier kann die Hypertextentwicklung vom Information Retrieval und auch von der Künstlichen Intelligenz Erfahrungen über die systematische Behandlung von inhaltlichen Zusammenhängen übernehmen. In dem in dieser Arbeit vorgestellten Vorschlag für die Struktur der Datenbasis von Stadtinformationssystemen umfaßt der Thesaurus diese Komponente zur Zusammenhangsverwaltung.

Vom Standpunkt des Benutzers gesehen ermöglicht die Hierarchie die Eingrenzung des im Moment der Suche unter dem problembezogenen Aspekt interessanten Bereiches. Nur noch die Einträge unterhalb eines ausgewählten übergeordneten Begriffs sind in diesem Moment von Interesse und sollen sichtbar sein. Voraussetzung dafür ist die Trennschärfe der Klasseneinteilung. Nichts ist mühsamer als das Durchsuchen von ähnlichen Teilklassen, deren genaues Unterscheidungskriterium nicht deutlich wird und die alle nacheinander einzeln abgesucht werden müssen.

Neben der Hierarchie ist der zweite grundlegende Strukturierungsmechanismus eine unter einem sinnvollen Gesichtspunkt angelegte Folge von Objekten, die der Benutzer nacheinander aufsucht.

Um dem Benutzer das Zurechtfinden in unbekannten Hypertexten zu erleichtern, hat Trigg bereits 1988 das Konzept der 'guided tours' entwickelt [TRIGG 1988]. Die Guided Tours sind als Spezialfunktion in dem Hypertextsystem Notecards entwickelt und stellen eine geordnete Folge von Karten in Notecards dar. Bei diesen Karten handelt es sich um spezielle Karten, die Tabletops, die jeweils das Layout eines gesamten Bildschirminhaltes mit der Anordnung mehrerer einzelner Karten in einzelnen Fenstern umfassen. Mit einer Tabletop-Karte kann also ein vollständiger Bildschirminhalt abgespeichert werden und beim Aufruf der entsprechenden Karte wiederhergestellt werden. Die Guided Tours bauen ebenfalls auf den 'document cards' in Notecards auf, die eine reine Aneinanderreihung von bereits besuchten Karten, also eine History-Funktion, realisieren [TRIGG 1991: S. 358].

Eine Guided Tour besteht aus einer Sequenz von Bildschirminhalten, die in einer bestimmten Reihenfolge vom Autor der Tour angeordnet werden. Zur Erleichterung der Orientierung wird ein Graph der Guided Tour angezeigt, auf dem der aktuelle Standort in dem Graphen angezeigt wird und der auch direkt zur Navigation genutzt werden kann.

Guided Tours können nicht als normale Hypertextverweise realisiert werden, da sie einen eingeschränkten Kontext für diese Verweise schaffen sollen [TRIGG 1988: S. 408]. Sie können auch nicht auf eine reine Linearisierung eines Hypertextes reduziert werden, da sie jeweils die Verzweigungsmöglichkeiten und ursprünglichen Karten im Tabletop enthalten [TRIGG 1991: S. 360].

Sie sind so etwas wie eine spezielle Sicht auf einen Hypertext, nämlich die Sicht eines Autors in einem bestimmten Zusammenhang auf diesen Hypertext. In einem weiteren Schritt schlägt Trigg die Anpassung einer Tour an einen Benutzerkreis vor, also die Schaffung unterschiedlicher Kontexte für unterschiedliche Gruppen.

Räumliche Strukturen

Mesaric und Schinnerl verweisen auf die Vorteile bei der Verwendung räumlicher Metaphern und schlagen die Strukturierung der Informationen in „two- or three-dimensional information spaces" [MESARIC UND SCHINNERL 1996: S. 339] vor, wobei sie den Begriff des Informationsraumes sehr direkt als die bildliche Repräsentation eines Stadtplanes fassen.

Edwards und Hardman haben untersucht, inwieweit ein räumliches Modell der Datenstrukturen die Orientierungsprobleme bei Hypertext verringern könnte [EDWARDS UND HARDMAN 1989]. Sie sehen Parallelen bezüglich der kognitiven Strukturen bei der Navigation von realen Städten und bei der Navigation in Datenbanken und wollen diese für die Gestaltung von Hypertexten nutzen. Die Hauptvorteile sehen sie in der Möglichkeit des direkten Zugangs zu gewünschten Orten sowie in der Erleichterung der Wiederaufnahme einer Suche nach einer Ablenkung.

Dillon, McKnight und Richardson beschreiben ein differenziertes Modell der Navigation mit Hilfe kognitiver Landkarten [DILLON, MCKNIGHT UND RICHARDSON 1990], mit dem sie Orientierungsprobleme im Informationsraum klarer beschreiben können. Danach kann man drei Stadien der navigierenden Orientierung unterscheiden: Auf der ersten Stufe beruht die Orientierung auf deutlich sichtbaren Einzelobjekten wie etwa bekannten Gebäude oder Denkmälern, die als 'landmarks', Orientierungspunkte bezeichnet werden. In der nächsten Stufe wird ein Routen-Wissen erworben, das eine Bewegung von einem Punkt zum anderen unter Verwendung der vorher erworbenen Orientierungspunkte ermöglicht. Die letzte Stufe umfaßt ein Überblickswissen ('survey knowledge'), das eine beliebige, vom aktuellen Standort unabhängige Navigation ermöglicht und das auf einer kognitiven Landkarte beruht.

Nach Dillon et al. können bestimmte Phänomene des Orientierungsverlustes in Hypertexten mit diesem Modell erklärt werden. Benutzer, die bei einem Suchvorgang in eine Sachgasse geraten, gehen oft nicht nur ein paar Interaktionsschritte zurück, sondern gehen wieder zum Ausgangspunkt der Suche zurück. Dies interpretieren sie als Navigation auf der Ebene von Orientierungspunkten. Die Orientierung entlang einer Route wird durch sequentielle Navigationshilfen wie Guided Tours unterstützt. Sie führt in dem Moment zur Problemen, in denen die Route verlassen wird und man sich plötzlich ohne Orientierung im unbekannten Gelände befindet.

Das Modell der kognitiven Landkarten legt als Lösung die direkte Repräsentation der Hypertextstrukturen als Graph und die Navigation mit Hilfe von graphischen Browsern nahe. So interessant dieser Ansatz auch ist, so problematisch sind die Erfahrungen damit. Dillon et al. verweisen auf die Gefahr, daß bei größeren Hypertexten „the user gets lost in the navigational support system" [DILLON, MCKNIGHT UND RICHARDSON 1990: S. 589].

Meine These ist, daß dieses Orientierungsproblem dem Hypertext immanent ist und deshalb nicht durch inhärente Hypertextverfahren wie etwa verbesserte graphische Browser gelöst werden kann. Das Schwäche dieser Lösungsansätze beruht auf dem Fehlen an Konzepten zur Unterdrückung von Details und der Bereitstellung von angemessenen Abstraktionen. Gute Landkarten sind kein verkleinertes Abbild der Realität, sondern heben bewußt bestimmte Details hervor und vernachlässigen andere. Für die Navigation in Informationsräumen sind die angemessenen Abstraktionen noch unbekannt.

Die Strukturierung großer Hypertexte ist nicht in erster Linie ein technisches Problem, das durch den Einbau zusätzlicher Features in ein Hypertextsystem gelöst werden kann. Man muß sich vielmehr genauer ansehen, wie Menschen komplexe Informationsstrukturen wahrnehmen und anhand welcher Prinzipien sie diese strukturieren. Die Grundannahme des Hypertextkonzeptes, daß nämlich die Verweisstruktur dem menschlichen Gehirn wegen seiner Assoziativität näher liegt als die lineare oder hierarchische Ordnung, ist nur ein Ausgangspunkt für weitere Überlegungen.

Die Verweisungen sind nur als ein Grundbaustein komplexerer Verständnismuster zu sehen, die sich als kulturelle Traditionen entwickelt haben. Diese Muster allgemein zu entwickeln, würde den Rahmen dieser Arbeit bei weitem überschreiten. Für den Bereich der Stadtinformationen kann man aber bestimmte Muster aus der bisherigen Informationspraxis identifizieren, um sie dann als Ausgangspunkt für die Implementierung entsprechender Erschließungsmöglichkeiten in Stadtinformationssystemen zu nutzen. Die im folgenden vorgestellten Überlegungen sind dabei als erste Schritte auf einem langen Weg zu sehen.

6.2.4 Situativ/subjektive Erschließung

Strukturierungssysteme für das informationelle Abbild einer Stadt müssen nicht unbedingt den scheinbar objektiven Kriterien administrativer Bereichszusammenfassungen oder offizieller Stadtführer folgen. Sie können vielmehr von der Einbeziehung und Explizierung von subjektiven oder situationsgebundenen Sichtweisen profitieren und für gelegentliche Nutzer besser nachvollziehbare Kontexte schaffen.

In der Diskussion um die Mensch-Maschine-Kommunikation hat Lucy Suchman mit ihrem Begriff der situierten Aktion [SUCHMAN 1987] die Bedeutung von kontextbezogenen Faktoren für das Verständnis von zielgerichteten Handlungen hervorgehoben. Die Handlungen von Benutzern und Benutzerinnen werden nach Suchman nicht allein von vorgefertigten Plänen bestimmt, sondern diese sind eine von unterschiedlichen Ressourcen zur Durchführung von Handlungen [SUCHMAN 1987: S. 186]. Ein Systementwurf muß die unterschiedlichen, lokalen Bedingungen für die Interaktion einer Benutzerin mit dem System berücksichtigen und die durch jeweils spezielle

Situationen gegebenen Interpretationen ('situated interpretation' [SUCHMAN 1990: S. 42]) unterstützen.

Ich will an dieser Stelle einen im Zusammenhang mit der begrifflichen Erschließung eingeführten Begriff wieder aufnehmen. Dort habe die Erschließung von Informationsräumen durch Herstellung einer Ordnung als zentrales Anliegen der Information und Dokumentation bezeichnet.

Zweck der Klassifikationssysteme und Thesauri ist die intersubjektive Ordnung von Sachverhalten. Zwar sind auch diese Systeme an ein gemeinsames Vorverständnis einer Fachgemeinschaft gebunden, wie Capurro gezeigt hat [CAPURRO 1986], und außerhalb dieses Vorverständnisses nicht verständlich. Aber innerhalb der Bezugsgruppe ermöglichen diese Systeme einen intersubjektiven Zugang zu Informationen, sie sind eine Verobjektivierung eines Vorverständnisses einer Gruppe.

Neben dieser möglichst kontextunabhängigen und intersubjektiven Erschließung kann man beschreibende oder informative Texte als spezielle Formen der Erschließung auffassen. Hierfür verwende ich den Begriff der situativ/subjektiven Erschließung. Im Unterschied zu der begrifflichen Erschließung über Klassifikationssysteme und Thesauri ist die situativ/subjektive Erschließung ausdrücklich auf einen Kontext bezogen.

Mit der situativ/subjektiven Erschließung fasse ich eine Zusammenstellung von Sachverhalten, die explizit nur für bestimmte Situationen gelten sollen oder die die persönlichen Sichtweisen eines Autors darstellen. Texte mit einer expliziten Autorenschaft, also Bücher oder Artikel, sind das häufigste Beispiel hierfür. Die Beschreibung des Verfassens und Lesens von Büchern als situativ/subjektive Erschließung ist sicher ungewöhnlich und bedarf der Erläuterung.

Ein Text eines Autors spiegelt notwendigerweise die Sichtweise dieses Autors wider, wobei es sicher graduelle Abstufungen zwischen einem Gedicht, einer Dissertation und einem Lehrbuch gibt. Es gibt unterschiedliche Mechanismen um die Objektivität bzw. die intersubjektive Gültigkeit eines Textes sicherzustellen: die fachliche Sozialisation, Begutachtungsprozesse durch Kollegen und Verlage und selbstverständlich das Bemühen des Autors um Verständlichkeit und Allgemeingültigkeit.

Je nach Textsorte schwanken auch die Anforderungen an die Objektivität: Bei einem Gedicht sind sie notwendigerweise geringer als bei einem Lexikon. Je mehr man in einem Text einzelne Objekte und ihre Beziehungen unterscheiden kann, desto eher ist eine Einordnung als situativ/subjektive Erschließung möglich.

Erst aus der Perspektive von Hypertext werden grundlegende Charakteristika von linearen Texten deutlich. Beim Schreiben, bei der schriftlichen Kommunikation bringen wir Sachverhalte in eine Form, die für andere verständlich ist. Dabei benutzen wir Objekte, wie z.B. einzelne Beobachtungen oder Aussagen, und setzen sie in Beziehung zueinander und stellen damit einen bestimmten Zusammenhang her. Dies wurde bisher von Autoren implizit gemacht und erschien im fertigen Text in der linearisierten Abfolge. In der Hypertextentwicklung wurde versucht, die bestimmten Textsorten zugrundeliegende Struktur explizit zu machen. So gibt es z.b. im IBIS-System Relationen mit der Bedeutung „responds_to, objects_to, questions, support" u.ä. [CONKLIN 1987: S. 24]. Als ganz allgemeine Verknüpfungs- und Kommunikationstypologie hat sich diese Art von typisierten Verweisen allerdings nicht als sehr erfolgreich erwiesen. Für bestimmte, klarer strukturierte Teilbereiche wie z. B. Stadtinformationssysteme könnten sie jedoch sinnvoll einsetzbar sein.

Im Zusammenhang mit der Informationsversorgung im Alltag interessieren mich bestimmte Arten von Texten, bestimmte Textsorten. So stellt z.b. die Textsorte der Stadtrundgänge eine weitverbreitete und nützliche Form der Erschließung einer Stadt dar, die selbst wieder unterteilt werden kann in solche mit einem historischen Schwerpunkt, einem für Frauen oder einem baugeschichtlichen Schwerpunkt. Eine andere wichtige Textsorte sind Ratgeber, die zu einem Problembereich sowohl Erklärungen als auch Verweise auf Behörden oder Selbsthilfegruppen geben.

Solche Informationen über eine Stadt bestehen nicht aus einer rohen Liste von Adressen oder Veranstaltungen, sondern stellen diese in einen bestimmten Zusammenhang. Das Schreiben von Texten ist immer die Herstellung und Darstellung eines Zusammenhanges. Ein Charakteristikum der Textsorten, die im Zusammenhang mit einer Stadt wichtig sind, ist die Mischung aus Beschreibungen und Verweisen auf konkrete Objekte.

Eine situative Erschließung ist eine Zusammenstellung von Sachverhalten, die sich auf bestimmte Situationen bezieht. Dies können z.B. Lebenslagen wie Heirat oder Arbeitslosigkeit sein, in deren Kontext eine Reihe von Aktivitäten erforderlich werden. Sie bezieht sich auf eine bestimmte Situation und hat nicht den gleichen Allgemeinheitsgrad wie eine begriffliche Erschließung in einem Thesaurus. Andererseits ist die situative Erschließung zumindest in ihrem Bezug auf die Situation intersubjektiv geprägt und stellt die persönliche Sichtweise des Autors in den Hintergrund.

Mit der subjektiven Erschließung gehe ich noch einen Schritt weiter und stelle die Persönlichkeit des Autors in den Vordergrund, auf die sich der Leser explizit beziehen kann. Dies entspricht z.B. den persönlichen Kolumnen in Zeitungen und Magazinen.

Wenn man diesem Ansatz weiter folgt, kommt man zum Entwurf einer Benutzungsoberfläche als einer 'mimetischen Welt, die in sich geschlossen ist' [LAUREL 1986 zitiert nach BUDDE UND ZÜLLIGHOVEN 1990: S. 181]. In einem späteren Aufsatz entwickelt Laurel die Idee von Interface Agenten, die z.B. für einen Benutzer die Suche nach Informationen in einer großen Datenbank übernehmen [LAUREL 1990A]. Diese Agenten sollen ähnlich gestaltet werden wie die Charaktere eines Theaterstückes. Nach Laurel sind gerade diese Charaktere bereits kondensierte und auf den jeweiligen situativen Kontext reduzierte Persönlichkeiten. Durch diese Reduktion auf das Wesentliche bei Beibehaltung des Persönlichkeitscharakters ist es Benutzern leichter möglich als bei abstrakten begrifflichen Erschließungen, sich auf diese Persönlichkeiten zu beziehen und Handlungsmöglichkeiten in ihrem Kontext zu verstehen.

Ähnlich beschreibt Don einen Ansatz zur Strukturierung von Informationsinhalten, der auf dem Prinzip des Erzählens von Geschichten aufgebaut ist: „Storytelling is not only an effective and familiar means of communication, but also enables multimedia interface designers to use characters to convey information from an explicitly acknowledged point of view." [DON 1990: S. 386]. Erst kürzlich haben Davenport und Murtaugh einen Ansatz zur Generierung kohärenter Geschichten vorgestellt, der auf verschlagworteten Bausteinen beruht, die in einer Datenbank gespeichert sind. Diese multimedialen Bausteine werden kontextbezogen jeweils in Abhängigkeit von Benutzereingaben zu einer in sich geschlossenen Geschichte zusammengefügt [DAVENPORT AND MURTAUGH 1997].

Diese Ansätze gehen weit über die hier vorgeschlagene situativ/subjektive Erschließung hinaus. Sie machen aber deutlich, daß es für die Aneignung eines unbekannten Informationsraumes nicht ausreicht, hierarchische begriffliche Strukturen zur Verfügung zu stellen. Diese sind zwar notwendig, sie müssen aber ergänzt werden um andere, eher subjektiv geprägte Erschließungsformen.

Die Unterscheidungen in objektive und situativ/subjektive Erschließung stellen ein Kontinuum dar. Sie sind nicht beliebig herausgegriffen, sondern ordnen die real vorhandenen und eine Stadt beschreibenden Texte in eine Erschließungsdimension ein. Die Herausforderung für ein Stadtinformationssystem besteht darin, diese unterschiedlichen Textsorten auch technisch angemessen zu unterstützen und dabei den gemeinsamen Bezug auf die Objekte der Stadt zu gewährleisten.

6.2.5 Erforschen von strukturierten Informationsräumen

Der Aufbau einer Erschließungsstruktur, die die einzelnen Objekte eines Informationssystems ordnet und zueinander in Beziehung setzt, ist die eine Seite der Medaille - die Nutzung dieser Struktur durch Nutzer zur Lösung ihrer Informationsprobleme die andere. Die Struktur muß dem Nutzer auch deutlich gemacht werden, so daß er sie problembezogen verwenden kann.

Die Hilfsmittel zur Erschließung, mit denen die Mitglieder unseres Kulturkreises in der Regel vertraut sind, umfassen Inhaltsverzeichnisse, Sach- und Personenregister und generell die alphabetische Anordnung von Begriffen, wie sie vor allem in Lexika realisiert ist.

Die schrittweise Eingrenzung eines Suchraumes, der durch die Angabe immer differenzierterer Kriterien immer kleiner und damit überschaubarer wird, ist in unserer kulturellen Tradition nicht verankert. Aus diesem Grund ist die Gestaltung der Benutzung dieser Eingrenzungsfunktionen besonders schwierig, und dem Benutzer müssen sehr gute Rückmeldungen über die Ergebnisse jeder Eingrenzungsoperation gegeben werden.

Die Lage wird noch dadurch erschwert, daß die Eingrenzungen unterschiedliche Dimensionen betreffen können. So kann einmal eine Eingrenzung durch differenziertere Schlagworte erfolgen, zum andern anhand einer regionalen Einschränkung auf bestimmte Stadtteile oder zeitlich auf bestimmte Zeiträume. In der Literatur wird dann meist die Unfähigkeit der Benutzer in Bezug auf Boole'sche Abfragen hervorgehoben. Die dabei offene Frage ist, ob es nicht eher die nackte Form der Abfrage mit 'und'- und 'oder'-Operatoren ist, die dem Benutzer Schwierigkeiten macht. Bei entsprechender Gestaltung der Eingrenzungsoperationen sowie dem Herausbilden neuer kultureller Traditionen könnten auch diese Funktionen von gelegentlichen Benutzer beherrscht werden.

Eine weitere Schwierigkeit liegt in der Unbekanntheit der verschiedenen Strukturierungsdimensionen. Am klarsten ist noch die zeitliche Dimension, da die Bedeutung der Datumsangaben intersubjektiv weitgehend vereinheitlicht ist[23]. Schon regionale Zuordnungen sind schwieriger. Ist mit dem Stadtteil 'Ostertor' die Kneipenszene im Bremer Osten, die Verwaltungsgliederung oder ein Postleitzahlenbereich gemeint? Hier muß der Benutzer sich jeweils informieren können, welche Bedeutung bestimmte Begriffe im Rahmen eines Stadtinformationssystems haben. Bei der thematischen hierarchischen Zuordnung wird es am schwersten, weil hier die Bedeutungszuordnungen stark vom Kontext abhängen. Ist 'Schach' eine Sportart? Gehört Boxen zur Kategorie 'Gesundes Leben'? Auf diese Fragen gibt es keine richtige Antwort, sie hängt vielmehr vom Kontext ab. Für Informationssysteme, die von unterschiedlichen Benutzergruppen genutzt werden sollen, müssen deshalb die Bedeutungen der strukturierenden Kategorien erforschbar sein.

Diese Erforschbarkeit der strukturierenden Kategorien wird man nicht über die Anzeige von Definitionen realisieren, sondern eher über die Unterstützung von Probehandlungen, die jeweils den Effekt deutlich machen und die ohne Aufwand rückgängig zu machen sind[24].

Trotz all dieser Probleme ist die Strukturierung der Informationen unverzichtbar für den Umgang mit modernen, großen Informationssystemen, da der Benutzer die für ihn relevanten Informationen aus einer möglicherweise unüberschaubar großen Menge auswählen muß. Bei allen nicht-trivialen Informationssystemen ist zunächst von einer Unüberschaubarkeit des Informationsraumes auszugehen, und es sind

---

[23] Selbst hier muß man vorsichtig sein: Ein 'mañana' (morgen) muß in manchen Ländern nicht exakt die auf den aktuellen Tag folgende 24-Stunden-Periode umfassen.

[24] Weitere Überlegungen zur Erforschbarkeit interaktiver Systeme siehe [PAUL 1995].

Hilfsmittel zur Bewältigung der Unüberschaubarkeit zur Verfügung zu stellen. Ein wichtiger Ansatz ist dabei die Integration von deklarativer Suche mit dem Durchstöbern der jeweiligen Ergebnismengen.

Viele der heute existierenden Informationssysteme lösen das Problem über eine Reduktion der im System verfügbaren Informationsbereiche. Bei wenigen Bereichen und wenigen einzelnen Informationen in diesen Bereichen ist eine hierarchische Menüstruktur, bei der man über drei bis vier Auswahlpunkte an die gewünschte Information herankommt, realisierbar. Damit ist das Problem aber nur umgangen, da der Preis für die Überschaubarkeit im Weglassen wichtiger Informationen besteht.

Erforschende Suche und Navigation

Heute wird grundsätzlich in der Literatur die Notwendigkeit einer integrierten Nutzung von traditionellen deklarativen Suchverfahren und dem navigierenden Suchen gesehen ([NIELSEN 1996: S. 223], [JERKE U.A. 1990]). Auch Kuhlen sieht nach dem Vorherrschen des assoziativen Suchverhaltens in den Hypertexten der zweiten Generation die Ergänzung durch „zahlreiche Angebote an kontrollierter Orientierung und Navigation bzw. Such und Strukturierung" [KUHLEN 1994: S. 212]. Die Entwicklung entsprechender Systeme bereitet jedoch Schwierigkeiten und kommt nicht voran.

Das von Bates vorgeschlagene explorative Paradigma im Information Retrieval beinhaltet eine Verbindung der Suche nach dem Matching-Paradigma und dem Navigationsparadigma. Beide Suchstrategien müssen aufeinander abgestimmt werden und dürfen nicht nur nebeneinander als getrennte Funktionen angeboten werden. Um diese Verbindung technisch und von der Gestaltung der Benutzungsoberfläche her zu unterstützen, müssen wir die Voraussetzungen und die einzelnen Schritte der beiden Suchstrategien gut verstehen.

Die wichtigsten Anforderungen an die erforschende Suche und Navigation umfassen

- die Verbindung von Suche und Navigation
- ein iteratives Vorgehen
- die Kombinierbarkeit unterschiedlicher Suchdimensionen
- die Berücksichtigung des Sprachgebrauches der Benutzer in der Erschließung
- neben der aktiven Suche die Bereitstellung von geführten Touren
- die Erforschung von Inhalt und Struktur.

Zentrales Element bei allen Navigations- und Suchvorgängen ist die Reduktion des zu durchsuchenden Bereichs von einer komplexen und unüberschaubaren Menge (mehrere Tausend) auf eine überschaubare Menge (ein bis zwei Dutzend), die der Benutzer sich dann im Detail angucken (durchstöbern) kann. Diese Reduktion erfolgt im wesentlichen durch eine Teilmengenbildung. Diese Teilmengenbildung kann entweder direkt in einem Schritt als Ergebnis einer passenden Suchanfrage erfolgen oder aber in einem schrittweisen Annäherungsprozeß. Bei diesem Annäherungsprozeß geht es nicht nur um das Auffinden der gesuchten Information, sondern auch um einen Klärungsprozeß, der sich sowohl auf die Struktur der Daten im System als auch auf die eigentliche Zielfunktion des Benutzers beziehen kann.

Mit dem Begriff Teilmengenbildung wird eine primär technische Sichtweise nahegelegt. Auf der konzeptionellen Ebene wählt der Benutzer Teilbereiche aus, die im Zusammenhang seiner Suche irgendwie zusammenhängen, eine Gestalt bilden. Diese Zusammenhänge können begrifflicher Art sein, sie können sich aber auch auf räumliche Bereiche (Stadtteile) oder situative Konstellationen ('Ich bin in dieser Stadt als Tourist') beziehen.

Zum iterativen Vorgehen gehört die Möglichkeit, das Ergebnis zumindest des letzten Suchschrittes als Ausgangspunkt für weitere Such- oder Navigationsschritte zu nutzen. Dies erfordert, daß die Ergebnisse entsprechend aufbereitet und zwischengespeichert werden. Gerade diese Anforderung ist mit den heutigen WWW-Systemen nur mit zusätzlicher Programmierung zu verwirklichen.

Die Kombinierbarkeit unterschiedlicher Suchdimensionen setzt zunächst überhaupt die Existenz mehrer, voneinander unabhängiger Erschließungsdimensionen, wie z.B. die topografische, zeitliche und begriffliche Erschließung, voraus. Suchanfragen müssen sich auf alle relevanten Erschließungsdimensionen beziehen können, und diese müssen im Sinne eines Filters auch gleichzeitig aktivierbar sein.

Die Berücksichtigung des Sprachgebrauches der Benutzer sollte eigentlich eine Selbstverständlichkeit sein. Angesichts der Herkunft der Erschließungsinstrumente aus dem professionellen Bereich macht die Forderung von Bates nach einem 'Enduser-thesaurus' deutlich, daß hier noch einiges an Arbeit zu leisten ist.

Neben der aktiven, gerichteten Suche von Benutzern sollten auch passive Erschließungsinstrumente wie z.B. Guided Tours angeboten werden. Diese stellen so etwas wie statische Antworten auf häufig gestellte Fragen dar und nehmen dem Benutzer die Arbeit der Frageformulierung ab. Gerade dann, wenn der Benutzer seine Frage (noch) nicht klar formulieren kann, sind sie ein erster Einstieg in die Erforschung des Systems.

Die erforschende Suche und Navigation muß die Unbekanntheit von Inhalt und Struktur des Systems und vom Ziel des Benutzers berücksichtigen.

	Ziel klar	Ziel unklar
System- struktur & Weg klar	deklarative Suche (in der Reinform nur ein Schritt, da Ziel & Weg klar - deklarative Suche mit SQL-Anweisung) Entscheidung nur über vorhanden/ nicht vorhanden (1)	Stöbern als Interesseerkundung - interessiert mich das, was ich sehe? ↑ (2)
System- struktur & Weg unklar	Stöbern als Bereichserkundung - Kann ich meinem Ziel hier näher kommen? (3) ←	Stöbern - Interesse- und - Bereichserkundung (4)

Tabelle 10: Inhalts- und Strukturerforschung

Hinter dieser Aufteilung steckt die Vorstellung, daß Suchprozesse überwiegend stöbernder Art sind. Nur in den seltenen Fällen, in denen das gesuchte Ziel klar beschrieben werden kann und die verwendeten Hilfsmittel soweit bekannt sind, daß man sie direkt nutzen kann, kann man von einer nicht-stöbernden Suche sprechen.

Beim Stöbern ist immer etwas unklar, unbekannt. Wir stöbern auf dem Dachboden oder in einer fremden Büchersammlung, wir wissen nicht genau, was uns erwartet oder was wir erwarten. Um die möglichen Gestaltungsmaßnahmen diskutieren zu können, ist eine Unterscheidung nach der Kenntnis bzw. Unkenntnis des jeweiligen Zieles des Benutzers und nach der Kenntnis bzw. Unkenntnis der Systemhilfsmittel und -strukturen auf dem Weg dorthin sinnvoll (vergl. Tabelle 10).

Das Ziel des Benutzers bezieht sich dabei auf die in der konkreten Benutzungssituation verfolgten Ziele und Absichten, diese können sich auch im Verlauf der Nutzung ändern.

Die Systemhilfsmittel und der Weg umfassen einerseits eine Kenntnis der möglichen Navigations- und Suchfunktionen als auch - und das ist der entscheidende Teil - eine Kenntnis der Struktur, d.h. der Aufteilung der im System vorhandenen Informationen in zusammengehörige Klassen.

Voraussetzung bei dieser Unterteilung ist die nackte Existenz eines Zieles und einer Systemstruktur. Wenn ein Benutzer keinerlei Ziel verfolgt, ist eine systemseitige Unterstützung nicht möglich. Falls auf der anderen Seite das Informationssystem keinerlei Struktur aufweist, so kann der Benutzer diese Struktur auch nicht erkennen und als Hilfsmittel bei seiner Navigation benutzen. Der Fall der nicht-existenten Struktur erscheint zunächst einigermaßen ungewöhnlich, ist aber die vorherrschende Realität im WWW.

(1) Ziel klar - Weg klar

Ist sowohl das Ziel (z.B. eine bestimmte Verkehrsverbindung) als auch der Weg dorthin klar (z.B. weil man bereits vorher erfolgreich eine ähnliche Frage gelöst hat), so kann man von einer gezielten Suche sprechen.

Nach dieser Definition tritt die gezielte Suche relativ selten auf, da die Klarheit von Weg und Ziel eher die Ausnahme sein dürfte. Vor allem professionelle Informationsvermittler und andere Personen, die Informationssysteme oft zur Suche benutzen, agieren in diesem Modus. Historisch auf die letzten Jahre bezogen war es allerdings der vorherrschende Modus, da Endbenutzer kaum interaktiv mit umfangreichen Datenbanken umgehen konnten und so auf die Hilfe professioneller Vermittler angewiesen waren.

In einer reinen Form kann diese Suche in einem Schritt durchgeführt werden, wenn das System eine direkte Suche zuläßt. In vielen Fällen muß man sich allerdings auch in diesem Fall durch viele Menüs durchhangeln, bis man an sein Ziel gelangt.

(2) Ziel unklar - Weg klar

In diesem Fall kennt sich der Benutzer grundsätzlich mit dem System und seiner Struktur aus. Er hat auch ein Ziel, aber es ist ihm nicht bewußt und es klärt sich erst in der Interaktion. Dieser Fall liegt den verbreiteten positiven Beschreibungen des Browsens zugrunde (z.B. [KUHLEN 1991: S. 124 ff.]. Beim Stöbern klärt sich dabei schrittweise das Ziel und die Suche wird gerichteter. Es kann aber auch sein, daß dieser Klärungsprozeß nicht stattfindet und der Benutzer nach einiger Zeit des Interesse verliert.

Hier ist vor allem die attraktive Präsentation von Einzelfällen wichtig, da der Benutzer erst in der Aktion, beim Betrachten der Information entscheiden kann, ob ihn dieser Bereich interessiert. Als Navigationsinstrument werden in erster Linie die Verknüpfungen von Einzelfällen im Gegensatz zu den hierarchischen Verknüpfungen genutzt, die deshalb vielfältig angelegt sein sollten.

(3) Ziel klar - Weg unklar

Hier weiß der Benutzer, was er will, z.B. eine Verkehrsverbindung, eine Adresse oder das Kino, in dem ein bestimmter Film läuft. Er hat auch eine Vermutung, daß irgendwo im System die entsprechende Information vorhanden sein müßte, aber er weiß nicht genau, wo das ist und wie er dahin kommt.

In diesem Fall sollte der Benutzer möglichst schnell an sein Ziel geführt werden. Er erforscht das System nur insoweit es für seine Zielerreichung notwendig ist.

Was diesen Fall von der gezielten Suche unterscheidet ist die mangelnde Kenntnis des Systems und seiner Struktur. Vor allem die Strukturerforschung ist bis jetzt in der Literatur noch wenig untersucht worden, vermutlich weil dieses Problem bei der Einschaltung professioneller Vermittler nicht auftritt. Je mehr allerdings gelegentliche Nutzer mit Informationssystemen arbeiten, desto wichtiger wird die Offenlegung der inneren Struktur und die Integration in den Suchprozeß.

Bates vertritt die These, daß der Benutzer eines Informationssystems zunächst ein 'Gefühl für das System'[25] entwickeln muß. Dazu muß die Struktur des Systems offengelegt werden, d.h. die Art und Weise, in der die Entwickler das Material angeordnet haben. Dies umfaßt die zulässigen Begriffe und ihre Beziehungen.

Es kommt stark auf eine antizipierende, korrekt abstrahierende, erwartungskonforme Darstellung von Subsystemen (rhetoric of arrival) an, d.h. man möchte vorher wissen, wo man landet. Wo eine gesonderte Darstellung nicht möglich ist, sollte Realisierung konsistent sein, so daß man nach kurzem Probieren auf die Realisierung des Ankunftsortes schließen kann.

(4) Ziel unklar - Weg unklar

Wenn überhaupt kein Ziel vorhanden ist, löst sich dieser Fall in das absichtslose 'Surfen' im Informationsangebot auf und kann nicht weiter gezielt systemseitig unterstützt werden. Sobald allerdings der Benutzer ein Ziel oder ein Interesse entwickelt, löst sich dieser Fall in einen der beiden Fälle (2) oder (3) auf.

Mit den oben getroffenen Fallunterscheidungen kann jetzt die Gestaltung der Such- und Navigationsfunktionen des konkreten Bremer Stadtinformationssystem vorgestellt werden. Die Implementierung erfüllt dabei leider nicht alle hier entwickelten wünschenswerten Anforderungen. Grundsätzlich sind aber mit der vorgeschlagenen Architektur auch die weitergehenderen Anforderungen realisierbar.

6.3 Erschließung in einem Stadtinformationssystem

Die Unterstützung der oben beschriebenen Such- und Navigationsfunktionen in einem Stadtinformationssystem erfordert die Strukturierung der Datenbasis in einer Weise, daß sowohl deklarative als auch navigierende Suchverfahren unterstützt sowie auch für gelegentliche Nutzer handhabbare Zugriffsoperationen bereitgestellt werden.

---

[25] „...that whenever a person interacts with an information system, a period of orientation is necessary, during which the person gets a feel for the system." [BATES 1986A: S. 95]

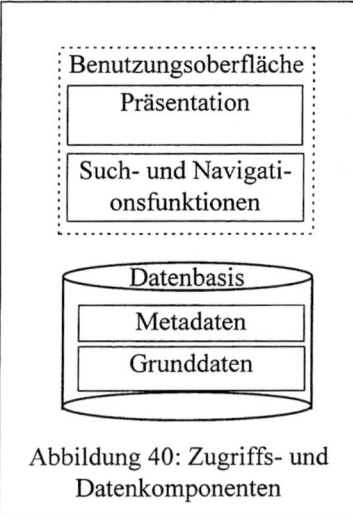

Abbildung 40: Zugriffs- und
Datenkomponenten

Die zentralen Komponenten eines Informationssystems sind die Benutzungsoberfläche mit den Such- und Navigationsfunktionen sowie die Datenbasis.

Da ein qualitativ hochwertiges Informationssystem unterschiedliche Erschließungsformen auf dem gleichen Grunddatenbestand unterstützen muß, sind die Erschließungsdaten logisch von den Grunddaten zu trennen.

Die Datenbasis kann also unterteilt werden in Grund- und Metadaten. Metadaten umfassen alle Daten, die für die Erschließung genutzt werden, wie den Thesaurus und einen Index. Die Grunddaten sind die Beschreibungen von Objekten wie Einrichtungen, Veranstaltungen und Mitteilungen.

Aus den bisherigen Ausführungen ist deutlich geworden, daß ein und dieselbe Grundinformation, z.B. die Beschreibung einer Einrichtung, auf verschiedenen Wegen erreichbar sein muß. Man könnte für jeden dieser verschiedenen Zugriffspfade statische Zusammenstellungen anlegen, die der Benutzer z.B. in Form von HTML-Seiten aufruft. Dies wären z.B. alphabetische Namenlisten, thematische Listen, stadtteilbezogene Listen usw. Der Aufwand zur Pflege dieser Zusammenstellungen wäre allerdings enorm, und es würde immer wieder die Gefahr von Inkonsistenzen entstehen.

Wesentlich einfacher ist eine programmgesteuerte dynamische Erzeugung dieser Listen aus einer Datenbank, da man damit die Speicherung der eigentlichen Inhalte an einem Ort konzentriert und trotzdem beliebig vielfältige Zusammenstellungen erzeugen kann. Für die Zuordnung der Einrichtungsadressen zu den Standorten auf dem Stadtplan ist diese Form der programmgesteuerten Zuordnung sogar die einzig sinnvolle, da man ansonsten bei statischen Zuordnungen die Markierung auf den Stadtplanbildern per Hand in einer festgelegten Auflösung für tausende von Objekten vornehmen müßte.

Die dynamische Generierung von Verweisen setzt wiederum eine eindeutige Identifizierung der Objekte voraus, so daß man die Modellierung als eindeutig identifizierbare Objekte zum Zweck der programmgesteuerten, dynamischen Generierung der Präsentationen als die zentrale Entwurfsentscheidung des Systems bezeichnen kann.

Trennung Präsentation und Datenhaltung

Eine Schwäche bisher existierender Hypertextsysteme ist ihre enge Verbindung der Präsentation eines Objektes mit seiner Speicherung im System. Dazu hat sicher die weite Verbreitung von HyperCard beitgetragen, mit dem eine Reihe von Hypertextanwendungen entwickelt wurden. Bei HyperCard ist ein Objekt zunächst das, was auf eine Karte paßt und wird mit dieser Karte bzw. als Karte abgespeichert. Aber auch andere Hypertextsysteme wie vor allem das WWW unterscheiden nicht systematisch zwischen den Objekten und ihrer Präsentation.

Dies ist allerdings keine grundlegende Eigenschaft von Hypertext-Systemen, sondern liegt an der leichteren Handhabkeit beim Prototyping von Systemen. Der Aufwand einer zusätzlichen Abstraktionsschicht wird nur dann einsichtig, wenn man größere Datenbestände erstens effizient pflegen und zweitens für verschiedene Kontexte unterschiedlich darstellen will. D.h. HyperCard (und WWW) kann das gleiche Objekt mit gleicher Präsentation gut in verschiedenen Kontexten darstellen, aber nicht das gleiche Objekt mit unterschiedlicher Präsentation.

Die Trennung von Datenhaltung und Präsentation erfordert eine abstrakte Beschreibung von Eigenschaften, die dann jeweils in konkrete Präsentationen umgesetzt werden.

Ein solches Modell setzt voraus, daß die einzelnen Informationsobjekte im technischen Sinn als Objekte identifizierbar sind, die festgelegte Attribute besitzen. Damit ist eine Datenbank zwingend erforderlich.

Erst die Modellierung und Speicherung von Einrichtungen, Veranstaltungen und (Thesaurus-)Begriffen als einzeln identifizierbare Objekte ermöglicht den Aufbau beliebiger Relationen zwischen ihnen. Diese Relationen können schrittweise verfeinert und mit einer differenzierten Semantik belegt werden und können langfristig mit alltagsbezogenen Ableitungsmechanismen ausgewertet werden, wie sie aus dem Bereich der Expertensysteme bekannt sind.

162

6.3.1 Erschließungsfunktionen in der Bremer Infothek

Die folgende Abbildung zeigt die unterschiedlichen Erschießungsmöglichkeiten in einem Stadtinformationssystem.

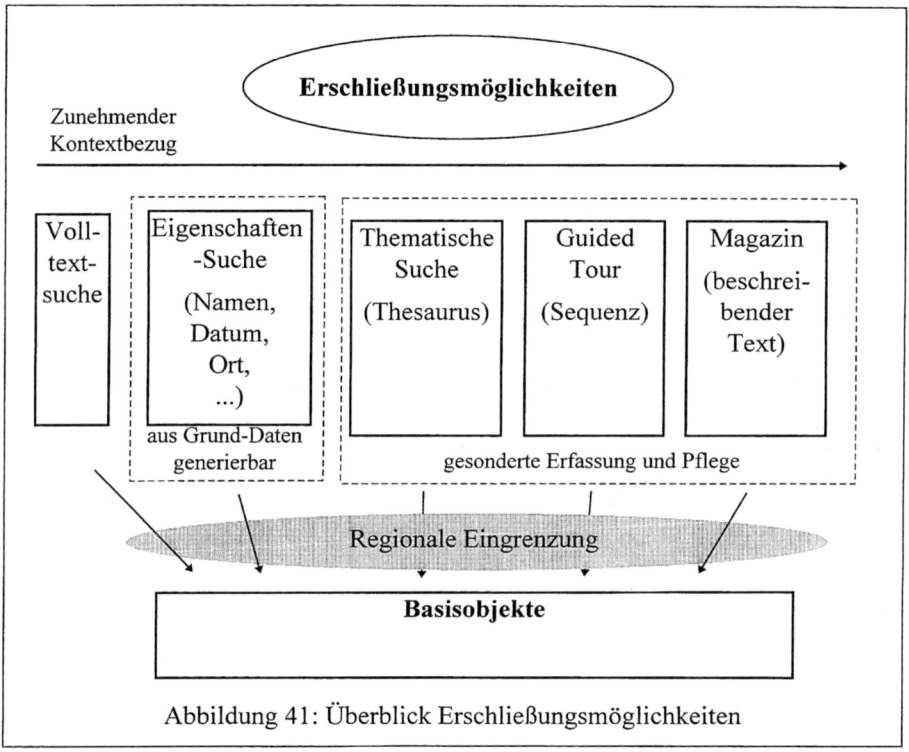

Abbildung 41: Überblick Erschließungsmöglichkeiten

Die einzelnen Erschließungsfunktionen stellen unterschiedliche Möglichkeiten für den problembezogenen Zugriff bereit. Sie sind von links nach rechts so angeordnet, daß sie einen immer stärkeren Kontextbezug unterstützen und somit eine stärker subjektive, von einem Autor geprägte Sicht auf die Objekte ermöglichen.

Die regionale Eingrenzung ist keine gesonderte Erschließungsform, sondern wirkt als eingrenzender Filter, mit dem der Fokus auf einzelne Stadtteile eingeengt werden kann. In anderen Systemen, wie etwa bei einem touristischen Wanderführer, könnte man diese Funktion als eigenständige Erschließungsform implementieren.

6.3.1.1 *Volltext-Suche*

Wie ich bereits im vorigen Abschnitt entwickelt habe, ist die Volltext-Suche nicht der universelle Suchmechanismus, der alle anderen Suchformen überflüssig macht.

Als eine Funktion unter mehreren ist sie für ein umfassendes Erschließungsangebot unverzichtbar (vergl. [GLÖCKNER-RIST 1993]). Bei der Suche nach Namen und anderen eindeutigen Zeichenketten führt sie am schnellsten zum gewünschten Resultat.

Bei einer strukturierten Datenbasis, die aus in relationalen Tabellen gespeicherten Objekten und verbundenen HTML-Dokumenten besteht, stellt sich die Frage, was genau bei einer Volltext-Suche durchsucht wird.

In dem implementierten Prototyp wurde zunächst keine umfassende Volltext-Suche realisiert, da das zugrundeliegende Datenbanksystem Oracle eine entsprechende Option nur über ein kostenpflichtiges Zusatzprodukt anbot, das im Projekt nicht zur Verfügung stand. Deshalb wurde zunächst nur eine eingeschränkten Volltext-Suche realisiert, die die Namens- und Beschreibungsfelder nach Zeichenketten durchsucht.

Aber auch bei Verfügbarkeit der entsprechenden Funktionen sind die Ergebnisse der Volltext-Suche für gelegentliche Nutzer oft verwirrend. Selbst für erfahrene WWW-Benutzer ist oft die Interpretation der Suchergebnisse aus den Suchmaschinen keine leichte Arbeit, da die eingegebenen Zeichenketten in ganz unerwarteten Kontexten gefunden werden. Eine Volltext-Suche sollte deshalb ausdrücklich für erfahrene Benutzer vorgesehen werden.

Ein Kompromiß zwischen der Volltext-Suche und der thematischen Suche in einem Thesaurus könnte in der Entwicklung halbautomatischer Werkzeuge liegen, die regelmäßig die beschreibenden Texte der Datenbasis durchsuchen und die mit Hilfe linguistischer Verfahren mögliche Suchbegriffe extrahieren. Diese Kandidaten für Suchbegriffe könnten dann manuell überprüft und entweder in den Thesaurus übernommen werden oder in einen getrennten Index überführt werden.

6.3.1.2 Eigenschaften-Suche

Bei der Eigenschaften-Suche wird direkt nach den Eigenschaften eines Grundobjektes gesucht, z.B. die Abfrage nach allen Veranstaltung des aktuellen Tages (vergl. Abbildung 8 im dritten Kapitel) oder direkt nach dem Namen einer Einrichtung.

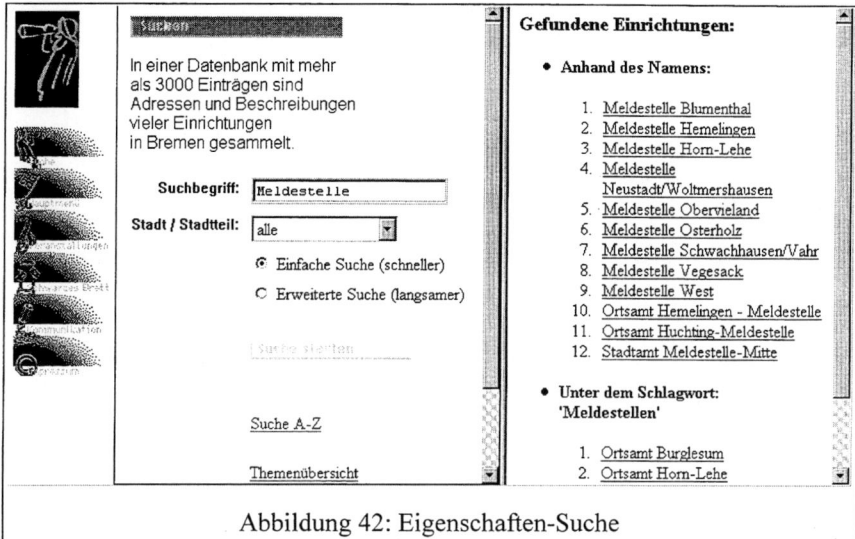

Suchen		Gefundene Einrichtungen:

In einer Datenbank mit mehr als 3000 Einträgen sind Adressen und Beschreibungen vieler Einrichtungen in Bremen gesammelt.

Suchbegriff: Meldestelle

Stadt / Stadtteil: alle

◉ Einfache Suche (schneller)

○ Erweiterte Suche (langsamer)

Suche starten

Suche A-Z

Themenübersicht

Gefundene Einrichtungen:

• **Anhand des Namens:**

1. Meldestelle Blumenthal
2. Meldestelle Hemelingen
3. Meldestelle Horn-Lehe
4. Meldestelle Neustadt/Woltmershausen
5. Meldestelle Obervieland
6. Meldestelle Osterholz
7. Meldestelle Schwachhausen/Vahr
8. Meldestelle Vegesack
9. Meldestelle West
10. Ortsamt Hemelingen - Meldestelle
11. Ortsamt Huchting-Meldestelle
12. Stadtamt Meldestelle-Mitte

• **Unter dem Schlagwort:** 'Meldestellen'

1. Ortsamt Burglesum
2. Ortsamt Horn-Lehe

Abbildung 42: Eigenschaften-Suche

Bei dieser Suche wird nach der als Suchbegriff eingegebenen Zeichenkette in den Namensfeldern der Einrichtungen sowie in den Schlagworten gesucht. So werden in der obigen Abbildung beim Suchbegriff 'Meldestellen' alle Meldestellen gefunden, da dies in ihrem Namen direkt enthalten ist, sowie darunter die Ortsämter, die in Bremen ebenfalls als Meldestelle fungieren und denen der Begriff Meldestelle als Schlagwort zugeordnet wurde.

Diese Suchform wird oft kombiniert mit der thematischen Suche, z.B. in der Frage nach allen Kindergärten (thematische Auswahl) in einem Stadtteil (Auswahl nach Adresseigenschaft).

Diese Suchform ist ein zentraler Grund für die Modellierung der Stadt als Verknüpfung strukturierter Objekte und ist auf der Grundlage einer strukturierten Datenbasis mit einzeln identifizierbaren Objekte einfach zu implementieren. Die einzelnen Attribute der Objekte können vom Datenbanksystem indiziert werden und stehen dann für effiziente SQL-Abfragen zur Verfügung. Als Ergebnis einer entsprechenden Abfrage wird eine Menge von Objekten zurückgeliefert, die dann für die Präsentation aufbereitet und dem Benutzer angezeigt wird.

Eine Herausforderung besteht bei dieser Suchform im Umfang der Kombinationsmöglichkeiten. Technisch ist es kein Problem, beliebig komplizierte Bool'sche Ausdrücke zusammenzubauen und auszuwerten. Für die Benutzer ist aber jede Kombination von Abfragebedingungen ein Problem, da sie deren Wirkungsweise oft nicht richtig einschätzen können. Aus diesem Grund wurden komplexere Abfragen nur sehr sparsam verwendet.

Bei der Abfragemaske für Veranstaltungen (siehe Kapitel 3) sind ODER-Bedingungen (für die Tage) mit UND-Bedingungen für die Einschränkungen (Ort, Rubrik) verbunden.

6.3.1.3 Thematische Suche mit Hilfe eines Thesaurus

Die Trennung von Grunddaten und Erschließungsdaten ist für die konventionelle Erschließung bei Fachinformationssystemen mit Hilfe von Deskriptoren bereits gegeben. Grunddaten sind z.b. Literaturverweise, denen beliebig viele Deskriptoren zugeordnet werden können.

Die Deskriptoren werden unabhängig von der Nutzung und der Zielgruppe vergeben

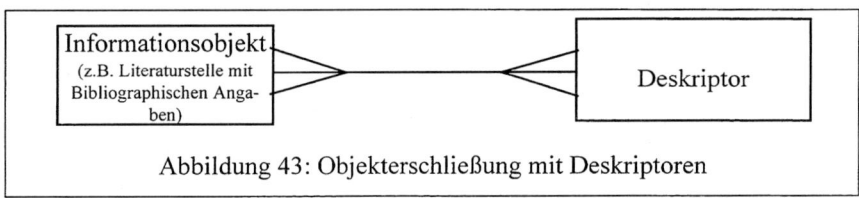

Abbildung 43: Objekterschließung mit Deskriptoren

und stellen mehr oder weniger objektive Eigenschaften der Grundobjekte dar.

Bei einer Abfrage werden alle Objekte, die die Kriterien der Suchanfrage erfüllen, als ungeordnete Menge zurückgeliefert. Abfragen erfüllen hier vor allem die Funktion, aus einer sehr großen Mengen von Objekten eine kleine Anzahl von Objekten herauszufiltern, die für den Nutzer in der konkreten Situation interessant sind.

Thesaurus

Der Thesaurus stellt die statische Struktur der Stadt dar. Unabhängig von der Existenz einzelner Objekte werden mögliche Klassen von Objekten und ihre Beziehungen zueinander definiert. Dem Benutzer dürfen allerdings nur solche Schlagworte, Unter- und Oberkategorien angeboten werden, zu denen auch Objekte vorhanden sind.

Der Thesaurus besteht aus Ober- und Unterkategorien und Schlagworten, die zueinander in einer polyhierarchischen Beziehung stehen. So kann das Schlagwort 'Jazztanz' sowohl der Unterkategorie 'Sportvereine' in der Oberkategorie 'Freizeit & Sport' als auch der Unterkategorie 'Gesundes Leben' in der Oberkategorie 'Gesundheit' zugeordnet werden (siehe Abbildung 44).

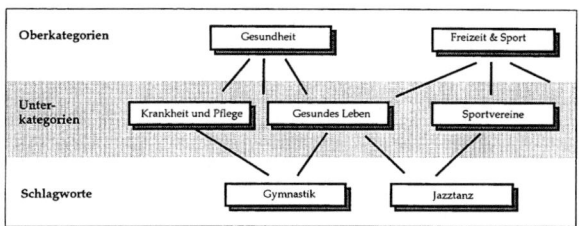

Abbildung 44: Beispiel für Thesaurus-Beziehungen mit Mehrfachzuordnung

Als weitere grundlegende Beziehungsrelation neben der hierarchischen Anordnung sind Synonyme vorgesehen, wobei in der ersten Implementierung nur Synonyme zu den Schlagworten möglich sind.

Umgangssprachlich ist z.B. häufig vom Sozialamt die Rede, verwaltungstechnisch erfolgt die Sozialhilfebearbeitung in Bremen entweder im Amt für Soziale Dienste

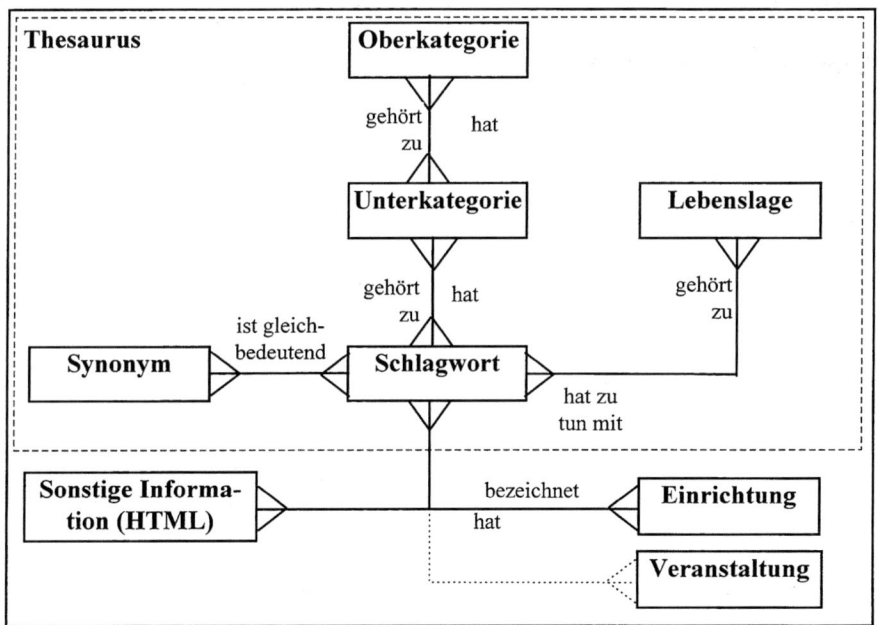

Abbildung 45: OB-Diagramm des Thesaurus

oder in einem Ortsamt. Da das Informationssystem gerade bei diesen Bezeichnungsproblemen helfen soll, muß bei der Eingabe eines Begriffes wie „Sozialamt" eine angemessene Systemreaktion erfolgen.

167

Die Schlagworte sind schließlich die eigentlichen Deskriptoren, die den Basis-Objekten der Infothek zugeordnet sind. Implementiert wurde zunächst nur der Verweis auf Einrichtungen und die sonstigen Informationen, logisch müssen die Veranstaltungen genauso behandelt werden.

Interaktion

Der Thesaurus wird sowohl bei der schrittweisen Eingrenzung des Suchbereiches durch den hierarchischen Abstieg über die Ober- und Unterkategorien verwendet als auch bei der Unterstützung der Zeichenkettensuche. Ich gehe zunächst auf den hierarchischen Abstieg ein.

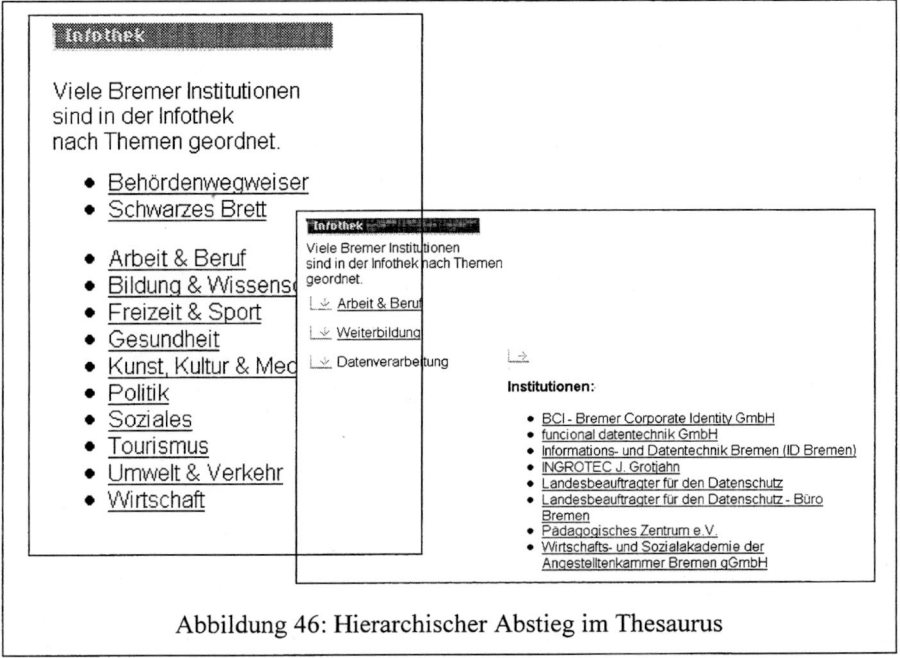

Abbildung 46: Hierarchischer Abstieg im Thesaurus

Über die schrittweise Auswahlsequenz von 'Arbeit & Beruf' -> 'Weiterbildung' -> 'Datenverarbeitung' gelangt der Benutzer schließlich zur gesuchten Einrichtung, in diesem Fall dem kommunalen Eigenbetrieb Informations- und Datentechnik Bremen (ID Bremen). Von hier aus können weitere Navigationsschritte unternommen werden.

Abbildung 47: Gefundene Einrichtung

Eine weitere hierarchische Zusammenfassung von Themen geht von typischen Lebenslagen aus, die im Alltag für Menschen in der Stadt von Bedeutung sind und in denen sie unterstützende Informationen von einem Stadtinformationssystem erwarten. Speziell im Zusammenhang mit dem Behördenwegweiser ist dieses Konzept ansatzweise verwirklicht worden. Es geht auf die Planung der U.S.-Bundesregierung für Multimedia-Kioske im Zusammenhang mit einem Katalog von Maßnahmen für die Erhöhung der Servicequalität der öffentlichen Verwaltung zurück [GITS 1995].

Die Grundannahme besteht darin, daß im Zusammenhang mit bestimmten typischen Lebenslagen wie etwa Wohnungswechsel, Heirat oder Arbeitslosigkeit eine Reihe unterschiedlicher Anliegen zu berücksichtigen sind, die quer zu der thematischen Aufteilung eines Thesaurus und der Verwaltungsorganisation liegen. Die Beziehung zwischen den einzelnen Schlagworten einer Lebenslage ist aber eine sehr offene und sagt nur aus, daß dieses Schlagwort möglicherweise mit dieser Lebenslage zu tun hat.

Angesichts der Komplexität und Unterschiedlichkeit von Lebenslagen würde eine engere Bedeutung wie etwa ‚muß erledigt werden' in hohem Maße Fallunterscheidungen verlangen und letztlich auf ein Expertensystem hinauslaufen. Dabei wären aber eine Reihe von Fragen sowohl der Daten- und Regelbasis und vor allem der Interaktion zu klären, die zur Zeit noch völlig ungelöst sind.

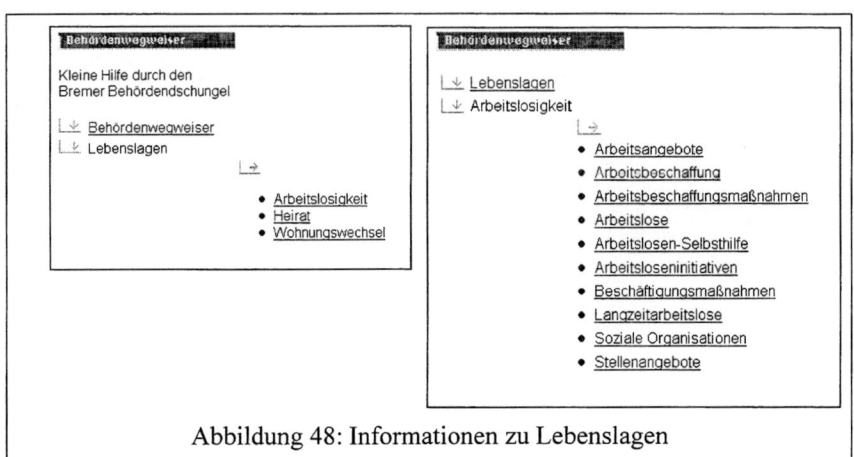

Abbildung 48: Informationen zu Lebenslagen

Auch bei der Zeichenkettensuche, die bereits bei der Eigenschaftensuche vorgestellt wurde, kommt der Thesaurus zum Einsatz. Allerdings erfolgt dies nur indirekt im Rahmen einer erweiterten Suche unter Einbeziehung von Synonymen. Diese Funktion wurde von Bergst entwickelt [BERGST 1997] und beruht nicht mehr auf einem direkten Zeichenkettenvergleich. Vielmehr wird die eingegebene Zeichenkette als Ausgangspunkt für eine Bestimmung möglicherweise ähnlicher Begriffe genommen, die den Absichten des Benutzers nahekommen. So wird eine Stammformreduktion sowie die Suche in einer Synonym-Tabelle durchgeführt. Vor allem die Synonymsuche beruht stark auf der Qualität der vorhandenen Synynom-Tabelle. Dabei kann nicht einfach ein vorhandenes Synonymlexikon eingesetzt werden, da viele Begriffe im Zusammenhang eines Stadtinformationssystems sehr spezifisch sind und auch Namen von Behörden und speziellen Hilfsangeboten umfassen sollten. Der Aufbau dieser Synonyme muß im Zusammenhang mit der Entwicklung einer alltagsorientierten Thesaurus erfolgen.

Die Entwicklung eines alltagsorientierten Thesaurus unter Beteiligung der betroffenen Einrichtungen ist nicht nur objektiv schwierig, sondern für diese auch ungewohnt und liegt außerhalb angestammter Zuständigkeiten und fachlicher Kompetenzen.

Die Erfahrungen zeigen, daß es sehr schwer ist, komplexe Sachverhalte angemessen abstrakt zu beschreiben, so daß ein ganzes Bündel an juristischen Fallunterscheidungen unter einem Kernbegriff faßbar wird. Vor allem die Beschäftigten aus den Ämtern neigen dazu, eher die Unterschiede der Aufgaben zu betonen. Außerdem tritt das Problem auf, daß durch die voneinander unabhängige Verschlagwortung auf einmal ein gemeinsamer Bezug zwischen Einrichtungen hergestellt wird, der so nicht beabsichtigt oder vorausgesehen ist. Wer z.B. im Themenbereich „Einrichtungen" das Suchwort „Flughafen" eingibt, erhält auch Informationen zu einer Initiative gegen den Fluglärm. Dies mag dem Betreiber des Flughafens nicht gefallen. Zum Abbild der Stadt gehören jedoch beide Einrichtungen. Und die Integration getrennter Bereiche ist als besonderer Vorteil eines elektronischen Stadtinformationssystems herausgestellt worden. Daher plädiere ich für Toleranz angesichts mancher ungewollter Nachbarschaft vermittelt über gemeinsame Schlagworte.

Alle bis jetzt beschriebenen Möglichkeiten der direkten Suche z.b. nach dem Namen und über die schrittweisen thematischen Eingrenzungen führen zur Beschreibung einer Einrichtung. Darüber hinaus gibt es auch eine allerdings umfangreiche alphabetische Liste aller Einrichtungen. Man kann auch z.b. aus der Anzeige von Veranstaltungen heraus direkt zur veranstaltenden Einrichtung gehen und erhält wiederum die Standardanzeige der Einrichtung. Eine weitere Suchstrategie besteht darin, eine der gesuchten Einrichtung ähnliche Einrichtung aufzusuchen. Dort kann man alle Schlagworte sehen, unter denen die Einrichtung im System verschlagwortet ist und beim Anklicken eines dieser Schlagworte erhält man eine Liste aller Einrichtungen, die mit diesem Schlagwort verschlagwortet sind. Dies unterstützt die induktive Erforschung des Systems.

Neben dem begrifflichen Thesaurus gibt es als weitere wichtige Erschließungsdimensionen in Stadtinformationssystemen die regionale Zuordnung nach Stadtteilen. Bei vielen alltäglichen Entscheidungen orientieren sich die Menschen in einer Stadt auch an der örtlichen Nähe: wir suchen den nächsten Containerstandplatz, zum Arzt möchten wir keine weiten Wege gehen, der Kindergarten soll möglichst nahe sein. Dabei stellt oft die reine Entfernung eine zusätzliche Dimension neben anderen inhaltlichen Faktoren dar. Über die Postleitzahl der Adresse der Einrichtungen werden diese den Bremer Stadtteilen zugeordnet. So kann eine gezielte Auswahl und Eingrenzung der Einrichtungen nach Stadtteilen erfolgen.

Eine verbindliche Vokabularverwaltung ist hier besonders wichtig, weil Straßennamen in verschiedenen Verzeichnissen doch sehr unterschiedlich geschrieben werden, indem Abkürzungen verwendet oder Bindestriche weggelassen werden. In der Bremer InfoThek wurde das Straßenverzeichnis der Kataster- und Vermessungsverwaltung Bremen zugrunde gelegt.

Technische Implementierung des Thesaurus

Die Umsetzung in Datenbank-Tabellen erfolgt direkt aus dem OB-Diagramm des Thesaurus (Abbildung 45) und erfordert wegen der N:M-Beziehungen zwischen den beteiligten Objektklassen neben den Tabellen für die Speicherung der Schlagworte, Unterkategorien, Oberkategorien und Synonyme jeweils verbindende Zwischentabellen. Damit umfaßt der Bereich Thesaurus die eigentlichen Begriffstabellen sowie die Beziehungen untereinander.

Tabellen-Name	Beschreibung
T_Oberkategorien	Oberkategorien
T_Unterkategorien	Unterkategorien
T_Schlagworte	Schlagworte
T_Synonyme	Synonyme zu Schlagworten
T_SW_Unter	Zuordnung Schlagworte zu Unterkategorien
T_Unter_Ober	Zuordnung Unterkategorien zu Oberkategorien

Tabelle 11: Tabellen im Zusammenhang mit dem Thesaurus

Von besonderer Bedeutung für die Implementierung der Suchfunktionen ist die Tabelle T_Index. Sie ist die zentrale Datenstruktur für die Suche in der Infothek. Bei jedem Suchvorgang, der sich auf Schlagworte bezieht, wird eine SQL-Abfrage auf der Index-Tabelle durchgeführt. Alle Zeilen mit den Objekt-ID's, denen die gesuchten Schlagworte zugeordnet sind, werden zurückgeliefert, und es können die entsprechenden Objekte direkt angezeigt oder als HTML-Verweis zur Auswahl angeboten werden. Die Organisation dieser Tabelle und ihre Indizierung sind von großer Bedeutung für schnelle Reaktionszeiten bei vielen Suchvorgängen.

Feldname	Bedeutung / Verwendung
Institution_ID	Verweis auf T_Institutionen (zukünftig beliebiger Objektverweis)
Schlagwort	Schlagwort
Typ	Typ des Schlagwortes (Thema, Zielgruppe)
Aenderdatum	Datum letzte Änderung

Tabelle 12: Aufbau der Tabelle T_Index

Zu unterscheiden ist strikt zwischen der Index-Tabelle, die die direkte Verschlagwortung implementiert, und den Thesaurus-Tabellen. Diese enthalten den kontrollierten Schlagwortbestand, unabhängig von einer Zuordnung existierender Objekte in der Infothek. In der Index-Tabelle können auch nicht kontrollierte Schlagworte existieren, die dann im Rahmen der Qualitätssicherung (siehe Kapitel 7) in den kontrollierten Bestand überführt oder geändert werden.

6.3.1.4 Touren

Bereits bei der Diskussion der Hypertext-Systeme wurde die Erschließung eines Bereiches über die Abfolge einzelner Stationen als eine wichtiges Orientierungshilfsmittel entwickelt. Gerade wenn man nicht gezielt nach einzelnen Informationen sucht, sondern sich einen Überblick über einen Bereich verschaffen will, so ist die Präsentation des Bereiches über die sequentielle Anordnung wichtiger Objekte, die gezielt von einem Autor erstellt wird, eine Hilfe zur Reduktion der Komplexität.

Gerade touristische Informationen in einer Stadt werden oft in Form eines Rundganges präsentiert. So gibt es allgemeine Rundgänge, die die Sehenswürdigkeiten einer Stadt nacheinander darstellen oder auch spezielle thematisch bestimmte Rundgänge, wie z.B. ein Rundgang aus der Sicht von Frauen, eine Tour durch den Hafen oder Stationen der Industriegeschichte. Auch in Museen werden oft entsprechende Rundgänge zur leichteren Orientierung angeboten. Neben den räumlichen Touren können aber auch zeitliche Abläufe, wie z.b. die Umgestaltung eines Platzes über die Jahrzehnte hinweg, dargestellt werden.

Wichtig bei einem solchen Rundgang ist die Beschreibung des Gesichtspunktes, unter dem der Rundgang stattfindet, in einer für den Benutzer nachvollziehbaren Form. Neben einem sprechenden Namen kommt hier vor allem der Einsatz von Bildern - entweder als Symbol oder als Abbild - in Betracht.

Eine weitere Anwendung könnten auch Veranstaltungstips sein, die aus der Flut aller Veranstaltungen nach bestimmten Kriterien bestimmte Veranstaltungen auswählen und präsentieren. Die Auswahl kann wiederum thematisch bestimmt sein ('Klassik-Höhepunkte'), sie kann aber auch mit dem Namen einer bekannten Persönlichkeit ('DJ Bobo empfiehlt') verbunden werden.

Die Reihenfolge der einzelnen Stationen einer Tour, die der Autor der Tour nach seinen Kriterien festlegen kann, ist ein entscheidendes Merkmal dieser Erschließungsform. Im Gegensatz zu der reinen Verschlagwortung, die als Ergebnis ebenfalls eine Anzahl von Objekten zurückliefert, können die Touren nach inhaltlichen Gesichtspunkten sequentiell aufgebaut werden. Der Vorteil für die Nutzer besteht in der Möglichkeit, einem fertigen Pfad zu folgen, der Nachteil besteht in dem Erstellungs- und Pflegeaufwand sowie in dem dann fehlenden Anreiz, Neues zu entdecken.

Diese Touren können in einem Stadtinformationssystem über Sequenzen realisiert werden. Eine Sequenz besteht aus Objekten, die in einer festgelegten Reihenfolge zueinander stehen und die der Benutzer nacheinander aktivieren kann. Der Name repräsentiert den inhaltlichen Aspekt, unter dem die Objekte zusammengestellt wurden. Eine Sequenz kann auch weitere Attribute besitzen, wie z.B. einen erläuternden Text oder ein Logo zur besseren Unterscheidung.

Mit diesem Konzept können nicht-generalisierte Sichten auf den Datenbestand erzeugt und von anderen Benutzern verfolgt werden. Ich muß nicht mehr allgemeingültige Attribute für Objekte vergeben, sondern kann eine beliebige Zusammenstellung von Objekten z.B. unter dem Namen 'Wolfgang's Lieblingskneipen in Bremen' abspeichern. So können unterschiedliche Sichten auf eine Stadt wie z.B. nur die großen, bekannten Theater und Museen für auswärtige Touristen realisiert werden.

Dieses Konzept ist in der Bremer InfoThek noch nicht implementiert, aber ich kann hier die Grundelemente einer Implementierung skizzieren.

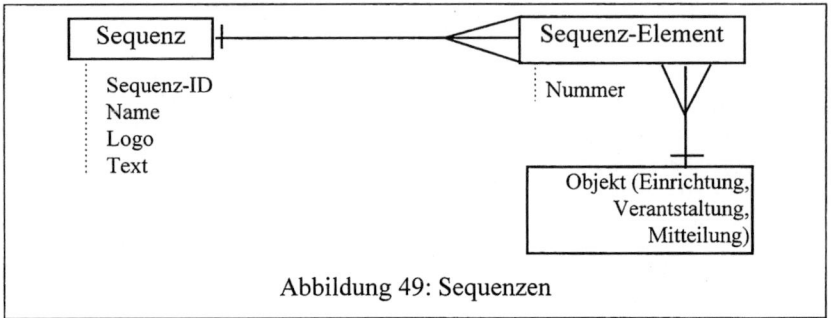

Abbildung 49: Sequenzen

Zur Erzeugung und Verwaltung von Sequenzen ist ein Editor erforderlich, der direkt aus dem WWW heraus die Zuordnung eines angezeigten Objektes zu einer Sequenz ermöglicht, die Darstellung und Veränderung der Reihenfolge der Elemente sowie die Verwaltung des beschreibenden Textes und des Logos unterstützt.

Die erforderlichen Datenstrukturen umfassen eine Seqenz-Tabelle und eine Sequenz-Elemente-Tabelle in der Datenbank. Die Sequenz-Tabelle benötigt die Felder Sequenz-ID, Name, Text, Logo und die abhängige Sequenz-Elemente-Tabelle die Felder Sequenz-ID, Nummer, Objekt-ID, Typ. Über das Feld Typ wird unterschieden, ob es sich bei dem anzuzeigenden Objekt um eine Einrichtung, eine Veranstaltung oder eine Mitteilung handelt.

Bei der Anzeige wird die Sequenz-Elemente-Tabelle abgearbeitet, und dem Benutzer stehen die Sequenz-Funktionen Vorwärts, Rückwärts, Gehe zum Anfang, Gehe zum Ende zur Verfügung.

Die Implementierung der Sequenz-Operationen ist mit den standardmäßigen HTML-Funktionen nicht möglich, da das zugrundeliegende Protokoll HTTP zustandslos ist. Hauck [HAUCK 1996] implementiert aus diesem Grunde seine Guided Tours mit Hilfe einer Erweiterung des Servers. Mit den Funktionen von Java ist es inzwischen auch möglich, Zustandsinformationen lokal im Client für die Dauer einer Sitzung zu speichern. Damit kann man den jeweils aktuellen Ort in einer Tour verwalten und relativ dazu die Sequenz-Operationen realisieren.

6.3.1.5 *Magazin*
In einem weit gefaßten Sinn ist ein beschreibender Text, der sich auf Objekte der Stadt bezieht, ebenfalls als Erschließungsinstrument zu sehen.

Je nach Sichtweise kann man dies eher als Schnittstelle des Systems nach außen oder auch als Teil des Systems sehen. Als Möglichkeit, über einen beschreibenden Text den Lesern die Stadt bzw. einen bestimmten Aspekt des städtischen Lebens nahezubringen, sehe ich es eher als eine subjektive, autorengeprägte Erschließungsmöglichkeit.

Vorbild für diese Funktion sind die Stadtmagazine, Stadt- bzw. Reiseführer und Ratgeber für unterschiedliche Lebensarten, die heute massenhaft für unterschiedliche Zielgruppen existieren. Mit dem Begriff 'Magazin' wird die frei beschreibende Seite dieser Textsorte betont, wobei allerdings die etwas strukturiertere Beschreibung der verschiedenen Stadtführer eingeschlossen ist.

Mit der Möglichkeit, beschreibende Texte mit Verweisen auf Objekte in der Datenbank zu verbinden, handelt es sich bei dieser Textsorte um einen mittlerweile klassischen Hypertext.

Die stärkste Individualisierungsmöglichkeit in der Erschließung besteht in beliebigen Verweisen aus Texten heraus auf die Informationsobjekte der Datenbank. Hier werden keine zusätzlichen Informationen in der Datenbank mehr abgespeichert, sondern aus dem Text heraus wird über eine Schnittstelle auf die Datenbank zugegriffen. Dieses Schnittstelle bezeichne ich als 'Tor' zur Datenbank, über das ein Datenbankinhalt im Text verankert wird.

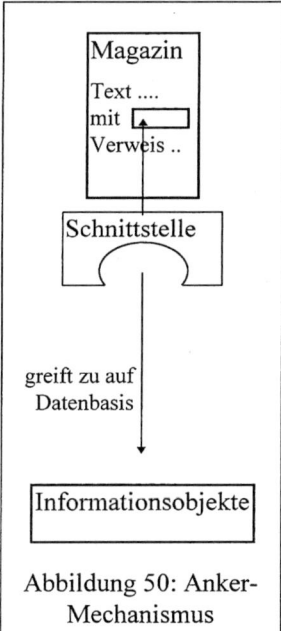

Abbildung 50: Anker-Mechanismus

In einer einfachen Version kann es sich um einen Verweis auf ein Objekt der Datenbank handeln, das vom Benutzer explizit aktiviert werden muß. In einer aufwendigeren Version wird der Datenbankinhalt direkt in den Text eingebettet. Man kann sich dies als eine Art Makro-Expansion vorstellen, bei der automatisch beim Anzeigen eines Textes auf den Inhalt des Objektes in der Datenbank zugegriffen wird und dieser angezeigt wird.

Neben dem Zugriff auf einzelne Objekte ist auch der Bezug auf eine Liste von Objekten in einem Text sinnvoll, um z.B. alle Hallenbäder einer Stadt direkt anzuzeigen. Diese Listen können relativ groß werden, und abhängig von Umfang der referenzierten Informationen kann der Autor des Textes zwischen dem Verweis und der Einbettung wählen.

Auch an dieser Stelle sehen wir wieder den Übergang von Einzelobjekten zu Klassen von Objekten, der für die Erschließung großer Datenbestände charakteristisch ist.

Mit dem Verweis auf Einzelobjekte und Listen von Objekten aus einem Text heraus kann die Textsorte

'Magazin' erstellt werden, die aus einem vom Autor inhaltlich bestimmten Zusammenhang an beliebiger Stelle einen Verweis auf ein Datenbankobjekt ermöglicht. Damit ist die flexibelste Integration der strukturierten Datenhaltung mit der Erschließung aus individueller Autorensicht gegeben. Die Realisierung sowohl der Autorenkomponenten als auch eine effiziente Anzeige der erstellten Texte mit den jeweiligen Datenbankzugriffen ist allerdings nicht einfach und kann hier nur in groben Zügen angedeutet werden.

Notwendig ist auf jeden Fall ein Editor, mit dem man HTML-Dokumente erstellen kann und der als Sonderfunktion die automatische Generierung der Parameter für die Datenbankschnittstelle ermöglicht. Dazu muß bei der Erstellung jeweils auf die Objekte der Datenbank zugegriffen werden und diese müssen in Form von Auswahllisten dem Autor angeboten werden. Die Datenbankschnittstelle selbst ist bereits für die Erzeugung der dynamischen HTML-Seiten vorhanden und muß nur noch weiterentwickelt werden. Für den Fall der reinen Verweise können diese unkompliziert als normale statische HTML-Verweise realisiert werden. Die Einbettung der Inhalte in den laufenden Text erfordert demgegenüber eine zusätzliche Verarbeitung durch einen Präprozessor, der dann dynamisch die Inhalte in den Text einfügt.

6.3.2 Objekte, Integration & Erschließung: die Stadt als Informationsraum

In diesem Kapitel wurde bereits mehrfach der Begriff des Informationsraumes in einem eher intuitiv verständlichen Zusammenhang verwendet, ohne ihn begrifflich näher zu bestimmen. Eine Auseinandersetzung mit diesem Begriff kann einen Beitrag für ein klareres Verständnis von Informationen und der Art und Weise unserer Aneignung von Informationen leisten. Die folgenden Überlegungen sind sehr vorläufig und sollen eher zum Weiterdenken einladen, als daß sie ein festes Gebäude darstellen.

Verschiedene Autoren verwenden den Begriff Informationsraum ohne näher auf ihn einzugehen. So spricht Kuhlen vom „Informationsraum eines Fachgebietes" [KUHLEN 1995: S. 514], Mesaric und Schinnerl verwenden die „information spaces" im Zusammenhang mit der Verwendung von Stadtplänen als Interaktionsmetapher [MESARIC UND SCHINNERL 1996: S. 339] und Bekavac und Rittberger sprechen von „virtuellen Informationsräumen" [BEKAVAC UND RITTBERGER 1997].

Auch die EG verwendet den Begriff Informationsraum, allerdings in Analogie zum Wirtschaftsraum als den „gemeinsamen Informationsraum", der aus „den Informationen, Geräten, Komponenten und der Software zur Verarbeitung dieser Informationen, der informationstechnischen Infrastruktur, den Basistelekommunikationsdiensten, den Benutzern und den Anwendungen, mit denen sich die Benutzer im Informationsraum bewegen." [EG-KOMMISSION 1993: S. 103 f.] Interessanterweise wird die Notwendigkeit zur Strukturierung von Informationen gesehen, allerdings wird dies ausschließlich auf die Anwendungen bezogen, und der Informationsraum wird nicht als anwendungsübergreifende Struktur betrachtet.

Baukrowitz sieht den Informationsraum aus industriesoziologischer Perspektive als Komplement neuer Produktionskonzepte. „Traditionelle, auf Automatisierung gerichtete Informationssysteme stehen damit massiv im Widerspruch zur Grundidee systemischer Produktionskonzepte. Erst die Entfaltung digitaler Informationssysteme im Informationsraum bietet die Möglichkeit, diese zentrale Idee zu realisieren." [BAUKROWITZ 1996: S. 75] Sie unterscheidet zwischen der „Arbeit *im* Informationsraum" und der „Arbeit als Maschinenbediener *am* Großrechnersystem" [BAUKROWITZ 1996: S. 76]. Der Informationsraum ist in dieser Sichtweise nicht Objekt der Arbeit, sondern umgebender Raum der Arbeit, „sozialer Handlungsraum, in dem sich ein zunehmender Anteil sozialen Handels in der Lebenswelt wie in der Sphäre der Produktion abspielt ..." [BAUKROWITZ 1996: S. 74]. Die Vertrautheit im Umgang mit dem Informationsraum wird damit zu einer Anforderung, um an der modernen Produktion teilhaben zu können.

Noch weitergehendere Vorstellungen, nach denen man im Cyberspace in eine „dreidimensionale Entwicklungsumgebung eintauchen" und sich in „computergenerierten Erlebnisräumen" bewegt [BÜHL 1996], betonen den Aspekt des eigenständigen Lebens im Cyberspace. Diese Ansätze sind noch sehr spekulativ und vernachlässigen m. E. das Bedürfnis nach einem Leben im physischen Raum. Auch der Ansatz ausschließlich elektronischer Städte, wie z.B. das Amsterdamer Projekt „De Digitale Stad" (vergl. [BÜHL 1996: S. 22], [HOOFFACKER UND LOKK 1997]), ist eher als Experimentierfeld von Medienpionieren und nicht als Prototyp der postmodernen Stadt zu sehen. Städtische Informations- und Kommunikationsbedürfnisse sind sehr tief mit physischer Raumerfahrung verbunden [DOWNS UND STEA 1982] und können durch den elektronischen Raum ergänzt, aber nicht ersetzt werden.

Der Informationsraum ist in meinem Verständnis ein bescheideneres Konzept als der Cyberspace und versucht, die bereits jetzt sichtbaren gesellschaftlichen Veränderungen in unserem Umgang mit Informationen zu fassen. Der Informationsraum ist dabei ein eigenständiges Objekt mit eigenen Gesetzen, das aber nach wie vor auf die physische Welt bezogen ist und daraus auch seine Attraktivität bezieht. Informationen sind nicht mehr nur Hilfsmittel, um Probleme zu lösen. Sie sind umfassend als Informationsraum strukturiert und ergeben einen Handlungsraum, in dem wir uns bewegen, um Informationen zu suchen, zu kommunizieren oder uns zu unterhalten. Gleichzeitig sind diese Handlungen nach wie vor auf physische Bedürfnisse nach Essen, Liebe und realer zwischenmenschlicher Kommunikation bezogen.

Dem Informationsraum liegt zunächst einmal die räumliche Vorstellung zugrunde, die wir mit unseren alltäglichen Raumerfahrungen, vor allem der Orientierung im dreidimensionalen Raum verbinden. Die Übertragung dieser Raumerfahrungen auf den abstrakten Raum der Informationsbeziehungen und die Untersuchung des

„kognitiven Kartierens" [Downs und Stea 1982: S. 90 ff.] könnte eine interessante Basis für die Gestaltung dieses Informationsraumes darstellen (vergl. [Dieberger und Bolter 1995]). Beim kognitiven Kartieren wird erstens die Abbildung der räumlichen Umwelt in eine verständliche Repräsentation (Kartenherstellung, Enkodierung) und zweitens die Interpretation durch einen Menschen (Kartenlesen, Dekodierung) untersucht. Die dabei gefundenen Abbildungsregeln vor allem in Bezug auf Perspektive, Maßstab und die Wahl der Symbole können für die Präsentation von Informationsbeziehungen genutzt werden.

Bei den Ansätzen zur Verbesserung der Orientierung in Hypertexten werden die miteinander verbundenen Knoten eines Hypertextes vielfach als Netz dargestellt. Neben der Tatsache, daß sich mit dem Begriff Netz eher Vorstellungen wie die Gefangenschaft im Netz verbinden, ist das Netz eher flach und zweidimensional.

Mit dem Raumbegriff verbinden sich eher Vorstellungen wie das Bewohnen eines Raumes aber auch das Überwinden des Raumes, die für Informationsräume nutzbar gemacht werden können. Die Idee besteht darin, physische Raumerfahrungen auf das Navigieren in begrifflichen Räumen zu übertragen bzw. nach Analogie zu forschen.

Im Informationsraum gibt es Distanzen zwischen einem Betrachter (oder eher Bewohner) und den einzelnen Objekten. Manche Objekte sind nah und damit gut sichtbar und erreichbar, andere Objekte sind weiter entfernt und damit schwerer zu erreichen. Die Wege zum Ziel sind ebenfalls unterschiedlich komfortabel und die Wegweiser - wie auch in der realen Welt - sind oft interpretationsbedürftig.

Marshall und Shipman haben sich intensiv mit der Nutzung räumlicher Konzepte für die Strukturierung großer Informationsmengen beschäftigt und auch mit dem System VIKI ein Werkzeug zur Erforschung von räumlichen Navigationsmöglichkeiten entwickelt [Marshall and Shipman 1995]. Der Vorteil 'räumlicher Hypertexte' liegt ihrer Ansicht nach in der Möglichkeit zur Repräsentation unscharfer, impliziter und informeller Beziehungen durch eine mehr oder weniger große räumliche Nähe der Objekte zueinander. Dadurch können graduelle Abstufungen von Beziehungen repräsentiert werden. Neben der räumlichen Nähe setzen sie eine gemeinsame Ausrichtung der Objekte und visuelle Hilfen wie Farben und die Dicke von Umrandungen zur Repräsentation von inhaltlichen Beziehungen ein.

Die im Informationsraum dargestellten Beziehungen müssen von den Benutzern aktiv genutzt werden. In der Regel erfordert dies eine Navigation im Raum, eine Reise zum Ziel. Ausgangspunkt beim Bewegen in Informationsräumen ist der aktuelle Standort des Bewohners. Dieser Standort ist nicht nur der Inhalt der Variablen 'Akt_Standort' im Code, sondern definiert ein Gesichtsfeld. Und jede Standortveränderung, wie auch im physischen Raum, ist mit Aufwand verbunden. Dieser Aufwand bezieht sich einmal auf benutzte Ressourcen, wie etwa dem Fahrpreis bei öffentlichen Verkehrsmitteln oder den physischen Anstrengungen beim Gehen. Vor allem ist es ein psychischer Aufwand des Bewohners, sich am neuen Standort zurechtzufinden. Je abrupter der Übergang, desto höher ist dieser Zurechtfindungsaufwand und desto höhere Anforderungen werden an Hilfsmittel gestellt, um den Betrachter bei der Orientierung zu unterstützen.

Es geht mir beim Informationsraum nicht nur um eine verbesserte Navigation. Mit dem Konzept der räumlichen Nähe verbindet sich auch Vertrautheit, Überschaubarkeit, aber auch Begrenztheit. Die gleichzeitige potentielle Verfügbarkeit des weltweiten Wissens, also die Unbegrenztheit der möglichen Informationsaufnahme, kann nur dann als positive Chance gesehen werden, wenn man gleichzeitig Nah-Räume auch im Informationsraum schafft, die überschaubar sind.

Physische Nähe-Ferne-Beziehungen, die bisher unser Leben strukturiert haben, verlieren an Bedeutung für unsere Lebenswelt. Bereits die Mobilität durch Auto und ICE verändern den Raumbezug, also das, was die Menschen als nah und damit als in ihre tägliche Arbeits- und Lebensplanung integrierbar empfinden. Aber noch muß ein physischer Raum überwunden werden.

Im Informationsraum fällt der physische Raum in sich zusammen und wird durch einen Raum der Konzepte ersetzt. Menschen schließen sich aufgrund gemeinsamer Interessen zusammen unabhängig von ihrem physischen Ort. Aber die Vielzahl unterschiedlicher Interessen mit ihren Querbezügen, Beschreibungen, Visualisierungen stellen selbst wieder einen Raum dar, den es zu erforschen, zu überwinden oder zu bewohnen gilt. Stadtinformationssysteme entfalten diesen Informationsraum für eine Stadt und stellen ein Erprobungsfeld für die Nutzung dieses Raumes dar.

Die Möglichkeit für einen selektiven globalen Zusammenschluß aufgrund gleicher Interessen oder auch Vorurteilen kann auch zu einer Verstärkung einer weltweiten Isolierung führen. Mit der Möglichkeit der Selektion kann Andersartigkeit ignoriert werden. Deborah Johnson weist auf den Stellenwert hin, den die Koexistenz und der Zwang zur Auseinandersetzung unterschiedlicher Gruppen für den demokratischen Prozeß hat. „The common space that people occupy has, historically, been the commonality that has drawn them (the people - WT) into political communities. If we are less dependent on physical, geographic space, then what will bind us together? I fear it will be our information providers." [JOHNSON 1996: S. 32]

Ulrich Beck sieht im Zusammenhang mit der Globalisierung einen dialektischen Zusammenhang zwischen der Globalisierung und einer stärkeren Bedeutung lokaler Zusammenhänge und faßt dies in Anlehnung an Robertson mit dem Kunstwort Glokalisierung. „Kurz gesagt, findet eine nicht-traditionalistische Renaissance des Lokalen statt, wenn es gelingt, lokale Besonderheiten global zu verorten und in diesem Rahmen konfliktvoll zu erneuern." [BECK 1997: S. 87] Ein Werkzeug zur globalen Verortung des Lokalen können informationstechnisch basierte Informationsräume sein, in denen der lokale Zusammenhang des alltäglichen Lebens dargestellt und unterstützt wird.

Das Verhältnis von lokalem, vertrautem Bezug und übergreifender Integration ist nichts Neues und prägt die Entwicklung unserer großen Städte. Der Architekt und Stadtplaner Christopher Alexander fordert die Gestaltung einer Stadt als ein 'Mosaik aus Subkulturen': „ Die Großstadt muß aus einer großen Zahl von verschiedenen Subkulturen bestehen, jede von ihnen stark artikuliert, mit ihren eigenen scharf umrissenen Werten und scharf von den anderen unterschieden. Obwohl diese Subkulturen deutlich unterschieden und getrennt sein sollen, dürfen sie doch nicht abgeschlossen sein; sie müssen untereinander leicht zugänglich sein, sodaß eine Person durchaus von einer zur anderen ziehen und sich einrichten kann, wo es ihr am besten paßt." [ALEXANDER 1995]

Der Informationsraum kann für die Entfaltung dieses Spannungsverhältnisses von Abgeschlossenheit und Offenheit eine Umgebung darstellen. Sowohl die von Johnson befürchtete Isolierung als auch eine verstärkte Integration unterschiedlicher Gruppen sind mögliche Entwicklungen. Die vernetzte technische Infrastruktur ist Auslöser für die Integration und ermöglicht gleichzeitig neue Formen Bildung von abgeschlossenen, aber durchlässigen Gemeinschaften.

7 Informationslogistik: kontinuierliche Informationsproduktion

Im letzen Kapitel stand die problembezogene Nutzung multimedialer Stadtinforma-tionssysteme mit dem Schwerpunkt der Such- und Navigationsfunktionen im Vor-dergrund. Die Verfügbarkeit dieser Funktionen ist ein wichtiges Qualitätsmerkmal. Aber ohne Inhalte sind die Suchfunktionen nutzlos - genauso wie umgekehrt die In-halte ohne einen problembezogenen Zugriff nutzlos sind. Die zweite wichtige Be-trachtungsebene bezieht sich deshalb auf die Qualität der Inhalte. Wie ich im dritten Kapitel entwickelt habe, ist für eine langfristige und kontinuierliche Qualitätssiche-rung die Qualität der Produktionsprozesse entscheidend.

In diesem Kapitel untersuche ich deshalb den Produktionsprozeß der Inhalte eines Stadtinformationssystems und versuche dabei, Grundelemente für einen qualitativ hochwertigen Produktionsprozeß dieser speziellen Systeme zu identifizieren. Ich konzentriere ich mich dabei auf die arbeitsteilige Organisation der Produktion und die Werkzeuge zur Unterstützung der Produktion, da diese Punkte am engsten mit den im vorigen Kapitel beschriebenen funktionalen Qualitätsanforderungen zusam-menhängen.

Informationsproduktion als Arbeitsprozeß

Die Herstellung der Inhalte eines Stadtinformationssystems kann als ganz normaler Arbeitsprozeß gesehen werden, in dem Menschen in einem arbeitsteiligen Prozeß mit Werkzeugen aus Rohmaterial Produkte herstellen. Im Gegensatz zu der materiellen Produktion von Gütern ergeben sich bei der Informationsproduktion Besonderheiten aus dem speziellen Charakter elektronischer Informationen. Sie sind immateriell und können deshalb schwer in eine handhabbare und abgrenzbare Form gebracht werden. Darüber hinaus sind sie ohne großen Aufwand kopierbar, so daß ihre Verfügbarkeit an einem Ort nicht unbedingt das Fehlen an einem anderen Ort impliziert. Diese Be-sonderheiten führen dazu, daß die Koordination arbeitsteiliger Prozesse einerseits erleichtert wird und andererseits keine allgemein anerkannte Modellvorstellung für die Arbeitsteilung existiert.

Der immaterielle Charakter elektronischer Informationen führt zu Unsicherheiten, was denn genau das herzustellende Produkt ist, wie man das Produkt quantitativ fas-sen kann. Für den Benutzer ist der erhoffte Informationsgewinn das Ziel, aber der Betreiber eines Informationssystems muß entweder Nutzungszeiten oder die Menge an selektierten Informationen oder überhaupt die Nutzungsberechtigung in Rech-nung stellen. Der Erfolg der CD-ROM beruht zum Teil auch darauf, daß hiermit In-formationen in eine materielle und gut verkaufbare Form gebracht werden. Die in einem Informationssystem gespeicherten Daten sind immer nur potentielle Informa-tionen, die ihre Potentialität realisieren müssen.

Die einfache Kopierbarkeit elektronischer Informationen führt zunächst dazu, daß man Informationen sehr einfach mit anderen teilen kann, ohne selbst einen Verlust zu erleiden. Dies ist die Grundlage für die bisher recht laxe Haltung im Internet gegenüber dem juristisch definierten geistigen Eigentum. Für das kommerzielle Überleben von Informationsanbietern im Internet müssen hier allerdings tragbare Regelungen gefunden werden.

Bei der Nutzung fremder Datenbestände muß die Art und Weise der Nutzung geklärt werden. Im Gegensatz zu einem Stuhl, der beim Verkauf physisch die Werkstatt bzw. den Laden verläßt, kann man bei elektronischen Netzen zwischen einer Kopie, die dann ein Eigenleben führt, und einem Verweis, der auf das Ursprungsobjekt zeigt, unterscheiden. Diese Unterscheidung hat weitreichende Konsequenzen in Bezug auf spätere Änderungen und zusätzliche, zum Zeitpunkt der erstmaligen Nutzung noch unbekannte Nutzungsmöglichkeiten.

Die Verweise sind konzeptionell wesentlich interessanter, da damit eine erhöhte Aktualität und Konsistenz der Daten erreicht werden kann. Allerdings verschwimmen damit die klaren Regeln geschäftlicher Transaktionen, da jetzt im Grunde Nutzungsrechte mit Aktualisierungsmöglichkeiten gehandelt werden und nicht mehr einfache Produkte. Für Ted Nelson, den Pionier der Hypertextidee, war die technische und juristische Unterstützung von Verweisungen die zentrale Idee von Hypertext, und er hat dafür den Begriff der „Transclusion" geprägt [NELSON 1995].

Die Möglichkeit elektronischer Verweise schafft die Voraussetzung für eine informationelle Kooperation von unterschiedlichen Informationslieferanten für ein Informationssystem. Gerade für Stadtinformationssysteme, die ein sehr komplexes Gebilde wie eine moderne Stadt informationell abbilden sollen, ist eine solche Kooperation unverzichtbar. Die Organisation und technische Umsetzung dieser Kooperation wird in diesem Kapitel dargestellt. Es fehlt aber noch ein konzeptionelles Modell, um diese Kooperation zu beschreiben. Ich gehe zunächst auf Kuhlens Modell der informationellen Mehrwerte ein, um dann ein auf logistischen Prinzipien basierendes Modell zu entwickeln.

Informationeller Mehrwert

Rainer Kuhlen hat mit seiner Theorie der informationellen Mehrwerte [KUHLEN 1995: S. 73 ff.] einen theoretischen Rahmen zur Bestimmung der Informationsarbeit, die einen informationellen Mehrwert erzeugt, entwickelt. Die explizite Berücksichtigung der Arbeitsprozesse und ihrer Voraussetzungen für die Herstellung von Informationen ist ein wichtiger Schritt zum Verständnis dieses Prozesses.

Er bezieht sich ausdrücklich auf die in der Nationalökonomie des 19. Jahrhunderts verbreitete begriffliche Trennung von Gebrauchswert und Tauschwert.[26] Mit ihrer Hilfe unterscheidet er zwischen dem Gebrauchswert als dem potentiellen Nutzen für einen Informationskunden und dem Tauschwert als den Leistungen, die vom Informationssystem vorgehalten werden.

Nach Kuhlen erzeugt Informationsarbeit aus Wissensobjekten Information mit Mehrwerteigenschaften, wobei dieser Prozeß Rückwirkungen auf die Wissensobjekte haben kann.

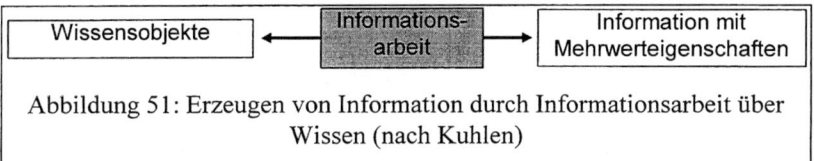

| Wissensobjekte | ←→ | Informations-arbeit | ←→ | Information mit Mehrwerteigenschaften |

Abbildung 51: Erzeugen von Information durch Informationsarbeit über Wissen (nach Kuhlen)

Informationsarbeit umfaßt alle Methoden und Verfahren, die informationelle Mehrwerte entstehen lassen. Informationelle Mehrwerte können durch die Prozesse der Wissensrekonstruktion, der Informationserarbeitung und der Informationsaufbereitung entstehen. Bei der Wissensrekonstruktion wird z.B. zu einer Originalquelle durch die Erstellung eines Abstracts ein potentieller Informationsgewinn, ein informationeller Mehrwert erzeugt. Das Ergebnis ist erst einmal eine Ressource, die der möglichen Nutzung offensteht.

Die eigentliche Nutzung erfolgt in der Phase der Informationserarbeitung durch die Zugriffsfunktionen des Datenbanksystems. Hier enstehen informationelle Mehrwerte durch die Abfragefunktionalität des Datenbanksystems.

In der Phase der Informationsaufbereitung werden weitere Mehrwerte produziert durch ansprechendes Layout, aber auch durch selektive Verfahren, die Informationen an unterschiedliche Benutzerbedürfnisse, unterschiedliches Informationsverhalten oder unterschiedliche Ziele anpassen.

„Mit diesen drei Schritten der Mehrwerterzeugung - Wissensrekonstruktion, Informationserarbeitung und Informationsaufbereitung - sind die Möglichkeiten des Aufbaus von Systemleistungen weitgehend erschöpft." [KUHLEN 1995: S. 89]

Kuhlen setzt informationelle Mehrwerte und Nutzen gleich, informationeller Mehrwert ist für ihn nur ein anderer Begriff für den Nutzen, den ein Benutzer hat. Damit ist jede Arbeit, die den potentiellen Nutzen erhöht, informationelle Mehrwertproduktion, und die Frage nach dem eigentlichen Charakter dieser Nutzenerhöhung bleibt offen.

---

[26] Allerdings definiert er die Begriffe völlig anders als z.B. Marx und zieht dementsprechend andere Konsequenzen.

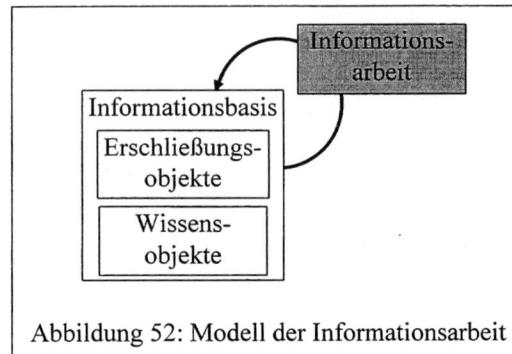

Abbildung 52: Modell der Informationsarbeit

Im Grunde kann man die Wissensobjekte und die Information mit Mehrwerteigenschaften nicht sauber unterscheiden, da die Informationsarbeit auf die Wissensobjekte selbst wirkt und entweder die Beziehungen untereinander verbessert oder neue Wissensobjekte generiert. Ausgehend von meiner Unterscheidung im dritten Kapitel, nach der Wissensobjekte plus Erschließungsobjekte potentielle Information darstellen, kann man nur zu einem willkürlich gesetzten Anfangszeitpunkt zwischen der Arbeit, die auf der reinen Wissenkomponente und derjenigen, die auf der Erschließungskomponente operiert, unterscheiden. Ab diesem Initialzeitpunkt ist jede Arbeit, die eine der beiden Komponenten qualitativ verbessert, Informationsarbeit.

In Abgrenzung von Kuhlen gehe ich davon aus, daß die Informationsarbeit nicht vom Objekt her bestimmt werden kann, sondern sich auf das Ziel beziehen muß als Arbeit, die auf Bereitstellung von potentiellen Informationen gerichtet ist.

Entscheidendes Kennzeichen der Informationsarbeit ist die Aufbereitung für ungewisse Nutzungssituationen. Informationsarbeit besteht im wesentlichen darin, Zusammenhänge herzustellen. Alle anderen Merkmale der Informationsarbeit treffen auch auf die traditionelle Autorenarbeit zu - sammeln, ordnen, strukturieren, Zusammenhänge benennen usw.

Der Autor eines Textes arbeitet sich an seinen inhaltlichen Problemen ab und ordnet Sachverhalte in einen problembezogenen Zusammenhang ein. Bei der Informationsarbeit durch Erschließung wird ein produzierter Text in einen übergeordneten Zusammenhang gestellt, es werden also Beziehungen zu anderen Informationsobjekten hergestellt. Dies ist traditionell die Aufgabe von Dokumentaren oder von Redakteuren. Diese Aufgabe muß im Hinblick auf eine breitere Nutzung deutlich erweitert und im Fall der Dokumentation vom Image verstaubter Fachinformation und bei den Redakteuren von der Konzentration auf Einzelprodukte befreit werden

Die so bestimmte Informationsarbeit ist im wesentlichen die Integration vorhandener Wissensprodukte. Damit ist für diese Art der Informationsarbeit nicht so sehr das Modell einfacher Arbeit an einem Produkt angemessen. Vielmehr bietet sich das im Rahmen moderner Produktionskonzepte entwickelte Modell der Logistik an, da dieses im Kern die Integration von Teilprozessen zu einem möglichst reibungslos ablaufenden Gesamtprozeß beinhaltet.

In der betriebswirtschaftlichen Literatur wird der Logistikbegriff in sehr unterschiedlichen Schattierungen gefaßt. Large und Pfohl bleiben eng an dem materiellen Ursprung des Begriff, wenn sie Logistik definieren als „Sammelbegriff für verschiedene Tätigkeiten, die in Verbindung mit Transport- und Lagervorgängen durchgeführt werden" [LARGE UND PFOHL 1997: S. 2474]. Scheer bringt stärker die planerische Seite ins Spiel, wenn er unter Logistik „die planerische und dispositive Begleitung der Güterströme des Unternehmens" [Scheer 1995: S. 96] versteht.

Moderne Produktionskonzepte versuchen, eine hohe Flexibilität des Fertigungsbereiches, wie sie zunehmend von den Markterfordernissen bestimmt wird, zu gewährleisten. Dabei kommt der Koordinierung von Teilprozessen eine zentrale Stellung zu. „Durch Begriffe wie 'Kanban' und 'just-in-time-production' werden Logistikketten diskutiert, die nicht nur eine zeitlich straffe Organisation innerhalb des eigenen Betriebes fordern, sondern darüber hinaus auch zu betriebsübergreifenden Kooperationen drängen." [SCHEER 1995: S. 415]

Die logistische Sichtweise des Produktionsprozesses, nach der die Produktion vor allem in der zeitgerechten und flexiblen Koordination und Zusammenführung von rekursiven Subproduktionen besteht, die an unterschiedlichen Orten beliebig fremd vergeben oder selbst produziert werden können, hat die Diskussion um flexible Produktionskonzepte in den 80er Jahren geprägt (vergl. [WEGNER 1996]). Mit dem Begriff Logistik verbinde ich die Koordination von relativ unabhängigen Teilprozessen und ihre (räumlich/zeitliche) Integration in einen übergeordneten Prozeß.

Speziell bei Just-in-Time-Produktion (JIT) wird die enge Verzahnung unterschiedlicher Akteure deutlich. Nach Scheer kann beim JIT-Ablauf eine Integration der Vertriebsabwicklung in die Fertigungsfeinsteuerung durch Kundenabrufe erfolgen [SCHEER 1995: S. 470]. So wird ein hohes Maß an Feinkoordination zwischen Kunde und Lieferant realisiert, wobei Kunden und Lieferanten juristisch unabhängig oder auch nur verschiedene Abteilungen eines Unternehmens sein können.

Verschiedene Autoren verwenden den Begriff Informationslogistik, um die logistische Sichtweise auf den Informationsbereich zu übertragen.

Mit dem Begriff Informationslogistik werden in der Literatur zwei unterschiedliche Sichtweisen gefaßt: Einmal wird unter Informationslogistik der informationelle Aspekt der Warenlogistik und die damit zusammenhängende informationstechnische Infrastruktur verstanden. Die andere Sichtweise, der ich hier folge, sieht die Bereitstellung von Informationen als eigenständigen Produktionsprozeß und übernimmt Konzepte der Warenlogistik in die Informationslogistik. Ortner und Söllner sehen Daten als eigenständige Unternehmensressource, die es im Rahmen der Informationslogistik effizient zu beschaffen, zu verwalten und mit hohem Nutzen einzusetzen gilt [ORTNER UND SÖLLNER 1989: S. 32].

Bei Informationsprodukten kann man zwischen komplexen Einzelobjekten, wie etwa einer Dissertation oder einem Gutachten, und einfachen Einzelobjekten wie einer Veranstaltungsankündigung unterscheiden. Stadtinformationssysteme beruhen auf einfachen Einzelobjekten, bei denen die Produktion des einzelnen Objektes keine großen Schwierigkeiten macht. Das zu lösende Problem besteht vor allem in der Herstellung von Verbindungen zu den anderen Objekten des Systems. Die logistische Sichtweise, die ja im wesentlichen eine koordinierende Sichtweise ist, unterstützt die Einordnung von teilautonomen Einzelobjekten in einen in sich strukturierten Informationsraum.

Am differenziertesten geht Augustin mit seinem Logistikbegriff auf die unterschiedlichen Logistik-Dimensionen ein, auch wenn er sich stark an den militärischen Ursprung des Begriffes anlehnt: „Damit ist Logistik die Lehre von der Planung, der Bereitstellung und dem Einsatz der für den Konkurrenzkampf erforderlichen Mittel und Dienstleistungen. Das Wesen der Logistik liegt also in der Versorgung von Prozessen in einer Weise, daß sichergestellt ist, daß das Ergebnis dem Verbraucher zum richtigen Zeitpunkt, am richtigen Ort, in der richtigen Menge und in der richtigen Qualität zur Verfügung steht." [AUGUSTIN 1990: S. 20]

Augustin betont stark die „Synchronisation der verschiedenen Abläufe an den Schnitt- und Verzweigungspunkten von Informationsflüssen" und sieht darin eine „zentrale Aufgabe der Informationslogistik" [AUGUSTIN 1990: S. 24].

Im Zusammenhang dieser Arbeit verwende ich den Begriff Informationslogistik, um damit die kontinuierliche und effiziente Produktion und Bereitstellung von Informationen aus unterschiedlichen Quellen zu beschreiben. Zentraler Punkt für die Qualität von Informationssystemen ist der Prozeß der kontinuierlichen Beschaffung, Pflege und Entsorgung von Informationen. Die Informationslogistik ist die zentrale Aufgabe bei der Produktion und dem Betrieb eines Informationssystems. Sie umfaßt die Verfahren und Methoden zur Beschaffung und Erschließung der Datenbestände.

Analogie Güterlogistik - Informationslogistik

Einige Autoren wie z.B. Augustin übertragen bruchlos die Konzepte der Güterlogistik auf den Informationsbereich. Dies ist zwar weitgehend möglich, aber an einem Punkt bricht die Analogie zwischen den Gütern und den Informationen zusammen.

Güter sind grundsätzlich immer nur an einem Ort, sie können nicht gleichzeitig an zwei Orten sein. Wenn zu einem bestimmten Zeitpunkt an einem bestimmten Ort ein Werkstück vorhanden sein soll, um es z.B. in eine Maschine einzubauen, so muß dies geplant werden. Dies ist eine logistische Kernaufgabe.

Als Planer kann man abwägen zwischen einer punktgenauen zeitlichen und örtlichen Planung und der Einplanung einer gewissen Sicherheitsmarge durch Lagerhaltung. Im ersten Fall minimiert man die Kapitalbindung durch Liegezeiten, im zweiten Fall nimmt man diese Kosten in Kauf, um einen störungsfreien Ablauf zu gewährleisten.

Genau dieser Abwägungsprozeß ist bei Informationen nicht erforderlich, da diese beliebig kopiert werden können und bei vernetzten Systemen quasi gleichzeitig an allen Orten sein können, die über das Netz erreichbar sind.

Diese Flexibilität hat ihren Preis. Da nicht nur die benötigte Information sondern ein riesiger Informationsraum zur Verfügung steht, ist die Auswahl aus den verfügbaren Informationen, die Bewältigung der Informationsflut, die zentrale Aufgabe der Informationsbereitstellung. Bei der Just-in-Time Produktion stehen durch die Vorplanung des Produktionsablaufes immer nur die jeweils benötigten Teile zur Verfügung. Diese Teile sind überschaubar, ihre Anzahl ist begrenzt.

Die wichtigste Aufgabe der Informationslogistik besteht deshalb nicht in der zeitgenauen Bereitstellung der zu diesem Zeitpunkt an diesem Arbeitsplatz benötigten Informationen. Vielmehr geht es um die Bereitstellung aktueller Informationen in einem umfassenden Informationsraum, die aktiv von den Benutzern abgerufen werden können.

Bei der Informationslogistik hat nicht der Planer die aktive Rolle, der den Ablauf im Detail vorstrukturiert und so für die Auswahl sorgt. Vielmehr steht der Benutzer im Mittelpunkt, der Werkzeuge zur problembezogenen Auswahl aus einer Menge von potentiellen Informationen benötigt.

Die Informationen müssen dafür aktuell und zeitnah von den Lieferanten der Informationen in das System eingegeben werden und gleichzeitig müssen die erforderlichen Erschließungsinformationen bereitgestellt werden, damit eine problembezogene Auswahl möglich ist,. Selbstverständlich muß die problembezogene Auswahl nicht immer wieder neu definiert werden, sondern in der Praxis bewährte Auswahlmuster müssen abgespeichert und immer wieder neu aufgerufen werden können.

Wie auch bei der Güterlogistik muß der Prozeß der Informationslogistik als kontinuierlicher Prozeß organisiert werden, in dem Lieferanten immer wieder neu ihre Daten in ein Informationssystem eingeben. Nicht die einmalige Produktion eines Prototypen, sondern die kontinuierliche Herstellung eines Produktes ist die Aufgabe.

Gerade öffentliche, alltagsorientierte Informationssysteme werden nur dann auf Dauer gepflegt werden, wenn der zu ihrer dauernden Aufrechterhaltung und Pflege notwendige Aufwand bestimmte Größenordnungen nicht übersteigt. Dabei kann man zur Zeit wenig Aussagen über diese Größenordnung machen, da Kosten und Nutzen noch zu unklar sind. Zur Zeit dominieren noch die technischen Probleme der unmittelbaren Datenerfassung. Mittel- und langfristig werden - wie auch bei den traditionellen Massenmedien - inhaltsbezogene Aufgaben wie etwa die Akquisition, Aufbereitung und Pflege der Informationen zunehmend an Bedeutung gewinnen.

Das Modell der Informationslogistik bietet einen Rahmen, um damit die einzelnen Tätigkeiten bei der Produktion der Informationen zu beschreiben und diese zueinander in Beziehung zu setzen. Einzelne Tätigkeiten sind aus anderen Feldern, etwa der

Erstellung von Zeitungen oder Broschüren bekannt. Ihre Kombination und Integration zu einem informationslogistischen Prozeß unter starker Verwendung informationstechnischer Werkzeuge ist das besondere Merkmal der folgenden Ausführungen.

7.1 Die Produktionsstufen der Informationsinhalte

Bei den Printmedien ist im Laufe ihrer Institutionalisierung eine ausdifferenzierte Produktionsstruktur entstanden, die von den Korrespondenten über Presseagenturen und Redaktionen zu den Zeitungskiosken und dem Postvertrieb reicht sowie Werbeagenturen, Anzeigenannahmestellen u.a.m. umfaßt. Man kann von einer Wertschöpfungskette mit mehreren Produktionsstufen sprechen oder in Analogie zur Güterlogistik von einer Informationslogistik. Auf den einzelnen Produktionsstufen werden bestimmte Funktionen erfüllt, die teilweise auch als Rollen bezeichnet werden. Ein Betrieb kann dabei durchaus mehrere Rollen übernehmen. In der Anfangsphase neuer Medien ist es sogar typisch, daß einige Personen alle Rollen übernehmen. Erst mit zunehmendem Wachstum entsteht eine Rollendifferenzierung und zwischenbetriebliche Arbeitsteilung.

Auch in dieser Hinsicht befinden sich die meisten Stadtinformationssysteme noch in einer sehr frühen Entwicklungsphase. Sie werden zum Teil noch von Einzelpersonen erstellt. Um die Qualität zu verbessern, ist jedoch eine gewisse Arbeitsteilung erforderlich. Im folgenden soll ausgehend von den in der Literatur behandelten Multimedia-Wertschöpfungsketten ein Rollenmodell für Stadtinformationssysteme skizziert werden.

Das Modell der Wertschöpfungskette geht auf die Wertketten von Porter zurück [PORTER 1986], der mit seiner Unterscheidung in Primär- und Unterstützungsaktivitäten die spezielle Rolle der unterstützenden Infrastruktur für die eigentliche Wertschöpfung zu fassen versucht.

Das Beratungsunternehmen Booz, Allen und Hamilton hat in einer Studie für das Büro für Technikfolgenabschätzung beim Deutschen Bundestag eine Wertschöpfungskette für Multimedia beschrieben [BOOZ, ALLEN UND HAMILTON 1995], in der nahezu ausschließlich zwischen technischen Komponenten (Netzinfrastruktur, Server etc.) unterschieden wird. Der Faktor „Inhalte" wird zwar benannt, kommt aber viel zu kurz.

Die Erfahrungen bei der Entwicklung der Bremer InfoThek haben gezeigt, daß das Glied „Inhalte" im Grunde genommen eine eigene Wertschöpfungskette umfaßt, die in drei Stufen aufgeschlüsselt werden kann:

- Informationserzeugung und -beschaffung,
- Informationsaufbereitung und
- Informationsbereitstellung.

Diese drei Stufen beinhalten jeweils einen Komplex spezifischer Aufgaben. Die folgende Abbildung stellt die inhaltliche Wertschöpfungskette dar, deren Arbeitsgegen-

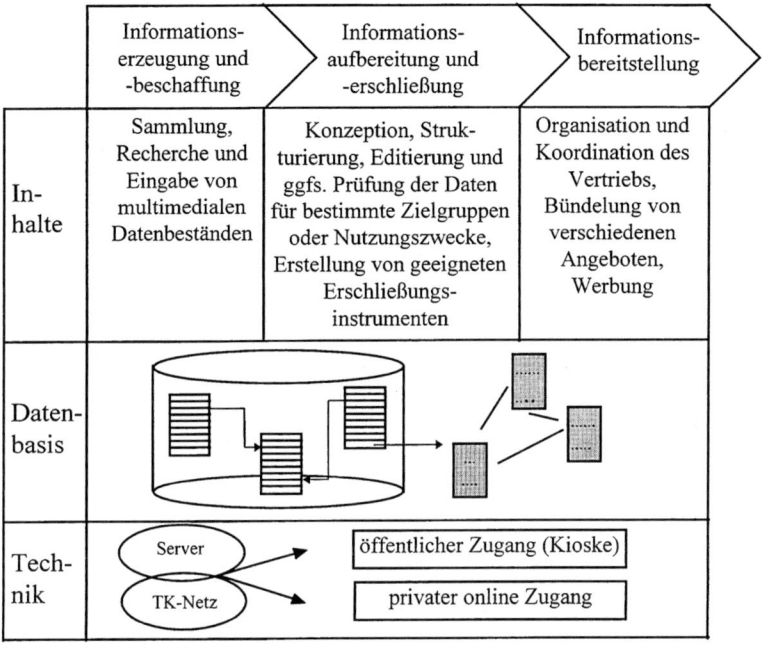

Abbildung 53: Wertschöpfungskette

stand die Datenbasis ist und die wiederum auf einer technischen Infrastruktur basiert.

Im Rahmen des Bremer Projektes wurde am Beispiel eines elektronischen Veranstaltungskalenders ein Modell entwickelt, das den drei Stufen der inhaltlichen Wertschöpfungskette drei Rollen zuordnet: Informationslieferanten, Redaktion sowie Anbieter.

Im Kern der informationslogistischen Aufgaben stehen die redaktionellen Aufgaben der Integration von Einzelinformationen zu einem nutzbaren Gesamtangebot. Im Mittelpunkt der folgenden Ausführungen stehen deshalb die im weitesten Sinne redaktionellen Tätigkeitsfelder. Diese reichen von der Organisation und Koordinierung der Informationslieferanten bis hin zur Bewertung, Prüfung und Präsentation der Informationen.

Sie bauen auf technikbezogenen Aufgaben und Rollen auf, die hier nur kurz behandelt werden. Auf der technisch-infrastrukturellen Seite lassen sich ebenfalls Rollen idealtypisch definieren, denen im Rahmen des Betriebs eines multimedialen Stadtinformationssystems bestimmte Aufgaben zukommen.

Zwischen den einzelnen Rollenträgern entstehen Beziehungen, die denen zwischen Lieferanten und Abnehmern in der industriellen Produktion ähnlich sind. Es ist jedoch keineswegs von vornherein bei jeder Rolle offensichtlich, wer in einer Stadt am besten für deren Übernahme geeignet ist. Vielmehr ist in einem Organisationsentwicklungsprozeß zu klären, welche Stellen an der Übernahme welcher Rollen interessiert sind und welche dafür geeignet sind. Der Organisationsentwicklungsprozeß kann sich sehr langwierig und schwierig gestalten, es kann zu Blockierungs- und Konkurrenzsituationen kommen, weil einzelne Akteure - aus sehr unterschiedlichen Gründen - zum Teil viele Aufgaben in einer Hand behalten wollen. Es kommt deshalb darauf an, die Beziehungen zwischen den einzelnen Rollen durch Kooperationsvereinbarungen bzw. Verträge zu regeln und für alle Beteiligten Planungssicherheit zu schaffen.

Zusammenfassend sind in der folgenden Abbildung (Abbildung 54) sowohl die einzelnen inhaltlichen als auch die technikbezogenen Aufgaben und Rollen dargestellt. Dabei liegt die Betonung auf der technisch-inhaltlichen Integration der inhaltsbezogenen Aufgaben und Rollen mit Hilfe der Datenbasis.

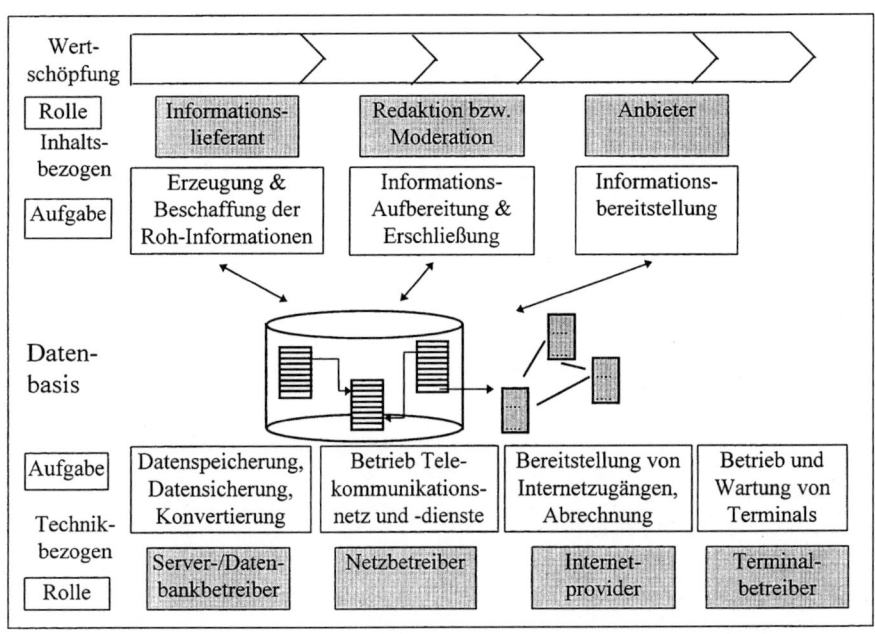

Abbildung 54: Inhaltsbezogene und technikbezogene Aufgaben
und Rollen im Überblick

7.1.1 Inhaltsbezogene Aufgaben

Im Hinblick auf die multimedialen Informationsangebote ist es noch zu früh, um generell zu definieren, wo das eine Aufgabenfeld aufhört und das andere beginnt, denn es haben sich noch keine festen Handlungsbereiche oder Rollenmuster entwickelt. Auch bei den traditionellen Massenmedien hat es bekanntlich lange Zeit gedauert, bis sich klare arbeitsteilige Handlungs- und Zuständigkeitsbereiche entwickelt haben (z.B. die Arbeitsteilung zwischen Redaktion, Satz und Druck). Erzeugung, Aufbereitung und Bereitstellung elektronischer Informationen sind als relativ eigenständige, aber zusammenhängende Aufgabenfelder zu verstehen, zwischen denen ein hohes Maß an Abstimmung und Kooperation erforderlich ist.

(1) Erzeugung und Beschaffung der Rohinformationen

Die Produktions- oder Wertschöpfungskette beginnt bei der Erzeugung der Rohinformationen mit der Recherche, Sammlung und Zusammenstellung einzelner elektronischer Informationsangebote. Zur Abgrenzung von den Integrations- und Erschließungsaufgaben, die von der Redaktion durchgeführt werden und die erst die problembezogenen Informationen im engeren Sinn erzeugen, spreche ich hier von Rohinformationen.

Erzeuger einer Rohinformation kann z.B. ein einzelner Veranstalter sein oder auch der Hersteller einer Broschüre, in der für ein besonderes Thema, einen Anlaß oder einen bestimmten Bereich Informationen zusammengestellt sind. Freilich sind die Anforderungen und Maßgaben, nach denen traditionelle Informationsmaterialien hergestellt werden, nicht identisch mit den Erfordernissen elektronischer Medien. Denn diese stellen zum Teil sehr viel weitergehende Anforderungen an die Aktualität und die inhaltliche Strukturierung. Während man beispielsweise bei einem gedruckten Sommerfahrplan der städtischen Verkehrsbetriebe nicht davon ausgeht, daß die neuesten Änderungen berücksichtigt sind, ist dies beim Informationsabruf aus einer elektronischen Fahrplanauskunft durchaus der Fall. Sie wird von den Erwartungen der Nutzerinnen und Nutzer eher mit der aktuellen telefonischen Auskunft als mit dem gedruckten Fahrplan gleichgesetzt. Dieses gilt ebenso für einen elektronischen Veranstaltungskalender, von dem man sicherlich eine höhere Aktualität fordert als von einem vierteljährlich in gedruckter Form erscheinenden Theaterspielplan. Und während man bei den gedruckten Gelben Seiten akzeptiert, daß jede Firma nur einmal unter einer Rubrik erscheint und man gegebenenfalls in mehreren Rubriken suchen muß, erwartet man von einem elektronischen digitalen Marktplatz eine Suchfunktion mit Mehrfachzuordnungen und Synonymen.

Eine bloße 1:1-Übertragung der in gedruckter Form vorliegenden Informationen in das elektronische Medium ist deshalb wenig attraktiv. Vielmehr müssen bereits bei der Erzeugung und Beschaffung der elektronischen Informationen Gesichtspunkte wie Aktualität und Erschließung berücksichtigt werden. Überdies erfordert die Erzeugung multimedialer Informationsbestände auch eine bestimmte Technikausstattung und möglichst eine technische Unterstützung der Kooperation zwischen Lieferanten und Redaktionen.

(2) Informationsaufbereitung und -erschließung

Die zweite Stufe der inhaltlichen Produktionskette wurde als Informationsaufbereitung bezeichnet. Damit sind im weitesten Sinne redaktionelle Aufgaben gemeint: Akquisition, Organisation und gegebenenfalls auch die Prüfung von Informationen sowie deren inhaltlich/thematische Erschließung und Strukturierung für bestimmte Nutzungszwecke und Zielgruppen. Auch die Verwaltung der Daten - seien dies Texte, Bilder, Graphiken, Video- oder Audio-Sequenzen - erfordert in der Regel eine gewisse redaktionelle Betreuung. Und schließlich muß bei der Aufbereitung der Daten bedacht werden, in welcher Weise diese als Informationen für die späteren Nutzerinnen und Nutzer abrufbar und erschließbar sein sollen.

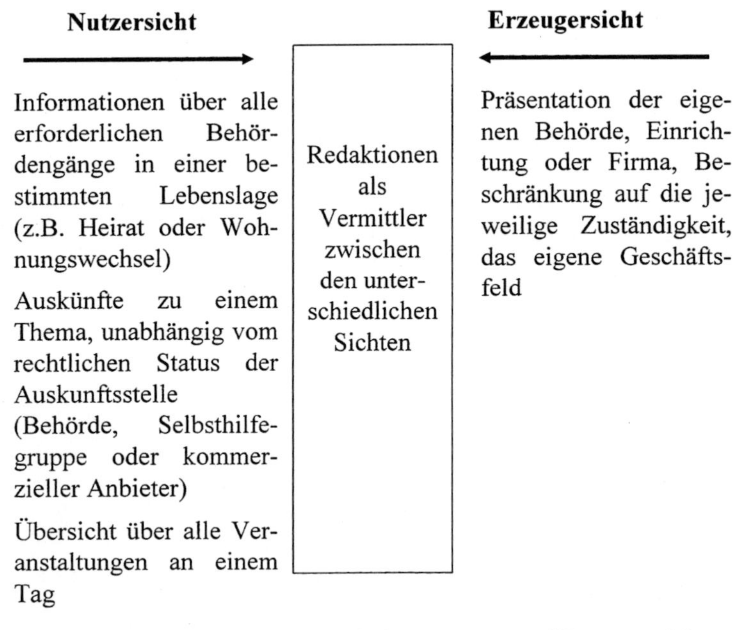

Nutzersicht		**Erzeugersicht**
⟶		⟵
Informationen über alle erforderlichen Behördengänge in einer bestimmten Lebenslage (z.B. Heirat oder Wohnungswechsel)	Redaktionen als Vermittler zwischen den unterschiedlichen Sichten	Präsentation der eigenen Behörde, Einrichtung oder Firma, Beschränkung auf die jeweilige Zuständigkeit, das eigene Geschäftsfeld
Auskünfte zu einem Thema, unabhängig vom rechtlichen Status der Auskunftsstelle (Behörde, Selbsthilfegruppe oder kommerzieller Anbieter)		
Übersicht über alle Veranstaltungen an einem Tag		

Abbildung 55: Vermittlung zwischen Nutzer- und Erzeugersicht

Diese redaktionellen Aufgaben nehmen einen besonders hohen Stellenwert in der inhaltlichen Produktionskette ein, weil sie die unterschiedlichen Sichtweisen der Erzeuger von Informationen einerseits mit denen der Nutzer andererseits verbinden (vgl. Abbildung 55). Während die Nutzer eines Stadtinformationssystems beispielsweise aus einer bestimmten Lebenslage (etwa Heirat oder Umzug) oder aus einem thematischen Interesse heraus Informationen nachfragen, orientieren sich die Erzeuger dieser Informationen zumeist an ihren jeweiligen institutionellen Zuständigkeiten und Eigeninteressen. Eine zentrale Aufgabe einer Online-Redaktion besteht daher darin, die Informationen von den Lieferanten zu beschaffen und sie dann auf die Nutzersicht bezogen durch Zuordnen, Verschlagworten und Umgruppieren aufzubereiten. So entsteht erst ein Mehrwert gegenüber der bloßen elektronischen Abbildung einzelner Broschüren der jeweiligen Informationslieferanten.

Auch im Kommunikationsbereich fallen vermittelnde Aufgaben an, die man zusammengenommen als Moderation bezeichnen kann. Sie betreffen sowohl die inhaltliche Strukturierung als auch die Entwicklung und Pflege einer gewissen Kommunikationskultur. Im Vergleich zum direkten persönlichen Gespräch gelten einige psychologische Besonderheiten. Während der letzten zwanzig Jahre haben sich deshalb in Mailboxen und den internationalen Wissenschaftsnetzen bestimmte Regeln des Umgangs herausgebildet, die sogenannte Netiquette. Es gehört zu den Aufgaben der Moderation, die heterogene Nutzerschaft von Stadtinformationssystemen damit vertraut zu machen und im Interesse aller für deren Beachtung Sorge zu tragen. Darüber hinaus fallen auch im Kommunikationsbereich thematisch-strukturierende und inhaltlich moderierende Aufgaben an, die erst eine problembezogene öffentliche Kommunikation ermöglichen.

(3) Informationsbereitstellung

Das dritte Glied der inhaltlichen Wertschöpfungskette kann man als Informationsbereitstellung bezeichnen. Während es bei der Aufbereitung in erster Linie um die inhaltlich-konzeptionelle Strukturierung und Präsentation der Daten geht, bedeutet „Bereitstellung" die Bündelung und den Vertrieb des Informationsangebots über öffentliche Kiosksysteme und Online-Dienste. Dieser Aufgabenkomplex kann am ehesten mit dem eines Verlags bei den Printmedien verglichen werden. Die von der Redaktion aufbereiteten Informationen müssen im weitesten Sinne vermarktet werden. Dazu gehören die Einbeziehung von Werbung und die Verknüpfung mit weiteren Diensten und Serviceangeboten (Reservierung, Bestellung etc.). Und schließlich umfaßt „Bereitstellung" auch das Marketing für das Stadtinformationssystem selbst, d.h. all die Aufgaben, die mit der Herstellung, Sicherung und Erhöhung von Reichweite zusammenhängen, wie z.B. Werbekampagnen oder die Produktion von begleitendem Informationsmaterial (analog etwa zu den Programmzeitschriften oder Verlagsbroschüren bei den „alten" Medien).

Auch Backhaus und Voeth beschreiben ähnliche inhaltsbezogene Aufgabenbündel für den Betrieb von Stadtinformationssystemen [BACKHAUS UND VOETH 1997: S. 44 ff.]. Sie konzentrieren allerdings alle Aufgaben der Aufbereitung, Pflege und den Vertrieb bei einem Akteur, den sie Homepage-Betreiber nennen.

7.1.2 Technikbezogene Aufgaben

Für den technischen Betrieb eines Stadtinformationssystems sind mindestens vier verschiedene Aufgaben zu erfüllen.

(1) Technischer Systembetrieb

Der technische Kern eines Stadtinformationssystems, wie es in dieser Arbeit beschrieben wird, besteht aus einer oder mehreren Datenbanken und auf jeden Fall aus einer größeren Anzahl von WWW- bzw. HTTP-Servern. Diese müssen verfügbar gehalten werden, Daten müssen eingegeben und in der Regel konvertiert werden, Berechtigungen müssen verwaltet, die Datensicherung muß regelmäßig erfolgen u.a.m.

(2) Betrieb von Telekommunikationsnetzen und Basisdiensten

Der Online-Zugriff auf diese Server, ob von zu Hause, vom Arbeitsplatz, von öffentlichen Büchereien, Internet-Cafés oder von Multimedia-Kiosken auf öffentlichen Plätzen aus erfordert den Anschluß an ein Telekommunikationsnetz und einen Basisdienst (Fernsprechdienst mit Modemübertragung, ISDN, Datex-P, Datex-M). Dies sollten keine speziellen Netze für Stadtinformationssysteme sein, sondern Netze, die auch für andere Dienste und Anwendungen bestimmt sind. Während bisher nur die ehemalige Deutsche Bundespost und heutige Telekom AG solche Netze errichten und betreiben durfte, wird es in Zukunft weitere Anbieter geben. Auch Städte und Gemeinden prüfen, ob sie sich mit ihren Behördennetzen und den Netzen stadteigener Versorgungsunternehmen als Netzbetreiber engagieren sollen.

(3) Bereitstellung von Internetzugängen

Um über eine Telekommunikationsverbindung auf WWW-Server und dahinter liegende Datenbanken zugreifen zu können, ist für Lieferanten, Redaktionen sowie Nutzerinnen und Nutzer ein Internetzugang erforderlich. Dieser wird von sogenannten Providern zur Verfügung gestellt, die ihrerseits wiederum Zugangsrechte zum Internet-Backbone erwerben und weitervermarkten. Neben speziellen Internet-Providern bieten inzwischen auch T-Online, AOL und Compuserve Internetzugänge an. Im Kontext von Stadtinformationen übernehmen in Universitätsstädten oft auch die Universitäten bzw. deren Rechenzentren diese Rolle, indem sie für Studierende und auch für ausgewählte Informationslieferanten sogenannte Accounts einrichten.

(4) Bereitstellung, Betrieb und Wartung von Terminals

Bei der Nutzung von zu Hause oder vom Arbeitsplatz aus dient ein handelsüblicher PC als Terminal. Wenn der Kreis der Nutzerinnen und Nutzer, die zu Hause einen Online-Zugang einrichten, über den derzeitigen Kreis hinaus stark ausgeweitet werden soll, wird ein dichteres Service-Netz erforderlich, wie es für die Wartung und Reparatur von Fernsehgeräten existiert.

Für öffentliche Terminals ist eine solche technische Betreuung von Anfang an erforderlich. Dies gilt für Terminals, die in allgemein zugänglichen Gebäuden wie Bibliotheken, Ämtern und Bürgerhäusern oder auch in Internetcafés aufgestellt werden, ebenso wie für solche auf öffentlichen Plätzen. Die Telekommunikations- und Stromversorgung muß sichergestellt werden, die Rechner müssen nach „Abstürzen" wieder hochgefahren werden. Wenn Druckmöglichkeiten angeboten werden, muß Papier nachgelegt werden u.v.a.m. Diese Aufgaben können bei In-Door-Terminals aufgeteilt werden zwischen dem Betreiber der Terminals selbst und den für das jeweilige Gebäude zuständigen Stellen.

Jeder der hier kurz geschilderten Aufgaben ist eine Rolle zugewiesen. Wie auch bei einem Theaterstück kann ein Träger mehrere Rollen übernehmen. Jede Rolle hat jedoch ihre besonderen Anforderungen, so daß vieles für eine Spezialisierung spricht. Dadurch entstehen allerdings wechselseitige Abhängigkeiten. Daher kommt es entscheidend auf das Zusammenspiel, auf die Kooperation und Koordination der verschiedenen Rollen(träger) an.

Im folgenden wird auf die hier eingeführten Rollen bei der Produktion der Inhalte in jeweils einem eigenen Abschnitt unter Berücksichtigung dieser Abhängigkeiten näher eingegangen, bevor dann abschließend die Koordinationsproblematik noch einmal zusammenfassend aufgegriffen wird.

7.2 Rollenaufteilung bei der Inhaltsproduktion

7.2.1 Informationslieferanten

Informationslieferanten sind definiert als private und öffentliche Einrichtungen, die mittels digitaler Medien über sich oder ihren Zuständigkeitsbereich bzw. ihr Geschäftsfeld informieren. Kinos oder Theater, die in bestimmten Abständen über ihre Aufführungen berichten, können ebenso Informationslieferanten sein wie eine Behörde, die über ihre Beratungsangebote und Leistungen informiert, oder eine Bürgerinitiative, die ganz aktuell auf eine Aktion hinweisen möchte. Diese Einrichtungen liefern gewissermaßen Rohinformationen, die in ein Stadtinformationssystem erst noch redaktionell eingebunden werden müssen. Freilich können auch die Herausgeber von gedruckten Informationsmaterialien, Broschüren, Verzeichnissen und sogar Zeitschriften potentielle Informationslieferanten sein, indem sie Teile ihrer Informationsangebote zur elektronischen Verbreitung bereitstellen. Denn, obgleich sie evtl. über eine eigene Redaktion verfügen, wollen oder können sie vielleicht (noch) nicht unbedingt selbst ein elektronisches Informationsangebot herstellen und anbieten, da dies über ihre ökonomischen Möglichkeiten hinausginge oder eine größere organisatorische Umstellung erfordern würde.

Beim Aufbau der Bremer InfoThek wurde von Anfang an versucht, möglichst wenig Informationen durch die Forschungsgruppe selbst zu recherchieren und zusammenzustellen, sondern möglichst verbindliche Absprachen mit möglichst vielen Informationslieferanten zu treffen, und zwar über die Informationsinhalte und über das technische Format einer elektronischen Lieferung dieser Daten.

Man kann allerdings nicht davon ausgehen, daß sich alle Informationslieferanten, die man gerne mit ihrem Angebot vertreten sähe, auch von alleine melden. Sie müssen oft erst überzeugt und gewonnen werden, nicht zuletzt auch durch praktische Demonstrationen, technisch-organisatorische Hilfsmittel und Schulung. Diese Aufgabe sollte von einer Redaktion übernommen werden. In den folgenden Absätzen wird davon ausgegangen, daß eine Einrichtung bereits dafür gewonnen wurde, als Informationslieferant zu fungieren.

Informationslieferanten sollen im allgemeinen folgende eng zusammenhängende Aufgaben erfüllen:

(1) die Sammlung, Zusammenstellung und evtl. auch Recherche von Informationen,
(2) die kontinuierliche Lieferung und/oder Eingabe der Informationen in den abgesprochenen Formaten bzw. deren Aktualisierung sowie
(3) Reaktion auf Benutzerkommentare und -mitteilungen.

(1) Sammlung, Zusammenstellung, Recherche von Informationen

Die Absichten und Motive der Lieferanten sind in der Regel unterschiedlich. Manche wollen nur punktuell auf sich aufmerksam machen, andere wollen vielleicht gezielt bestimmte Bevölkerungsgruppen erreichen. Von diesen Interessen hängt unter Umständen das jeweilige Engagement für die Zusammenstellung und Recherche der Informationen ab. Es ist deshalb sinnvoll, unter den Lieferanten eines Stadtinformationssystems zunächst eine gewisse Verständigung über die grundsätzliche Zweckbestimmung eines Stadtinformationssystems herzustellen.

Bei amerikanischen Community Networks ist sogar häufig emphatisch von der „Mission" die Rede. Diese Mission oder pragmatischer und weniger pathetisch die Zweckbestimmung bzw. das angestrebte Image hat Einfluß auf die Auswahl und die Schwerpunkte des Informationsangebotes, und sie bestimmt die Qualitätskriterien und Sorgfaltspflichten, die der Auswahl, Zusammenstellung und Aufbereitung des Informationsangebotes zugrundeliegen.

Nach dem derzeitigen Diskussionsstand über die gesetzliche Regelung von Online-Diensten tragen die Informationslieferanten die letzte Verantwortung für die Korrektheit der von ihnen gelieferten Information in bezug auf Richtigkeit und einschlägige rechtliche Bestimmungen (z.B. Jugendschutz). Und es wird davon ausgegangen, daß sie auch die Rechte an den von ihnen gelieferten Texten und insbesondere an den Bildern besitzen und sich andererseits zur Einhaltung geltender Gesetze, insbesondere auch des Urheberrechts, verpflichten.

196

Die Verantwortlichkeit für den Inhalt einer Information liegt - auch nach der Aufbereitung durch die Redaktion - beim Informationslieferanten.

Kommerzielle Aktivitäten und Werbeanzeigen sind nur im Rahmen spezieller Abmachungen erlaubt. Sie dürfen nicht Bestandteil des allgemeinen Informationsangebots sein.

Neben diesen grundsätzlichen Absprachen müssen in einem zweiten Schritt die praktischen Modalitäten der Informationslieferung und Aktualisierung geklärt werden. Dieser Punkt ist zentral für die kontinuierliche Datenpflege und damit für die Qualität, insbesondere die Aktualität des Informationsangebotes.

(2)   Lieferung und Aktualisierung von Informationen

Die medientechnische Ausstattung der jeweiligen Informationslieferanten unterscheidet sich sehr. Manche Lieferanten können ihre Informationen multimedial aufbereiten und über Datennetze elektronisch an eine Redaktion senden, andere liefern ihre Hinweise in Papierform per Post, die Dritten schicken Disketten mit Datenformaten, die ihren internen EDV-Systemen entsprechen usw. Es ist deswegen zweckmäßig, eine technisch-organisatorische Infrastruktur aufzubauen, die es möglichst vielen potentiellen Informationslieferanten in einer Stadt erlaubt, ihre Daten auch elektronisch bereitzustellen, ohne daß dadurch eine hohe Investition oder ein großer zusätzlicher Arbeitsaufwand notwendig wird. Dies setzt aber voraus, daß im Vorfeld möglichst verbindliche Absprachen über das technische Format der zu liefernden Informationen getroffen werden.

Die Erfahrungen beim Aufbau der Bremer InfoThek haben gezeigt, daß es relativ leicht ist, von einem Informationslieferanten einmal eine bereits erstellte Broschüre in elektronischer Form zu bekommen. Wesentlich schwieriger ist es, diesen Lieferanten dann auch für eine laufende Aktualisierung dieser Informationen zu gewinnen. Dies liegt oft nicht am fehlenden Interesse oder mangelndem guten Willen, sondern an den dazu nötigen Änderungen von Arbeitsabläufen und den erforderlichen zusätzlichen Ressourcen.

Oben wurde darauf hingewiesen, daß gedruckte Informationen nicht 1:1 übernommen werden können, wenn ein zusätzlicher Nutzen entstehen soll. Wenn ein Stadtmagazin monatlich einen Veranstaltungskalender herausbringt, der Landessportbund jährlich ein Verzeichnis der Sportvereine mit ihrem Angebot oder ein Ortsamt einen Stadtteilwegweiser zusammenstellt, dann gibt es für die Produktion dieser Druckwerke einen bestimmten zeitlichen Ablauf und eine bestimmte technische Ausstattung. In zeitlicher Hinsicht werden die inhaltlichen Arbeiten auf den technischen Drucktermin hin konzentriert. Als technische Ausstattung dienen Textverarbeitungs- oder Desk-Top-Publishing-Systeme. Wenn aber von einer elektronischen Version eine kontinuierliche Aktualisierung und differenzierte inhaltliche Erschließung erwartet werden, m,ssen Organisation und Technik geändert werden. Statt der Konzentration des Personaleinsatzes auf die Zeit kurz vor dem Drucktermin muß eine regelmäßige Aktualisierung der Daten sichergestellt werden. Das heißt in vielen Fällen, daß befristete Projektmittel und der vorübergehende Einsatz von Aushilfskräften nicht ausreichen, sondern daß diese Aufgaben Dauerkräften zugewiesen werden müssen. Und für den Technikeinsatz bedeutet dies eine Ergänzung der Textverarbeitungssysteme durch Datenbanken.

Dieser Aufwand wird realistischerweise nur dann betrieben, wenn die gelieferten Informationen einen nennenswerten Vorteil für den Lieferanten erbringen. Dieser hängt von der redaktionellen Aufbereitung und der erzielten Reichweite ab. Diese Faktoren rechtfertigen auf absehbare Zeit in den meisten Fällen den Aufwand jedoch noch nicht. Dies ist anders, wenn durch eine kleine technische Umstellung zusätzlich ein lokaler interner Nutzen geschaffen werden kann. Wie das gelingen kann, zeigt das folgende Beispiel.

Ein Bremer Ortsamt, d.h. eine dezentrale stadtteilbezogene Einrichtung der Stadtverwaltung mit eigener Bürgervertretung (Ortsbeirat), hat in unregelmäßigen Abständen unter Konzentration der Kräfte mehrerer Mitarbeiterinnen einen Stadtteilwegweiser zusammengestellt, der als Broschüre gedruckt wurde. Er enthält Angaben zu den verschiedenen Dienststellen der Verwaltung, aber auch zu den im Stadtteil ansässigen Vereinen und Initiativen sowie Ärzten und Apotheken, den Mitgliedern des Ortsbeirats u.a.m. Die Beschäftigten im Ortsamt erhalten oft telefonische Anfragen zu diesen Punkten. Die Angaben über Ansprechpersonen, Telefonnummern, zum Teil auch über Zuständigkeiten sind in diesem gedruckten Stadtteilwegweiser jedoch relativ schnell veraltet. Daher hilft man sich mit Listen, Karteikästen und Zetteln. Des öfteren ist eine aktuelle Auskunft nicht möglich, obwohl die Information irgendwo im Amt verfügbar ist. Eine regelmäßige Aktualisierung der gelieferten Daten nur für das Online-System ist unter diesen Bedingungen nicht leistbar.

Für diesen Fall wurde eine Datenbankanwendung entwickelt und dem Ortsamt zur Verfügung gestellt. Diese Anwendung wurde in Access programmiert, weil dieses Programm in der Beschaffungsliste der Bremer Verwaltung enthalten ist, dafür offizielle Schulungskurse angeboten werden und bereits ein gewisses Know-How in der Verwaltung existiert. Zunächst wurden allerdings individuelle Schulungen für die Mitarbeiterinnen des Ortsamtes konzipiert und durchgeführt. In einem nächsten Schritt wurde gemeinsam mit der zuständigen Abteilung für EDV-Schulung in der Verwaltung ein allgemeines Konzept entwickelt, das heute die Grundlage für die Schulung darstellt und nun die Einführung dieses Programms in allen Ortsämtern erlaubt. Die Abbildung 56 zeigt die Maske zur Stammdatenpflege in der Datenbankanwendung.

Entwickelt wurde im Prinzip eine einfache Institutionenverwaltung, mit der beliebige Einrichtungen erfaßt werden können und die deren Änderung, Suche und Löschung erlaubt.

Neben den Adreßdaten können inhaltliche Beschreibungen der Einrichtungen sowie Schlagworte zu den Einrichtungen verwaltet werden. Die zugrundeliegenden Datenstrukturen entsprechen dem im vierten Kapitel entwickelten Datenmodell. Wegen

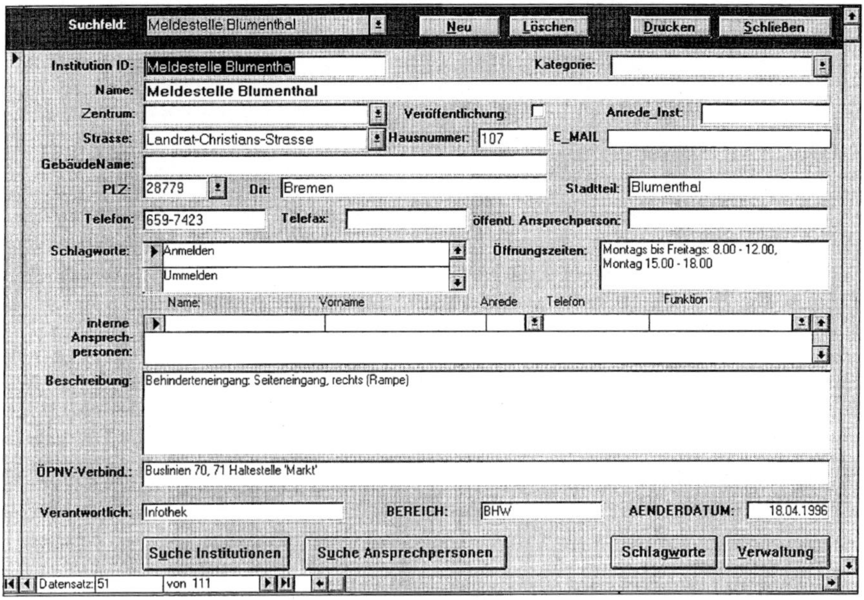

Abbildung 56: Maske zur Stammdatenpflege Einrichtungen

dieser Entsprechung ist es möglich, die lokalen Access-Dateien regelmäßig mit den zentralen Datenbeständen in der Oracle-Datenbank abzugleichen, ohne daß dafür ein größerer, gesonderter Aufwand im Ortsamt zu leisten ist.

Es gibt aber auch Sonderfunktionen, die für die tägliche Arbeit der Informationslieferanten von Bedeutung waren. So wurde eine Möglichkeit zur Verwaltung von mehreren Ansprechpartnern pro Einrichtung gefordert, da die Arbeitskontakte sich auf unterschiedliche Personen bezogen. Aus der Sicht des Stadtinformationssystems sind dies zu detaillierte Informationen, die nicht nach außen gegeben werden müssen. Um der Anforderung der Aufgabenangemessenheit für die Arbeitsabläufe der Informationslieferanten gerecht zu werden, wurde die geforderte Funktionalität in das Erfassungswerkzeug integriert und die Verwaltung interner Ansprechpartner ermöglicht. Weitere Anforderungen bezogen sich auf die Möglichkeit, nicht veröffentlichungsfähige Informationen zu verwalten und eine komfortable Auswahl zur Erstellung von Serienbriefen bereitzustellen.

Zur Übergabe der Daten in das Stadtinformationssystem wurde eine gesonderte Exportfunktion entwickelt. Diese beinhaltet eine differenzierte Auswahl der zu übergebenden Datensätze und die Erzeugung einer Export-Datenbank, die dann von der Redaktion eingelesen und integriert wird.

Verallgemeinernd kann man festhalten, daß mit diesem Werkzeug die Verarbeitung dezentraler Datenbestände durch Informationslieferanten auch für deren originäre Zwecke unterstützt wird. Durch die zusätzliche Abstimmung mit dem Datenmodell des Stadtinformationssystems ist eine problemlose bzw. nicht durch zusätzliche Strukturierungsinkompabilitäten belastete Integration in den zentralen Datenbestand möglich.

Auf die Integration derartiger dezentraler Datenbestände wird im nächsten Abschnitt im Zusammenhang mit den Redaktionsaufgaben und -werkzeugen eingegangen. Hier ist zu ergänzen, daß es auch nach drei Jahren Projektarbeit nicht gelungen ist, das gesamte angestrebte Informationsangebot durch solche Lieferanten abzudecken, die selbst schon Informationen über eine größere Anzahl von Einrichtungen bündeln. Vielmehr müssen Redaktionen mit einer relativ großen Anzahl von Informationslieferanten in Verbindung bleiben, die nur über sich selbst informieren wollen.

Die Entwicklung der dezentralen Einrichtungsverwaltung erfolgte bereits vor über drei Jahren und ist für Organisationen interessant, die einen größeren Bereich von Einrichtungen beschreiben können. Viele Einrichtungen wie Vereine oder Initiativen haben sich auch direkt an die Forschungsgruppe als Pilotbetreiber des Stadtinformationssystems gewandt, um in das System aufgenommen zu werden. Für diese Einrichtungen wurde ein Formblatt entwickelt, in das die Angaben eingetragen und dann zentral von der Forschungsgruppe in das System eingegeben wurden.

Eine wesentlich einfachere Lösung dieses Problems stellt die Dateneingabe über das WWW selbst dar. Aus diesem Grund wurde eine erste Möglichkeit entwickelt, über HTML-Formulare direkt Daten in das System einzugeben (vgl. Abbildung 57). Das hier gezeigte Formular erlaubt zunächst nur einfache Änderungen in Feldern, bei denen keine relationalen Abhängigkeiten bestehen.

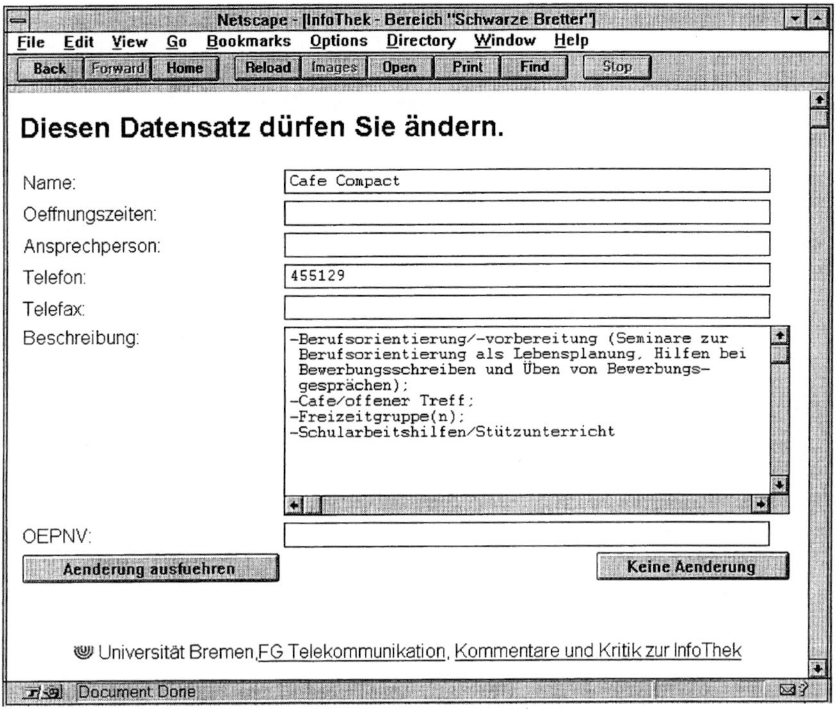

Abbildung 57: HTML-Änderungsformular für Informationslieferanten

Da inzwischen mit der Entwicklung der Programmiersprache Java auch komplexe Anwendungen auf den Clients ausgeführt werden können, mit denen Plausibilitätsüberprüfungen und die Behandlung relationaler Abhängigkeiten möglich sind, wird in Zukunft die Datenpflege verstärkt direkt über das Internet mit Hilfe von Java-Applikationen ausgeführt werden. So kann die Datenpflege noch stärker und zeitnaher an den Ort der Entstehung und vor allem der Änderung herangeführt werden.

Neben den strukturierten Informationen, die in der Datenbank gespeichert werden, müssen auch die frei gestalteten zusätzlichen Informationen erzeugt und übertragen werden. Sie sollten als HTML-Dokumente geliefert werden. Dies kann elektronisch über FTP geschehen oder auch traditionell über Disketten. Inhaltlich und vom Layout her wurden in der Bremer InfoThek bisher noch keine Kategorisierungen und auch keine Layout-Vorgaben gemacht. Wie die Erfahrungen einiger amerikanischer Community Networks zeigen, erscheint es jedoch sehr lohnend, entsprechende „Styleguides" für die Gestaltung der HTML-Dokumente, z.B. im Hinblick auf bestimmte Steuerungsfunktionen und insbesondere Rücksprungadressen, zu entwickeln und auch Schulungen in HTML für die Lieferanten anzubieten.

(3) Reaktion auf Benutzerkommentare und -meldungen

Wie bereits zu Beginn der Arbeit erläutert, versucht die Bremer InfoThek die Möglichkeiten des Internet durch eine Integration von Informations- und Kommunikationsfunktionen auszuschöpfen und eine neue Form öffentlicher Kommunikation auf lokaler Ebene zu etablieren. Dies gelingt nur, wenn möglichst viele der Beteiligten dieses Image oder Profil mittragen. Dabei ergeben sich spezielle Anforderungen an die Informationslieferanten, die über ihre eigene Einrichtung informieren. Diese müssen nicht nur passiv dulden, daß Kommentare über ihre Einrichtung in Verbindung mit der Selbstdarstellung veröffentlicht werden. Darüber hinaus wird erwartet, daß sie in irgendeiner Weise auf Kommentare reagieren. Mit der öffentlichen Sichtbarkeit von Kommentaren zu Einrichtungen wird es fast zur Pflicht, direkt in dem Stadtinformationssystem Stellung zu beziehen.

Dies ist mit zusätzlichen personellen und technischen Anforderungen verbunden. Wenn diese Kommunikationsfunktion gestärkt werden soll, müssen u.a. E-Mail-Verbindungen möglich sein und dafür entsprechende Accounts eingerichtet werden. Während von kommerziellen Einrichtungen erwartet werden kann, daß sie dies als Kundenservice und Marketingmaßnahme selbst finanzieren, müssen für gemeinnützige und finanzschwache Vereine und Initiativen erschwingliche Wege gefunden und geschaffen werden.

7.2.2 Redaktion

Während Lieferanten zumeist ein konkretes Interesse daran haben, ihre eigenen Informationen zu veröffentlichen, informieren Redaktionen in der Regel nicht über sich selbst, d.h. über ihr eigenes Anliegen oder ihre eigene Arbeit etc., sondern sie bearbeiten oder vermitteln vor dem Hintergrund bestimmter normativer, inhaltlicher oder auch wirtschaftlicher Interessen die Informationen der Erzeuger bzw. Lieferanten.

Bei dem Wort „Redaktion" denkt man zunächst an die klassische Zeitungsredaktion, die sehr weitgehende inhaltliche Gestaltungsaufgaben bei den von Korrespondenten und Presseagenturen gelieferten Informationen übernimmt und darüber hinaus auch eigene Beiträge erstellt. Doch dieser Vergleich gilt nur teilweise. Denn die Arbeit einer Online-Redaktion in einem Stadtinformationssystem umfaßt auch Elemente der Tätigkeit von Dokumentaren, wie man sie bei Online-Datenbanken und Fachinformationssystemen findet und die verstreute Informationen für bestimmte Zielgruppen und Nutzungszwecke aufbereiten, sowie solche Strukturierungs- und Kategorisierungsaufgaben, wie sie im Lektorat in einer Bibliothek anfallen. Das Wort „Redaktion" steht hier als Oberbegriff für unterschiedlich weitreichende Vermittlungs- und Strukturierungsweisen des inhaltlichen Informationsmaterials.

Solche vermittelnden Aufgaben stellen sich nicht nur im Informationsbereich, sondern auch bei den kommunikativen Anwendungen von Stadtinformationssystemen.

202

Auch für die Aufgabe der Kommunikationsvermittlung existieren bestimmte Vorbilder oder Modelle. „SysOps" (System-Operatoren oder -administratoren), wie man sie von den Mailboxen her kennt, übernehmen normalerweise eher formale und organisatorische Aufgaben (Vergabe von Accounts, Aufbau von inhaltlichen Bretterstrukturen, Weiterleiten von E-Mail etc.) und greifen nur in Ausnahmefällen (bei Regelverletzungen usw.) in den Kommunikationsfluß ein. Experten, wie sie beispielsweise in den Free-Nets in den U.S.A. agieren, geben Hinweise und Antworten in Frage-und-Antwort-Foren zu bestimmten Fachgebieten. Auch in bezug auf die Kommunikationsvermittlung ist also „Moderation" der Oberbegriff für verschiedene mögliche Vermittlungsformen (vgl. Abbildung 58).

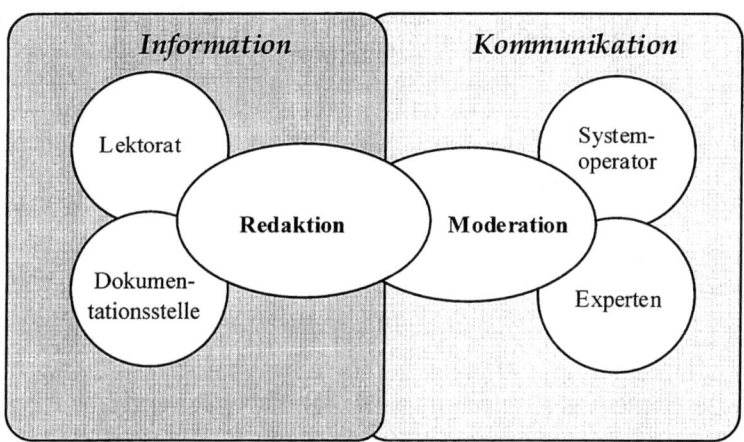

Abbildung 58: Redaktion und Moderation als Vermittlung im Informations- und Kommunikationsbereich

Im Prinzip kann jeder Informationslieferant in einem elektronischen Informationssystem auch die Rolle der Redaktion übernehmen. Dabei kann es sich z.B. um eine Zeitungs- oder Zeitschriftenredaktion handeln oder auch um eine öffentliche Einrichtung, die für ein bestimmtes Thema oder für eine bestimmte Zielgruppe Informationsmaterial herstellt. Auch Pressestellen oder Öffentlichkeitsabteilungen können unter Umständen Interesse daran haben, die Rolle einer Online-Redaktion für ein spezielles Themengebiet zu übernehmen. Jedoch erfordert diese Rolle prinzipiell, daß themen- oder zielgruppenspezifische Informationsangebote - unabhängig von bestimmten Lieferanten oder deren Eigeninteressen - systematisch beschafft, zusammengestellt und erschlossen werden. Denn Redaktionen handeln nicht (nur) im Auftrag der Lieferanten, sondern vermitteln zwischen diesen und den Rezipienten, dem Publikum bzw. im Falle elektronischer Stadtinformation den Nutzerinnen und Nutzern. Sie entscheiden in der Regel über das Was und Wie einer Veröffentlichung aufgrund bestimmter Maßgaben (z.B. wirtschaftliche und ideologische Orientierung) einerseits und andererseits aufgrund bestimmter Annahmen hinsichtlich der Erwartungen ihres Klientels. Dies sind zum einen die Nutzerinnen und Nutzer, bei werbefinanzierten Angeboten aber auch die Werbung treibenden Kunden, denen die Nutzerinnen und Nutzer als potentielle Käufer zugeführt werden sollen. Eine Bindung der Nutzerinnen und Nutzer gelingt nur, wenn die Redaktion eine bestimmte „Identität" oder aus der Sicht der Leser/Nutzer ein bestimmtes Image entwickelt.

Ob es sich bei einer Online-Redaktion eher um eine Art Lektorat bzw. Dokumentationsstelle oder um eine klassische Zeitschriftenredaktion handelt, hängt unmittelbar davon ab, wie das inhaltliche Produkt aussehen, welche Zielgruppen es erreichen und wie es verwendet werden soll. Soll ein Informationssystem vom Typ „Verzeichnis" geschaffen werden, wie es in der Bremer InfoThek z.B. der Behördenwegweiser darstellt, so lassen sich die redaktionellen Aufgaben am ehesten mit denen einer Dokumentationsstelle bzw. einer Online-Datenbank vergleichen. Sollen spezifische und eigenständige elektronische Darstellungen angeboten werden - wie etwa die „Bremen-Infos" in der InfoThek, die sich speziell an Touristen wenden und für diese ein bestimmtes Angebot zusammenstellen -, so verbinden sich damit durchaus auch klassische Redaktionsaufgaben von Zeitschriften oder Public-Relations-Agenturen.

Nicht alle inhaltlichen Angebote in einem Stadtinformationssystem müssen und sollen sich gleichen. Wie bei den Printmedien sollten sich aber die einzelnen redaktionellen Angebote innerhalb eines Stadtinformationssystems - etwa in den Bereichen Sport, Wirtschaft, Tourismus oder Soziales - um ein identifizierbares, wiedererkennbares Image bemühen. In anderen Worten: es sollte vermittelt werden, welcher Gattung die Angebote zuzurechnen sind und ob das Angebot eher einen Magazin- oder einen Verzeichnischarakter hat. Im ersten Fall erwartet man vielleicht nicht unbedingt vollständige, dafür jedoch illustrative und unterhaltsame Informationen, im zweiten Fall erwartet man wahrscheinlich eher präzise, umfassende und zuverlässige Angaben. Je nach dem, für welches Konzept und Image man sich entscheidet, werden unterschiedliche Redaktionsaufgaben anfallen.

Soll eine Art Magazin hergestellt werden, so handelt es sich im allgemeinen um folgende Aufgaben:

(1)   Akquisition von Informationsmaterial, ggf. ergänzende Recherche,

(2)   zielgruppenspezifische Bearbeitung des Materials,

(3)   Design und Strukturierung des Angebots, Ergänzung durch Bilder, Videos, Sounds etc.

Im Fall der Herstellung eines elektronischen Informationsverzeichnisses handelt es sich in der Regel um die Aufgaben:

(0)   Akquisition von Datenbeständen

(1)   Integration dezentraler Datenbestände,

(2)   Erschließung (Strukturierung, Klassifizierung, Thesaurusentwicklung),

(3)   Überprüfung und gegebenenfalls Aktualisierung von Informationen,

wobei die letzten drei Punkte unter dem Begriff Integration und Pflege zusammengefaßt werden können und durch geeignete Werkzeuge unterstützt werden müssen.

Diese Unterscheidung beruht auf der Analogiebildung zu den derzeitigen Medien-
formen. Wie bereits betont, kopieren neue Medien zunächst die alten und finden erst
mit der Zeit ihr eigenes Profil. In Zukunft werden Verzeichnisse und Magazine in
einem Stadtinformationssystem nicht nur nebeneinander existieren, sondern auch
stärker miteinander verknüpft werden.

Die Architektur des Stadtinformationssystems unterstützt potentiell diese Integrati-
on. Mit den im sechsten Kapitel beschriebenen Funktionen für eine individualisierte
Auswahl aus dem Informationsbestand (Tour) und die noch weitergehendere Funkti-
on für den direkten Verweis auf Grundinformationen aus unstrukturierten HTML-
Seiten heraus (Magazin) würde eine engere Verzahnung der unterschiedlichen
Textsorten unterstützt.

Gegenwärtig gleichen sich die Aufgaben von Magazin- und Verzeichnisredaktionen
jedoch allenfalls hinsichtlich der Akquisition elektronischer Daten. Die weiteren
Aufgaben der Magazinredaktion wie die Bearbeitung, das Design und die multimediale Ergänzung der Datenbestände können schwer in allgemeiner Weise definiert
werden. Denn sie sind einerseits abhängig von den Themen und Zielgruppen und
andererseits auch vom technischen und ästhetischen Anspruch und der Expertise der
jeweiligen Redaktion und potentieller Anbieter.

Im folgenden werden die Aufgaben einer Informationsredaktion näher dargestellt,
deren Ziel die Herstellung eines möglichst flexiblen, d.h. für unterschiedliche
Nutzergruppen und Zwecke erschließbaren Stadtinformationssystems vom Typ Verzeichnis ist.

Grundvoraussetzung der Integration ist zunächst die Akquisition der Datenbestände.
Hierzu müssen Beziehungen zu potentiellen Informationslieferanten aufgebaut werden sowie verbindliche Absprachen getroffen werden, in welchen technischen Formaten diese ihre Daten liefern sollen, welche inhaltlichen Angaben erforderlich sind
und wie häufig die Daten aktualisiert werden sollen.

Dabei zeigte sich, daß bestehende Konkurrenzbeziehungen die Akquisition sehr ver-
komplizieren können. Oft decken einzelne Lieferanten einen thematischen Bereich
nur zum Teil ab. Wenn eine größere Vollständigkeit erreicht werden soll, müßten die
Bestände mehrerer Lieferanten vereinigt werden. Wenn zwischen diesen Lieferanten
auf einer anderen Ebene jedoch Konkurrenzbeziehungen bestehen und eine Redaktion mit einem Lieferanten bereits eine Vereinbarung getroffen hat, ist der zweite

möglicherweise nicht mehr zur Kooperation bereit. Wenn es sich um ein von der Stadtverwaltung betriebenes System handelt und sich Lieferanten von der Online-Präsenz etwas versprechen, etwa bei Veranstaltungskalendern und späteren Reservierungsmöglichkeiten, kann es sogar gegen eine freihändige Lieferantenauswahl Proteste geben. In solchen Fällen ist zu prüfen, ob eine Ausschreibung erforderlich ist oder ein Kompromiß gefunden werden kann.

Bei der Integration dezentraler Datenbestände handelt es sich um eine der Hauptaufgaben dieser Art von Redaktion. Sie beinhaltet eine strategische, eine technische und eine inhaltliche Ebene. Auf der strategischen Ebene geht es um ein Problem, für das in der Bremer InfoThek noch keine Lösung gefunden wurde, und das die unterschiedlichen Interessenlagen der Lieferanten betrifft: Ein Informationslieferant liefert Informationen, um damit auf sich und seine Dienstleistungen hinzuweisen. Soweit es sich um Informationen über den Lieferanten selbst handelt, ist dies gewährleistet.

Schwieriger ist ein Fall im Bereich Veranstaltungsdaten. Diese werden vom Bremer Blatt Verlag als Redaktion aufbereitet. Ergänzend zu den Daten des Kinoprogramms erschien es wünschenswert, die Filmkritiken der Bremer TAZ-Redaktion damit zu verknüpfen. Diese war zwar prinzipiell bereit, die Filmkritiken zu liefern, mit einem bloßen Quellenhinweis jedoch nicht zufrieden. Sie wollte auf einer höheren Stufe als Quelle hervorgehoben werden. Dies war jedoch mit der Präsentation des Bremer Blatt Verlags als Redaktion für den Bereich Veranstaltungen nicht vereinbar. Diese Interessengegensätze können nicht durch technische Maßnahmen völlig aufgehoben werden. Allerdings kann eine saubere Verwaltung der Herkunft der Daten in der Datenbank jeweils unterschiedliche Präsentationen und so auch ein offen dokumentiertes Nebeneinander unterschiedlicher Quellen unterstützen.

Auf der technischen und der inhaltlichen Ebene müssen die Datenbestände der verschiedenen Informationslieferanten in den zentralen Bestand integriert werden. Die dabei auftretenden Probleme und Werkzeuge zu ihrer Lösung werden im nächsten Abschnitt beschrieben.

Integration und Pflege verstreuter Datenbestände

Die für ein Stadtinformationssystem interessanten und erforderlichen Datenbestände sind verteilt auf unterschiedliche Informationsanbieter. Veranstaltungsdaten sind bei den Stadtmagazinen, Tageszeitungen und Rundfunkredaktionen sowie bei den einzelnen Veranstaltern selbst vorhanden, Einrichtungen tauchen in den unterschiedlichsten Hotel-, Restaurant-, Sozial- und Behördenwegweisern auf, Verkehrsverbindungen sind bei den einzelnen Verkehrsträgern vorhanden.

Jeder potentielle Informationslieferant hat eine eigene Struktur der Daten und stellt diese Daten oft auch bereits nach unterschiedlichen Kriterien zusammen.

Ein elektronisches Stadtinformationssystem könnte die Datenbestände auch selbst völlig neu in einer geeigneten Struktur erfassen. Der Aufwand wäre immens, und zur Zeit ist keine Finanzierungsquelle für eine solche Arbeit in Sicht. Politisch gesehen wäre es auch gar nicht anstrebenswert, da mit einer solche Zentralisierung immer auch die Gefahr der politischen Kontrolle verbunden wäre.

Um den Aufwand zu reduzieren, sollten die Daten so weit wie möglich aus bereits vorhandenen Datenbeständen genommen werden, die für die operativen Aufgaben einer Organisation erforderlich sind. Nur so läßt sich auf Dauer die Aktualität der Daten gewährleisten.

Schließlich muß beim Entwurf des Systems insgesamt darauf geachtet werden, daß die Eigenständigkeit und Eigenverantwortlichkeit der Informationsanbieter so weit wie möglich erhalten bleibt.

Wichtiges Entwurfsprinzip für ein elektronisches Stadtinformationssystem ist deshalb die Integration von schwach gekoppelten Datenbeständen unterschiedlicher Lieferanten, die ich als verstreute Datenhaltung bezeichne.

In der Wirtschaftsinformatik wird oft zwischen zentraler, verteilter und dezentraler Datenhaltung unterschieden. Bei der zentralen Datenhaltung sind alle Daten an einem Ort konzentriert und der Zugriff erfolgt von möglicherweise unterschiedlichen Orten auf diesen einen Datenbestand. In der Regel sind dies Großrechnerverfahren, aber auch im Rahmen moderner Client-Server-Systeme kann eine zentrale Datenhaltung auf einem Datenbankserver realisiert werden.

In der Informatik hat im Zuge der Dezentralisierung der Begriff der verteilten Informationsverarbeitung immer mehr an Bedeutung gewonnen [STAHLKNECHT 1995: S. 152ff.]. Bei der verteilten Datenhaltung sind die Daten zwar physisch verteilt, aber logisch weiterhin einheitlich strukturiert und über ein Netz zugreifbar. Vorteil ist der schnellere Datenzugriff, da die Daten so verteilt werden, daß häufig benötigte Daten lokal zugreifbar sind und nur auf ausgewählte Daten über das Netz zugegriffen wird. Da die Daten logisch weiterhin eine Einheit bilden, erscheinen sie dem Nutzer nach wie vor als einheitlicher und in gewissem Sinn zentraler Datenbestand. Es ist bei diesem Modell nicht möglich und nicht gewünscht, Daten lokal anders zu definieren oder speziell zu behandeln.

Die ausschließlich dezentrale Datenhaltung hat sich mit dem Siegeszug des PC entwickelt. In diesem Modell werden Datenbestände an jedem Arbeitsplatz gesondert gepflegt. Jeder Benutzer definiert seine eigenen Datenstrukturen, besorgt sich entsprechende Werkzeuge und integriert diese in seine Arbeitsabläufe. Adressen oder bibliographische Angaben werden je nach persönlichen Vorlieben in unterschiedlichsten Strukturen verwaltet. Typische Beispiele für diese Vielfalt sind z.B. Straße und Hausnummer, die einmal in einem Feld verwaltet werden, ein anderes Mal in zwei verschiedenen. Oder Titel von Personen können als Bestandteil des Vornamenfeldes oder als gesondertes Feld verwaltet werden.

Vorteil dieses Modells ist die schnelle und flexible Verfügbarkeit am Arbeitsplatz, Nachteil der Wildwuchs und die mangelnde Verfügbarkeit aktueller Daten am Arbeitsplatz. Auch wenn dieses Modell aus Sicht der Informatik und des Management problematisch ist, so hat es sich faktisch in vielen Betrieben und Universitäten ausgebreitet.

Die verstreute Datenhaltung ist zwischen der verteilten und der dezentralen Datenhaltung angesiedelt. Ich habe den Begriff 'verstreut' gewählt, um eine weitgehende Autonomie mit einer Tendenz zur logischen Integration zu bezeichnen. Die Datenbestände werden in diesem Modell von unterschiedlichen Organisationseinheiten verwaltet, und sie sind nicht von vornherein logisch integriert. Da aber Kooperationsbeziehungen zwischen den beteiligten Organisationseinheiten existieren, werden die Strukturen der Datenbestände soweit angepaßt, daß ein Datenaustausch ohne Probleme möglich ist. Wenn diese Anpassung so weit geht, daß die Datenstrukturen logisch vereinheitlicht sind und ein direkter Zugriff erfolgen kann, haben wir den Fall der verteilten Datenhaltung. Wegen der unterschiedlichen Aufgaben und Interessenlagen der beteiligten Partner wird diese logische Vereinheitlichung kaum zustande kommen, so daß man bei der Planung der Integrations- und Pflegeaufgaben von verstreuten Datenbeständen ausgehen muß.

Da die Akquisition der Datenbestände nicht durch Werkzeuge unterstützt werden kann, gehe ich im folgenden nur auf die Aufgaben

(1)   Integration dezentraler Datenbestände,

(2)   Erschließung (Strukturierung, Klassifizierung, Thesaurusentwicklung),

(3)   Überprüfung und gegebenenfalls Aktualisierung von Informationen,

im Zusammenhang mit den unterstützenden Werkzeugen ein.

(1)   Integration dezentraler Datenbestände

Für den wichtigen Bereich der Pflege der Institutionendaten will ich die erforderlichen einzelnen Arbeitsschritte und die dafür bereitgestellten Werkzeuge im Detail beschreiben.

Bei der Integration werden zunächst Daten von den Informationslieferanten aus ihrem Datenbestand in eine Export-Datenbank geschrieben. Hierfür wird die lokale Datenbankanwendung BHW_2_X.MDB verwendet. Die Export-Datenbank wird dann physisch zum Server des Stadtinformationssystem transportiert und dort mit Hilfe der Datenbankanwendung INT_1.MDB in den zentralen Datenbestand integriert. Die Pflege der Daten in der zentralen Datenbank erfolgt mit Hilfe der Datenbankanwendung ORA_2_X.MDB oder auch über HTML-Formulare, die spezielle Datenbankprozeduren anstoßen.

208

In der Abfolge dieser Schritte durchlaufen die Daten verschiedene Transformationen. Auf der juristischen Ebene gehen sie aus dem Besitz der Lieferanten in den der Redaktion über. Hierbei muß geklärt werden, in welchem Verwendungszusammenhang die Daten eingesetzt werden dürfen. So wurden dem Stadtinformationssystem Bremen von der Katasterverwaltung Bremen Stadtplandaten für gemeinnützige Zwecke, jedoch nicht für kommerzielle Zwecke zur Verfügung gestellt.

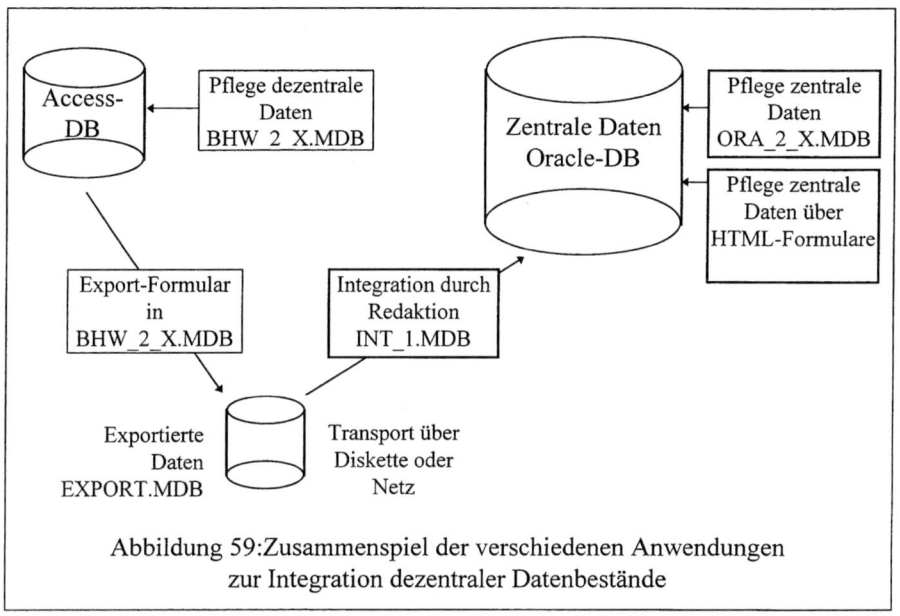

Abbildung 59:Zusammenspiel der verschiedenen Anwendungen
zur Integration dezentraler Datenbestände

Bei den Daten einzelner Einrichtungen oder Veranstaltungsdaten muß jeweils die Herkunft vermerkt werden, damit etwaige Nutzungsbeschränkungen auch technisch implementiert werden können. Die Angabe der Herkunft ist auch für die Benutzer wichtig und sollte im Stadtinformationssystem angezeigt werden, damit die inhaltliche Verantwortlichkeit deutlich wird. Darüber hinaus müssen auch für interne Verwaltungszwecke das Datum und die Namen von Personen, die einzelne Datensätze geändert haben, gespeichert werden.

Gerade diese Verwaltungsdaten müssen schon beim Informationslieferanten erhoben werden. Diese müssen zusätzlich die Möglichkeit besitzen, die Weitergabe einzelner Datensätze aus ihrem Datenbestand zu unterbinden.

Wenn die Pflege bereits beim Informationslieferanten mit einem speziell auf die Struktur der Datenbasis des Stadtinformationssystems abgestimmten Programm erfolgt, ist der Export und die Integration relativ einfach. Wenn dagegen der Informationslieferant die Daten in einem eigenen System verwaltet, so muß man versuchen, die Export-/Import-Schnittstelle so zu gestalten, daß möglichst wenig Dateninhalte durch die Transformation verloren gehen.

Das bis jetzt beschriebene Verfahren geht davon aus, daß die Daten nur vom Lieferanten zur Redaktion übertragen werden. Dies ist der einfachste Fall der Integration und bedeutet, das Aktualisierungen ausschließlich beim primären Lieferanten erfolgen können.

Wenn zusätzlich auch Daten vom Stadtinformationssystem an die Lieferanten zurückgeliefert werden sollen, wie z.b. bei aktualisierten Daten oder übergreifenden Datenbeständen, die für alle Beteiligten des Systems von Interesse sind, wie etwa ein Straßenverzeichnis, so steigt die Komplexität der Integration. Jetzt muß entschieden werden, an welcher Stelle welche Daten aktualisiert und überschrieben werden dürfen.

Am Beispiel der Datenübergabe des Veranstaltungskalenders soll dieser Zusammenhang verdeutlicht werden. Die Veranstaltungsdaten, die im Bremer Stadtinformationssystem verfügbar sind, werden jeweils Mitte eines Monats von dem Bremer Stadtmagazin 'Bremer' zur Verfügung gestellt. Dazu wird aus den Daten, die der Bremer für die Erstellung des gedruckten Heftes in einem redaktionsinternen Datenbanksystem sammelt, eine Export-Datei erstellt und auf den zentralen Server des Stadtinformationssystem übertragen. Es handelt sich dabei durchschnittlich um 4000 Datensätze. Für den Bremer sind die Daten nach der Drucklegung des Heftes nicht mehr von Interesse. Für ein elektronisches Stadtinformationssystem sollten die Daten aber möglichst aktuell, bis hin zu tagesaktuell sein. Für die Aktualität müssen jetzt die Datenbestände so weit aufeinander abgestimmt werden, daß es möglich ist, einzelne Datensätze zu identifizieren und zu aktualisieren.

Für eine laufende Aktualisierung bestehender Datenbestände müssen die eindeutigen Schlüssel der Datenbestände mit übergeben werden oder sogar jeweils die gleichen Schlüssel verwendet werden. Nur so kann eine differenzierte Aktualisierung einzelner Datensätze erfolgen und müssen nicht bei jeder Aktualisierung alle Datensätze eines Lieferanten überschrieben werden.

Die Arbeitsabläufe für die Integration exportierter, dezentraler Daten in den zentralen Bestand werden mit einem Integrationswerkzeug kontrolliert und unterstützt. Bei dieser Integration lassen sich zwei Fälle unterscheiden:

- die laufende Aktualisierung bestehender Datenbestände und
- die Integration neuer Datenbestände.

Bei der laufenden Aktualisierung kann man davon ausgehen, daß die Struktur der Daten grundsätzlich in Ordnung ist und nicht im Einzelfall überprüft werden muß. Hier ist es wichtig, zumindest teilautomatisierte Verfahren zu entwickeln, um die Redaktion zu entlasten. Stichprobenartig müssen die Daten jedoch überprüft werden.

Schwieriger ist die Integration neuer Datenbestände. Hier muß zunächst überprüft werden, ob das jeweilige Objekt (Einrichtung, Veranstaltung) bereits im Datenbestand vorhanden ist. Dies kann z.b. dann vorkommen, wenn eine Beratungsstelle einmal aus fachlicher Sicht und einmal aus regionaler Sicht von unterschiedlichen Stellen beschrieben wird. Ist das der Fall, so muß entschieden werden, welche der Beschreibungen übernommen werden soll und für die Zukunft eine verantwortliche Stelle ausgewählt werden. Bei dieser Überprüfung darf man nicht nur auf doppelt vorhandene Schlüssel testen, sondern muß auch Beschreibungen eines Objektes finden können, die unter unterschiedlichen Schlüsseln von möglicherweise unterschiedlichen Lieferanten eingegeben wurden.

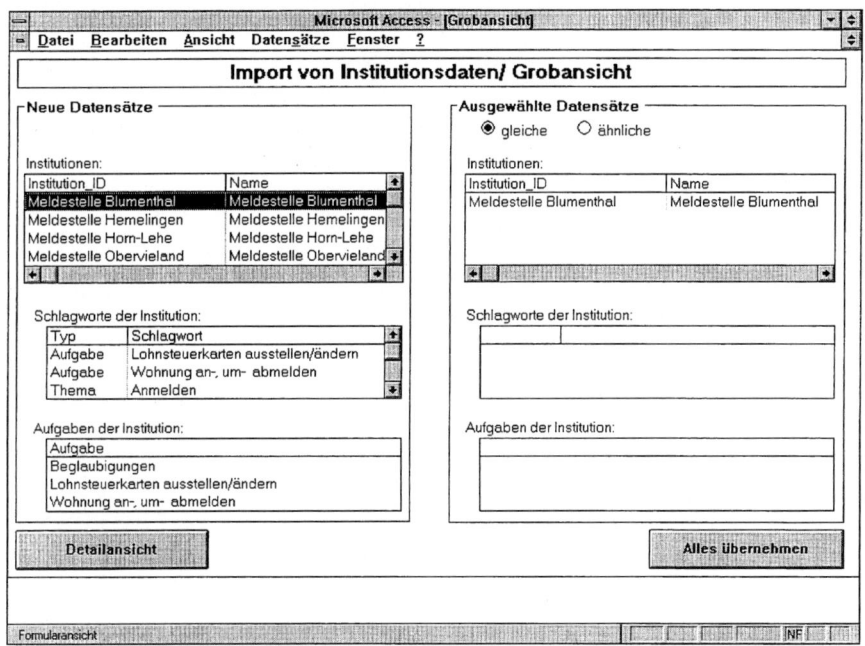

Abbildung 60: Filter für neue Datensätze

Um mehrfache Beschreibungen eines realen Objektes finden zu können, wurde eine Ähnlichkeitssuche entwickelt. Dabei wird angenommen, daß mehrfache Beschreibungen oft durch Tippfehler, doppelte Leerzeichen oder die unterschiedliche Verwendung von Trennungsstrichen wie '-' oder '/' entstehen. Sie werden bei der Ähnlichkeitssuche entfernt (vgl. Abbildung 60). Die so gefundenen ähnlichen Objekte werden angezeigt und die Redaktion kann entscheiden, ob die Ähnlichkeiten beabsichtigt sind und somit keine weiteren Aktionen erforderlich sind oder ob im Detail die Beschreibungen überprüft werden müssen. In diesem Fall wird ein Detail-Formular aufgerufen (siehe Abbildung 61).

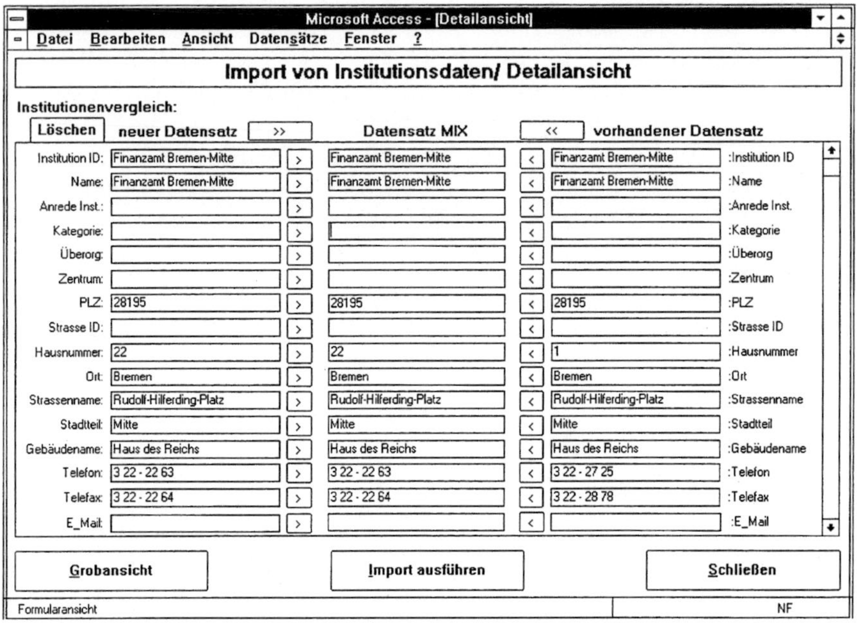

Abbildung 61: Kombination von Beschreibungen - Detailformular

Mit Hilfe des in der obigen Abbildung dargestellten Formulars kann ein neuer Datensatz - genauer gesagt, ein Datensatz aus einem zu integrierenden Datenbestand - mit einem Datensatz im zentralen Datenbestand verglichen werden und für jedes einzelne Feld entschieden werden, ob es in den zentralen Datenbestand übernommen wird oder nicht.

Hinter diesen beiden Formularen steckt eine umfangreiche Datenbankprogrammierung, die vor allem im Hinblick auf Geschwindigkeit und besserer Anpassung an die Arbeitsabläufe optimiert werden muß. Diese Werkzeuge bieten aber sehr weitgehende Funktionen für eine Gewährleistung der Konsistenz der Datenbasis und sind ein zentrales Instrument für ein qualitativ hochwertiges Stadtinformationssystem.

Neben den eher technisch geprägten Aufgaben bei der Integration ist die redaktionelle Überarbeitung der Beschreibungen für die Qualität von Informationssystemen von besonderer Bedeutung. Weder eine Beschreibung, die nur den Namen der Einrichtung in blumigen Worten wiederholt noch eine ausführliche mehrseitige Beschreibung ist einem elektronischen Informationsverzeichnis angemessen. Hier haben erfahrungsgemäß die Informationslieferanten die größten Schwierigkeiten, sich auf einen angemessenen Detaillierungsgrad einzulassen. Aus ihrer Perspektive heraus neigen sie dazu, alle Einzelheiten ihrer Einrichtung und ihrer Arbeit darstellen zu wollen. Hier ist die Redaktion gefordert, Vorschläge zu machen und die wesentlichen Kernpunkte einer Beschreibung zusammenzufassen.

Die unstrukturierten Informationen werden so weit wie möglich von den Informationslieferanten selbst gepflegt. Informationslieferanten, die über einen eigenen WWW-Server verfügen, bearbeiten ihre Informationen auf ihrem Server selbst und benötigen nur die Eingabe eines Verweises in der Datenbank auf ihre Homepage. Da aber viele - vor allem kleinere - Informationslieferanten nicht über einen eigenen WWW-Server verfügen, wird ihnen ermöglicht, ihre HTML-Seiten auf dem zentralen Server des Stadtinformationssystems abzulegen. Diese Seiten können von ihnen eigenständig gepflegt und aktualisiert werden. So wird die Redaktion entlastet. Mit Hilfe von FTP können Informationslieferanten Dateien auf den Server kopieren. Es muß nur einmal ein Dateiname als Homepage bei der Einrichtung eingetragen werden, danach kann diese Datei beliebig oft mit aktuellen Informationen überschrieben werden.

Die Redaktion leistet hier Hilfestellung, entwickelt einen minimalen Styleguide und unterstützt die Integration von strukturiertem und unstrukturiertem Bereich.

(2) Erschließung

Bei der Erschließung der Informationsbestände lassen sich verschiedene Niveaus der Differenzierung unterscheiden.

Auf der untersten Ebene kann Erschließung die Einordnung der Datenbestände in eine bestimmte Struktur (z.B. alphabetisches Verzeichnis oder Kalender) bedeuten.

Auf der mittleren Ebene kann die Erschließung durch eine Neu-Kategorisierung erfolgen. Die Datenbestände werden dadurch bestimmten Kategorien zugeordnet (z.B. „Kultur", „Umwelt", „Behörden", „Initiativen"), ohne die einzelnen Eintragungen selbst zu modifizieren. So bleibt die Beschreibung einer Behördenaufgabe dieselbe, wenngleich sie sowohl der Kategorie „Behörden" wie auch der Kategorie „Umwelt" zugeordnet wird. Solche Kategorisierungen können durch eine flache Schlagwortliste (z.B. ein Stichwortregister) oder durch einen mehrstufigen, relationalen Thesaurus erfolgen, in dem abgestufte und aufeinander verweisende Ober- und Unter-Kategorien eine immer genauere Erschließung des Datenbestands ermöglichen. Voraussetzung hierfür ist jedoch eine allgemein verbindliche und entsprechend differenzierte Datenstruktur.

Eine dritte Art und Weise der Erschließung besteht darin, die Datenbestände bzw. einzelne Datenfelder so zu verknüpfen, daß sie sich wie ein Informations-"Programm" aufeinander beziehen. Dadurch kann auf den - gerade im Alltag häufig auftretenden - Fall reagiert werden, daß in einer bestimmten Handlungs- oder Problemsituation thematisch zusammenhängende Informationen aus unterschiedlichen

Bereichen gesucht werden. Z.B. können in der Situation „Umzug" Informationen nachgefragt werden, die von der behördlichen An- und Abmeldung über Möbelspeditionen bis hin zu Kindergartenplätzen reichen. Die Herstellung solcher Angebote erfordert eher klassische redaktionelle Arbeit, wie sie oben für die Produktion elektronischer Magazine erläutert wurde. Denn solche Problemsituationen müssen beschrieben und modellhaft definiert werden, und die entsprechenden Informationen müssen evtl. gezielt recherchiert, kombiniert sowie ständig aktualisiert und angepaßt werden. Diese Art der Erschließung ist mit der Erstellung einer Informationsbroschüre vergleichbar.

Für jede dieser Erschließungsformen sollten technische Werkzeuge bereitgestellt werden. Im folgenden wird die für die Bremer InfoThek entwickelte Thesaurusherstellung und -pflege beschrieben.

Der im vierten Kapitel beschriebene Thesaurus mit seinem begrifflichen Datenbestand ist in einer ersten Version von der Forschungsgruppe Telekommunikation in Zusammenarbeit mit einer Arbeitsgruppe in der bremischen Verwaltung entwickelt worden. Er ist von vornherein als ein dynamisches System konzipiert worden, das kontinuierlich weiterentwickelt wird und in das ständig neue und veränderte Begriffe integriert werden. Die Pflege soll durch die Redaktion erfolgen. Sie umfaßt zwei Schritte:

• die Eingabe neuer Schlagworte und ihre semantische Bestimmung,

• die Zuordnung zu den strukturierenden Unter- und Oberkategorien und Synonymen.

214

Beide Schritte sind in folgender Abbildung im Zusammenhang dargestellt (siehe Abbildung 62).

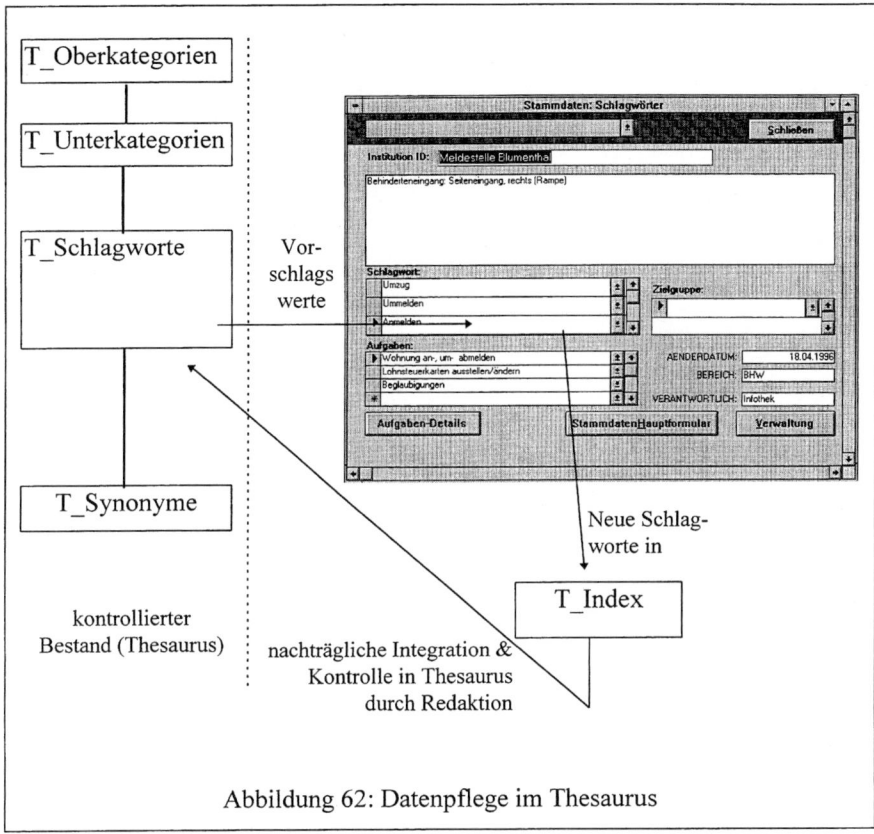

Abbildung 62: Datenpflege im Thesaurus

Die Benennung neuer Schlagworte erfolgt entweder direkt durch die Redaktion oder durch die Informationslieferanten bei der Eingabe ihrer Informationen, wobei vor allem die laufende Erweiterung durch die Lieferanten von Interesse ist.

Bei der Datenerfassung stehen den Informationslieferanten alle bisher eingepflegten Schlagworte als Material für die Verschlagwortung ihrer Daten zur Verfügung. Sie sind aufgefordert, nach Möglichkeit eines der vorhandenen Schlagworte anzuwenden. Falls keines passend erscheint, können die Informationslieferanten auch neue Schlagworte eingeben und zuordnen. Analog zu diesem Verfahren müßte auch die Verschlagwortung bei anderen Objektklassen (Veranstaltungen, sonstige Informationen) unterstützt werden. Diese neuen Schlagworte werden aber nicht direkt in den Thesaurus übernommen, sondern sie haben den Charakter von Vorschlägen. Bei der

215

Übernahme des lokalen Datenbestandes in die zentrale Datenbank werden die Schlagworte durch die Redaktion überprüft.

Bei der Prüfung ist festzustellen, ob der vom Lieferanten gewählte Begriff angemessen ist, ob er durch einen anderen Begriff ersetzt werden soll oder ob er eher als Synonym infrage kommt [WERSIG 1985]. Falls er als neues Schlagwort aufgenommen werden soll, so muß er einer oder mehreren Unterkategorien zugeordnet werden. Die vorgeschlagenen Schlagworte können dementsprechend entweder direkt oder in veränderter Form in den kontrollierten Thesaurus aufgenommen werden, oder es wird doch eines der vorhandenen Schlagworte benutzt.

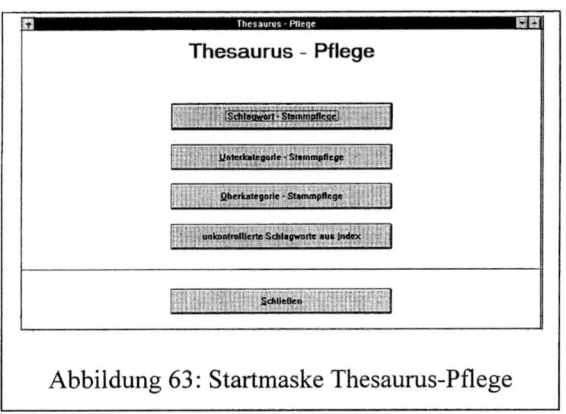

Abbildung 63: Startmaske Thesaurus-Pflege

Das nebenstehende Formular zeigt die Eingangsmaske des Werkzeugs für die Thesaurus-Pflege, mit dem eine Redaktion sowohl den Thesaurus mit seinen hierarchischen begrifflichen Strukturen bearbeiten kann als auch die Zuordnungen der Schlagworte zu den Einrichtungen verwalten kann. Eine Verwaltung der Synonyme ist hier noch nicht realisiert, gehört aber grundsätzlich in diesen Zusammenhang.

Das folgende Formular (siehe Abbildung 64) zeigt einen Ausschnitt aus der Schlagwortverwaltung. Bei jeder geplanten Änderung eines Schlagwortes müssen die Auswirkungen dieser Änderung auf alle betroffenen Einrichtungen und auch der zugeordneten Unterkategorien bedacht werden. In manchen Fällen soll diese Änderung für alle gelten, in anderen Fällen sollen nur bestimmte Einrichtungen das neue Schlagwort erhalten und andere Einrichtungen sollen das alte Schlagwort behalten. Für diese Verwaltungsaufgaben müssen einerseits die gegenseitigen Abhängigkeiten dargestellt werden und zweitens müssen die erforderlichen Pflegefunktionen bereitgestellt werden, wie es in dem Formular gezeigt wird.

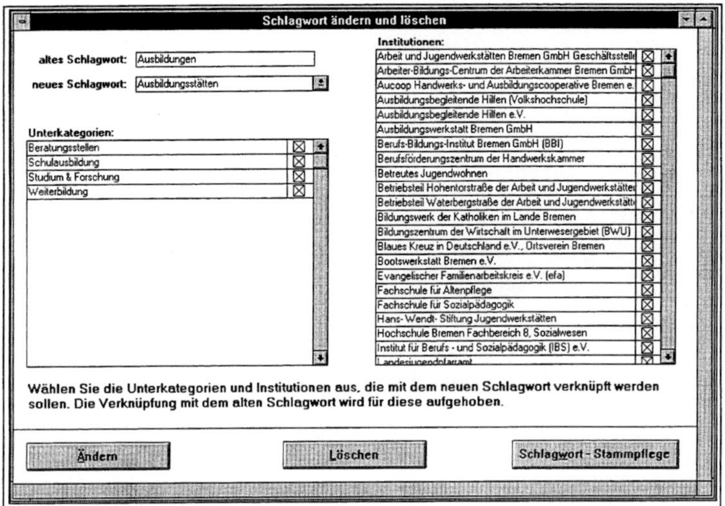

Abbildung 64: Formular zum Ändern und Löschen von Schlagworten

Nach den Erfahrungen des Bremer Projekts ist die Erstellung und Pflege des Thesaurus eine neuartige und schwierige Aufgabe. Viele Stellen, die sich als Redaktionen
für einzelne Themenbereiche angeboten haben, konnten genau diese Erschließungsaufgaben nicht bewältigen, weil sie kein Personal mit entsprechenden Qualifikationen hatten. Das hier vorgestellte Verfahren für die schrittweise Erweiterung eines
alltagsorientierten Thesaurus ist immer noch ein Experiment. Als schwierig hat sich
insbesondere die Bestimmung eines geeigneten begrifflichen Abstraktionsgrades für
die Schlagworte erwiesen, da man sich bei der Eingabe nur schwer die spätere Nutzung vorstellen kann. In vielen Fällen gibt es beispielsweise gleichlautende Aktivitäten, die aber inhaltlich nichts miteinander zu tun haben, wie etwa das Anmelden
eines Fahrzeugs und das Anmelden im Kindergarten. In anderen Fällen will man genau eine solche Zusammenfassung unterschiedlicher Aktivitäten unter einem Begriff
(etwa bei der Zusammenstellung aller bei einem Umzug erforderlichen Schritte).

Für die Weiterentwicklung des Thesaurus sind konkrete Nutzungserfahrungen mit
einer ersten stabilen Version erforderlich. Zu diesem Zweck werden gegenwärtig alle
Sucheingaben protokolliert, um die Sprache der Nutzerinnen und Nutzer zu erkun-
den und den Thesaurus, insbesondere im Bereich der Synonyme, anzupassen.

(3)   Überprüfung und Aktualisierung von Informationen

Die Aufgaben der Überprüfung und Aktualisierung der Daten sind im wesentlichen
bereits von den Informationslieferanten wahrzunehmen, da diese den direktesten Zu-

gang zu den Sachverhalten und Ereignissen haben, die als Daten gespeichert werden. So ist etwa die Veränderung der Öffnungszeiten einer Behörde in der Sommermonaten den Behördenmitarbeitern zuerst bekannt und sollte auch von diesen direkt über HTML-Formulare eingegeben werden.

Die Redaktion hat allerdings zu gewährleisten, daß die Lieferanten ihren Pflegeaufgaben nachkommen, d.h. sie muß diese evtl. regelmäßig anschreiben, und sie wird in Einzelfällen auch Änderungen an den Datenbeständen selbst vornehmen. Dann muß sie allerdings die Lieferanten davon in Kenntnis setzen.

Die Redaktion sollte darüber hinaus in regelmäßigen Abständen die Konsistenz der Datenbestände überprüfen. Hierzu sind Werkzeuge zu entwickeln, die jeweils den gesamten Datenbestand anhand bestimmter Kriterien durchgehen. So können z.B. die Adreßangaben anhand eines Straßenverzeichnisses oder die im System vorhandenen externen WWW-Verweise auf ihre Gültigkeit überprüft werden.

7.2.3 Informationsanbieter

Redaktionen integrieren Informationen unterschiedlicher Lieferanten im Hinblick auf bestimmte Zielgruppen. Anbieter vermitteln den Zugang zur Nutzung dieser Informationen. Sie wurden oben mit der Rolle der Verlage bei den Printmedien verglichen. Im Bereich der elektronischen Medien kennt man die Anbieter von Online-Datenbanken (z.B. Genios, Juris) und von Online-Diensten (T-Online, Compuserve, AOL). Im Bereich der Stadtinformation kann diese Aufgabe von kommerziellen Verlagen und Unternehmen wie auch von öffentlichen Einrichtungen (Bibliotheken, Universitäten etc.) oder von Internet- oder anderen Online-Dienste-Anbietern übernommen werden.

Die Aufgaben eines Informationsanbieters bestehen in der Regel in:

(1)   der Bündelung, Organisation und dem Vertrieb der von verschiedenen Redaktionen erstellten Informationsangebote,

(2)   Finanzierung und Vertragsgestaltung,

(3)   der Verknüpfung mit weiteren Diensten und Serviceangeboten (Reservierung, Bestellung etc.).

(4)   der Herstellung von Reichweite durch Werbung, Marketing und zusätzliche Informationen.

(1)   Bündelung und Vertrieb der Informationsangebote

Ein Anbieter eines Informations- oder Teledienstes übernimmt Informationen von einer oder mehreren Redaktionen und bereitet diese noch einmal für unterschiedliche Zielgruppen und Vertriebswege auf. Mit Vertriebswegen sind hier z.B. WWW, Datex-J/T-Online, öffentliche Multimedia-Kioske, CD-ROMs u.a.m. gemeint. Wenn der Anbieter nicht gleichzeitig auch die Rolle des Server- und Datenbankbetreibers, des Internetproviders und/oder Terminal-Betreibers übernimmt, muß er vertragliche Beziehungen zu entsprechenden Partnern aufbauen.

Inhaltlich können für unterschiedliche Zielgruppen und Vertriebswege verschiedene Teilmengen des Informationsangebots ausgewählt und zu speziellen Informations-„Menues" gezielt zusammengestellt werden. Hierfür ist es unter Umständen nötig, neue Einstiegsmasken und -register zu entwickeln bzw. anzupassen. Ein Beipiel wären etwa Sparkassen oder Behörden, die ihren Kunden via Terminals ein Spektrum eigener Informationen und/oder Werbung und darüber hinaus auch allgemeine Veranstaltungsinformationen aus der Stadt zur Verfügung stellen wollen.

(2) Finanzierung und Vertragsgestaltung

Ein Anbieter muß ein Netz von vertraglichen Beziehungen managen und versuchen, dabei den finanziellen Anforderungen der verschiedenen Beteiligten gerecht zu werden. So kann es sein, daß einige Redaktionen ihre Informationen kostenlos überlassen, während andere für die Aufbereitung ein Entgelt verlangen. Dabei spielt u.a. die Regelung von Werbung eine Rolle. Wenn die Redaktion selbst Werbung integriert und entsprechende Einnahmen erzielt, wird der Anbieter ein Entgelt fordern, weil er dieser Werbung die Nutzerinnen und Nutzer zuführt. Wenn er selbst die Werbung einbindet und ein attraktives Informationsangebot als Aufhänger benutzt, muß er für dieses Angebot etwas bezahlen.

Darüber hinaus muß er, wie erwähnt, Verträge mit den Server- und Datenbankbetreibern schließen, die eine technische Dienstleistung erbringen, sowie mit Terminalbetreibern. Eine vertragliche Regelung mit Internet-Providern und Netzbetreibern ist hingegen nicht erforderlich.

Fraglich ist, ob zwischen dem Anbieter und den Nutzerinnen und Nutzern ein Vertrag entsteht. Bei traditionellen Online-Datenbanken und Online-Diensten ist dies der Fall. Dort verfügen die Anbieter in der Regel auch über die Datenbank und verkaufen im wesentlichen Nutzungszeit für diese Datenbank [EBNET 1995: S. 145].

In T-Online können Anbieter für ihr Informationsangebot Entgelte fordern, die die Telekom für sie einzieht. Im WWW ist dies bisher noch nicht möglich bzw. üblich. Mit zunehmenden Anforderungen an die redaktionelle Aufbereitung von Informationen wird sich dies ändern. Ob bei kostenlos angebotenen Informationsdienstleistungen überhaupt ein Vertrag zustandekommt oder ob es am Rechtsbindungswillen fehlt, wird in der juristischen Literatur unterschiedlich beurteilt [EBNET 1995].

(3) Verknüpfung mit weiteren Diensten

Wie schon im dritten Kapitel ausgeführt, gehen die Erwartungen an Stadtinformationssysteme zumeist über die Informations- und Kommunikationsfunktionen hinaus und erstrecken sich auch auf Transaktionsmöglichkeiten wie Reservierungen, Buchungen oder Bestellungen. Es wurde darauf hingewiesen, daß die Anforderungen an solche Systeme andere sind als an reine Informationssysteme. Eine Lösung besteht jedoch darin, daß spezielle Transaktionsdienste und auch spezielle Terminals eingesetzt werden, die dann eher einem Bankautomaten ähneln als einem Infokiosk, und daß dafür auf Informationsbestände aus den Stadtinformationssystem zugegriffen wird. So kann ein Ticket-Service-Center einen elektronischen Kartenverkauf über Kioske in Sparkassen und Vorverkaufsstellen realisieren. Um zu dieser Buchung und diesem Kauf hinzuführen, kann ein gut erschlossener Veranstaltungskalender hilfreich sein. Diesen muß das Ticket-Service-Center jedoch nicht selbst redaktionell erstellen und pflegen, sondern könnte ihn, gegen entsprechendes Entgelt, von der Veranstaltungsredaktion des Stadtinformationssystems übernehmen.

(4) Erzielung von Reichweite durch Werbung und Marketing

Die Aufgabe der Herstellung von Reichweite bedeutet für die Anbieter vor allem die Produktion von begleitendem Informationsmaterial über Zweck und Inhalt des Angebots. D.h. die potentiellen Nutzergruppen müssen durch andere Medien gezielt angeprochen und zur Nutzung angeregt bzw. bei Nutzungsproblemen unterstützt werden; und umgekehrt sollten deren Nutzungsinteressen und Anregungen wiederum bei der Gestaltung des Angebots berücksichtigt werden.

Da viel Aufwand in die redaktionelle Aufbereitung von Informationen gesteckt wird, sollte die Reichweite und damit der Ertrag auch dadurch so weit wie möglich ausgedehnt werden, daß alle technischen Medien genutzt werden. So kann der Datenbestand einer Standarddatenbank sowohl über das WWW als auch über T-Online und öffentliche Kiosksysteme verbreitet werden und gegebenenfalls in bestimmten Abständen auf CD-ROM gebrannt werden.

Im Falle der Bremer InfoThek wurde eine entsprechende Kooperation mit dem Verlag Kommunikation und Wirtschaft, Oldenburg, vereinbart, der in Datex-J/T-Online ein Stadtmagazin Bremen eingerichtet und öffentliche Kioske installiert hat. Dazu wurden Daten aus der InfoThek übernommen. Während der Projektlaufzeit gelang dies jedoch nur offline. Die Online-Übernahme und Integration in zwei unterschiedliche Redaktionssysteme gestaltete sich sehr viel schwieriger als erwartet. Schließlich wurde die Kooperation beendet, da aufgrund der technischen und konzeptionellen Unterschiedlichkeit der beiden Systeme für beide Partner keine befriedigende Kooperationsbeziehung aufgebaut werden konnte.

7.3 Zentrale Redaktion von dezentralen Informationsangeboten

Die bereits im fünften Kapitel auf der technischen Ebene beschriebene duale Struktur von zentraler Datenbank und dezentralen Informationsangeboten bildet die Grundlage für eine flexible organisatorische Integration verschiedener Akteure.

Die Frage nach der Zentralisierung und Dezentralisierung einzelner Funktionen und Zuständigkeiten ist bei Medien immer auch eine Frage von Kontrolle vs. Autonomie und von Zensur vs. Meinungsvielfalt. In den vorangegangenen Kapiteln und Abschnitten wurde betont, daß die Mehrzahl der Mediennutzer gerade die Selektion und Strukturierungsleistungen schätzt und daß die Informationsbestände erschlossen werden müssen, wenn ein Massenpublikum erreicht werden soll. Und auch die Informationsanbieter wollen vor allem, daß die eingegebenen Informationen gefunden werden. Bisher bietet das WWW Suchmöglichkeiten auf einzelnen Servern weltweit oder national. Wenn man jedoch erst viele Server einzeln durchkämmen muß, werden viele Nutzer aufgeben. Die weltweiten oder auch nationalen Suchmaschinen sind für Informationsbedürfnisse auf kommunaler Ebene zu grob. Wenn man sich durch Hunderte von Treffern durcharbeiten muß, wird man dies kaum zu Ende führen.

Das in dieser Arbeit vorgeschlagene Modell beruht auf einer zentralen Erschließung unter Beibehaltung der dezentralen Strukturen. Die Datenbank des Stadtinformationssystems fungiert als vor allem als Verweisdatenbank für die dezentralen Angebote.

Auch dies klingt auf den ersten Blick nach Zentralismus, muß jedoch nicht der Fall sein, wie das Beispiel des Buchmarktes zeigt, wo eine zentrale Erschließung existiert, ohne daß die Autonomie der Verlage dadurch berührt wird. Jeder Verlag entscheidet selbst, welche Bücher er verlegt und wie er dies in Prospekten darstellt. Kunden (und Buchhändler) können direkt Verlagsprospekte anfordern. Wenn sie jedoch nicht wissen, in welchem Verlag ein Buch erschienen ist, können sie das Verzeichnis lieferbarer Bücher zu Rate ziehen. Dort sind alle Bücher mit einem standardisierten Kurzeintrag verzeichnet. Die Analogie besteht in der Entwicklung einer zentralen Verweisdatenbank mit Kurzeinträgen für alle dezentralen Informationsangebote über Einrichtungen, Veranstaltungen und „Sachverhalte" wie z.B. Umweltinformationen, Planungsvorhaben oder andere Themen.

Über das Angebot von Suchfunktionen auf der Leitseite gelangt der Benutzer zu Stammdatensätzen, die im Falle einer Einrichtung Namen, Anschrift und Ansprechperson umfassen sowie gegebenenfalls den Hinweis auf weitere Informationen. Diese können auf dem zentralen Server abgelegt sein. Sie können jedoch auch auf Servern von Redaktionen oder den Informationsanbietern bzw. den Einrichtungen selbst liegen. In der zentralen Verweisdatenbank ist dann nur die WWW-Adresse (URL) gespeichert, die mit dem Anklicken von „Weitere Informationen" aufgerufen wird.

Wenn man einen Schritt weiter gehen will, kann man einige wenige weitere Funktionen über die Verweisdatenbank mitanbieten. Dies gilt insbesondere für die Anzeige von Standorten auf Stadtplänen und die Suche von ÖPNV-Verbindungen.

Allerdings ist in den vorangegangenen Abschnitten und Kapitel auch deutlich geworden, daß die Verschlagwortung von Informationsbeständen keine triviale Angelegenheit ist und daß die Informationsbestände einer aktiven Pflege bedürfen. Daher stellt sich die Frage nach einer angemessenen Redaktionsorganisation.

Es ist unrealistisch, davon auszugehen, daß in einer größeren Stadt und auf Dauer eine einzige Redaktion die Informationen aller Lieferanten integrieren und pflegen kann. Mit zunehmendem Angebot wird es zu einer Differenzierung kommen. Daher erscheint es sinnvoll, von einer zweistufigen Organisation aus Bereichsredaktionen und einer Gesamtredaktion auszugehen.

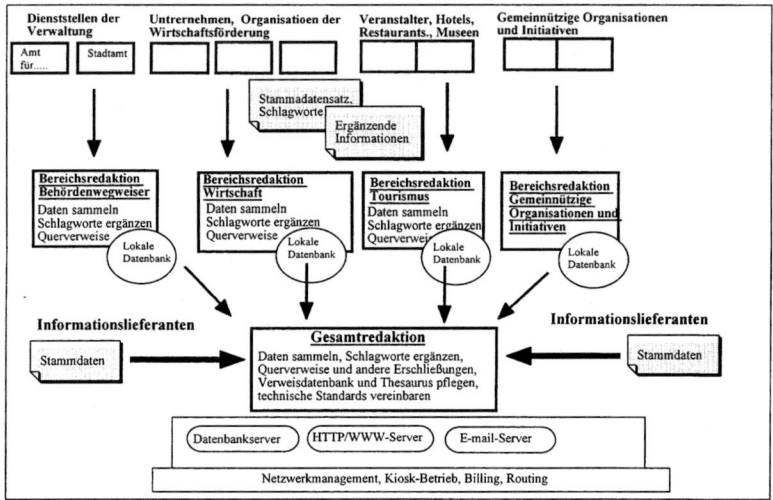

Abbildung 65: Bereichs- und Gesamtredaktion

Die Gesamtredaktion strukturiert und pflegt die zentrale Verweisdatenbank und vereinbart technische Standards mit Bereichsredaktionen und beliebigen anderen Informationslieferanten. Sie sollte verpflichtet sein, grundsätzlich alle Informationsangebote aufzunehmen. Das heißt, daß sich Informationslieferanten direkt an die Gesamtredaktion wenden können und dort einen Verweis auf ihre URL veranlassen können. Um einen systematischen Unterbau, eine aktive Pflege, im weitesten Sinne eine Qualitätssicherung, zu bewirken, erscheint jedoch eine größere Nähe zwischen Lieferanten und Redaktion erforderlich. Daher wird vorgeschlagen, zunächst vier Bereichsredaktionen zu bilden, die nach bestimmten Zielgruppen und Lieferanten gebildet werden (vgl. Abbildung 65). Diese Differenzierung sollte allerdings nicht dazu führen, daß jede Redaktion eigene Thesauri und Indexlisten anbietet. Der entscheidende Zusatznutzen elektronischer Stadtinformation liegt, wie betont, gerade darin, bisher getrennte Bereiche gemeinsam zu erschließen und das Informationsangebot nicht nach Lieferanten, sondern nach Problemlagen und Fragen der Nutzerinnen und Nutzer zu erschließen. Wenn nach einem Sportangebot gesucht wird, sollen die Angebote der Vereine ebenso erscheinen wie die der kommerziellen Sportstudios, wenn etwas zu Allergien gesucht wird, sollen sowohl die Fachärzte und die Beratungsstellen des Gesundheitsamtes wie auch die Selbsthilfegruppen angezeigt werden. Um dies zu ermöglichen, müssen die Bereichsredaktionen intensiv zusammenarbeiten.

Die Kooperation unabhängiger Akteure bei der Herstellung eines gemeinsamen Informationsproduktes auf der Basis einer vernetzten Informationsinfrastruktur ist nicht nur bei Stadtinformationssystemen erforderlich, sondern wird in Zukunft auch in anderen Bereichen an Bedeutung gewinnen. Die in dieser Arbeit entwickelten Werkzeuge und Organisationsprinzipien der Informationslogistik können auch bei anderen Informationsprodukten wie Unternehmens- und Hochschulinformationssystemen einen Beitrag für qualitativ hochwertige Produkte leisten.

Das hier beschriebene Organisationsmodell und die technischen Werkzeuge unterstützen die Arbeitsabläufe bei der Herstellung und kontinuierlichen Pflege eines Stadtinformationssystems. Mit einer klaren Beschreibung und Festlegung der einzelnen Aufgaben und durch die Entwicklung aufgabenangemessener Werkzeuge sind wichtige Voraussetzungen für Qualitätsprozesse und damit auch für ein qualitativ hochwertiges Produkt geschaffen. Für die Realisierung in einem konkreten Kontext sind allerdings noch weitere Faktoren von Bedeutung, wie etwa die grundsätzliche Kooperationsbereitschaft, die Motivation und Qualifikation der Beteiligten und finanzielle Ressourcen, deren Behandlung aber den Rahmen dieser Arbeit sprengen würde.

Die Entwicklung einer kommunalen Informationsinfrastruktur [KUBICEK 1995A], die das hier beispielhaft entwickelte organisatorische und technische Kooperationsmodell realisiert und mit Leben erfüllt, steckt noch in den Anfängen. Zentrale Fragen sind dabei die grundsätzliche Bereitschaft unterschiedlicher Akteure zur Kooperation und vor allem die Finanzierung der gemeinsamen Infrastruktur [KUBICEK ET AL. 1997]. Angesichts leerer öffentlicher Kassen wird nur die Kooperation von privaten und öffentlichen Anbietern im Rahmen einer Public Private Partnership die notwendigen Ressourcen bereitstellen können.

Es bietet sich an, den kommerziell interessanten Teil eines Stadtinformationssystems an private Unternehmen zu vergeben. Subsidiär sollte die Kommune dort tätig werden, wo Informationen nicht aus kommerziellem Interesse aufbereitet werden und wo mangels zahlungskräftiger Kunden auch keine Informationssäulen von kommerziellen Betreibern aufgestellt werden. Das Engagement der Kommunen muß darauf ausgerichtet sein, Benachteiligungen auszugleichen und insgesamt das demokratische Potential von Stadtinformationssystemen zu unterstützen. Erst dann kann man von qualitativ hochwertigen Stadtinformationssystemen sprechen.

8 Ausblick

In dieser Arbeit habe ich eine Vorschlag für die Architektur von Stadtinformationssystemen vorgestellt. Die wesentlichen technischen Ideen sind erprobt und im Rahmen des Bremer Stadtinformationssystems realisiert worden.

Die technische Architektur ist aber nur ein - notwendiges! - Mittel auf dem Weg zum Fernziel der informierten und kommunikativen Stadt. Natürlich will ich nicht behaupten, daß dieses Fernziel ausschließlich oder auch nur in erster Linie von den technischen Infrastrukturen abhängt. Die technische Infrastruktur ist eine Voraussetzung, wichtiger ist die inhaltliche Strukturierung des Informationsraumes und die Gestaltung der politischen und ökonomischen Rahmenbedingungen.

Die inhaltliche Strukturierung, die sich in Thesauri und Erschließungsmöglichkeiten ausdrückt, bildet den eigentlichen Kern der Informationsarchitektur. Mit meinem Modell eines stark datenbankgestützten Informationssystems stelle ich Werkzeuge für eine flexible Strukturierung des städtischen Informationsraumes bereit. Das Fehlen einer angemessenen Struktur bewirkt, daß auch Ansätze zur Verbesserung der Information und Kommunikation in der Stadt, die heute greifbar sind, im Sande verlaufen. Es besteht dann die Gefahr, daß die Erforschung des städtischen Informationsraumes zum beliebigen Zappen führt.

Erst mit der Entwicklung von Stadtinformationssystemen entsteht der städtische Informationsraum als eigenständiges Objekt. Die früher vorhandenen isolierten Informationsquellen können zu einem zusammenhängenden Gebilde integriert werden und damit einen eigenständigen Raum bilden, auf den wir uns als Stadtbewohner beziehen und in dem wir uns bewegen.

Dieser Raum besteht aus mehr als relationalen Tabellen, er muß gestaltet und mit Leben erfüllt werden. Eine Schwäche dieser Arbeit ist sicher die unzureichende Würdigung der kreativen, gestalterischen Aspekte beim Entwurf von alltagsorientierten Informationssystemen. In dem von Terry Winograd herausgegebenen Sammelband mit dem programmatischen Titel „Bringing Design to Software" [WINOGRAD 1996] gibt es eine Reihe von Beispielen für die enge Verbindung von gestalterischem Entwurf und Software.

Die Lebendigkeit des städtischen Informationsraumes kann nur von den Benutzern der Informationssysteme kommen. Auch sie sind in dieser Arbeit zu kurz gekommen und waren eher Objekte als Subjekte der Entwicklung. Allein mit dem Sprachgebrauch wurde die weibliche Hälfte der Menschheit ausgeschlossen - bzw. selbstverständlich wurde sie immer 'mitgemeint' - und die Beteiligung der späteren Bewohner des Informationsraumes kam zu kurz. Wenn man noch einmal bei Pelle Ehn in seinem Buch 'Work-oriented Design of Computer Artifacts' [EHN 1988] nachliest, so findet man viele Hinweise darauf, daß eine Demokratisierung nicht nur der Arbeit sondern auch des alltäglichen Umfeldes nur bei einer Aktivierung der Betroffenen gelingen kann.

Sowohl das kreative Design als auch die aktive Beteiligung der Betroffenen müssen bei einer Ausgestaltung des hier vorgeschlagenen Modells stärker berücksichtigt werden.

Ein Grund für die Konzentration auf die technischen Grundlagen des Systems in dieser Arbeit liegt in dem starken Bezug auf den Werkzeugcharakter des Computers. Mit der Betonung guter Werkzeuge für die Produktion von Information wird eine Basis geschaffen für die Entwicklung neuartiger medialer und kommunikativer Funktionalitäten. Die Ausgestaltung dieser Funktionalität erfolgt jedoch nur ansatzweise. Heidi Schelhowe beschreibt in ihrer Dissertation die Metamorphose des Computers von der Maschine zum Medium, die mediale Entfaltung des Computers aus seiner instrumentalen Hülle [SCHELHOWE 1997]. Die Sichtweise vom Computer als Medium ist für ein Verständnis der Rolle des Computers in der Informationsgesellschaft von zentraler Bedeutung. Die Informatik als Wissenschaft kann diese neue Sichtweise zwar benennen, aber kaum in instrumentales Handeln umsetzen. Eine wissenschaftlich begründete Bestimmung von funktionalen Eigenschaften des Computers als Medium, die Umsetzung von kommunikativen Anforderungen in reale Benutzungsoberflächen stehen noch am Anfang.

Aus der Mediensicht des Computers folgt eine radikal neue Herangehensweise an die Produktion von Computern bzw. der entsprechenden Anwendungen. Nicht mehr die - wenn auch durch Partizipation demokratisierte - Festlegung von Funktionen im Arbeitsprozeß ist wichtig, sondern ein Entwurf, der bei aller Offenheit auch und gerade eine funktional mächtige Benutzung ermöglicht und unterstützt.

Während beim Computer als Werkzeug die Berechnung im Vordergrund steht, beruht die Sichtweise vom Computer als Medium auf der Beschreibung. Dabei verschwindet die Berechnung nicht, sondern sie kann auf die Beschreibungen instrumental einwirken. Eine Beschreibungsebene, die dem medialen Charakter angemessen ist und die Objekte nicht auf handhabbare Werkstücke reduziert, muß erst noch entwickelt werden.

9 Abbildungsverzeichnis

10 Literaturverzeichnis

Ahrens und Redder 1992: Ahrens, Reinhold; Redder, Volker; Partizipativ-evolutionäre Entwicklung eines Prototyps für ein Bürgerinformationssystem unter besonderer Berücksichtigung softwareergonomischer Aspekte. Universität Bremen, Fachbereich Mathematik und Informatik, Diplomarbeit, Bremen, 1992

Alexander 1995: Alexander, Christopher; Eine Muster-Sprache. Löcker, Wien, 1995

Augustin 1990: Augustin, Siegfried; Information als Wettbewerbsfaktor: Informationslogistik - Herausforderung an das Management. TÜV Rheinland, Köln, 1990

Backhaus und Voeth 1997: Backhaus, Klaus; Voeth, Markus; Stadtinformationssysteme. Lit-Verlag, Münster, 1997

Baird und Percival 1989: Baird, Patricia; Percival, Mark; Glasgow On-Line: Database Development using Apple's Hypercard. Erschienen in: McAleese 1989, S. 75-92

Bates 1984: Bates, Marcia; The Fallacy of the Perfect Thirty-Item Online Search. RQ 1984, 24: 1, Fall, S. 43-50

Bates 1986a: Bates, Marcia J.; An exploratory paradigm for online information retrieval. Erschienen in: Brookes 1986, S. 91-99

Bauer und Goos 1974: Bauer, Friedrich; Goos, Gerhard; Informatik - Eine einführende Übersicht (2 Bde.). Springer, Berlin Heidelberg New York, 1974, 2 Auflage

Baukrowitz 1996: Baukrowitz, Andrea; Neue Produktionsmethoden mit alten EDV-Konzepten. Erschienen in: Schmiede 1996, S. 49-78

Beck 1997: Beck, Ulrich; Was ist Globalisierung? Suhrkamp, Frankfurt, 1997

Bekavac 1996: Bekavac, Bernard; Suchverfahren und Suchdienste des World Wide Web. Nachrichten für Dokumentation (1996) 47: S. 195-213

Bekavac und Rittberger 1997: Bekavac, Bernard; Rittberger, Marc; Kontextsensitive Visualisierung von Suchergebnissen. Erschienen in: Fuhr, Dittrich und Tochtermann 1997, URL: http://www.inf-wiss.uni-konstanz.de/~ritt/HIM97/rittbek.html, Abrufdatum: 28.12.1997, S. 307-321

Belkin, Oddy und Brooks 1982: Belkin, Nicholas J.; Oddy, R. N.; Brooks, H. M.; ASK für Information Retrieval: Part 1 Background and Theory. Journal of Documentation (1982) 38: 2, June, S. 61-71

Bell 1975: Bell, Daniel; Die nachindustrielle Gesellschaft. Campus, Frankfurt, 1984

Bergst 1997: Bergst, Olaf; Komfortables Suchen anhand von Suchbegriffen in einem alltagsorientierten Informationssystem. Universität Bremen, Fachbereich Mathematik und Informatik, Diplomarbeit, 1997

Berleur, Clement, Sizer und Whitehouse 1990: Berleur, Jacques; Clement, Andrew; Sizer, Richard; Whitehouse, Diane (Hg.); The Information Society: Evolving Landscapes. Springer, Berlin Heidelberg New York, 1990

Biervert und Monse 1988: Biervert, Bernd; Monse, Kurt; Technik und Alltag als Inferenzproblem. Erschienen in: Joerges 1988, S. 95-119

Biervert, Monse, Gatzke und Reimers 1994: Biervert, Bernd; Monse, Kurt; Gatzke, Monika; Reimers, Kai; Digitaler Dienst am Kunden. edition sigma, Berlin, 1994

Blair und Maron 1985: Blair, David C.; Maron, M.E.; An Evaluation of Retrieval Effectiveness for a Full-Text Document Retrieval System. Communications of the ACM (1985) 28: 3, März, S. 289-299

Bollman und Heibach 1996: Bollman, Stefan; Heibach, Christiane (Hg.); Kursbuch Internet. Bollmann, Mannheim, 1996

Booz, Allen und Hamilton 1995: Booz; Allen; Hamilton (Hg.); Zukunft Multimedia - Grundlagen, Märkte und Perspektiven in Deutschland. Frankfurt, 1995

Bowman, Danzig, Manber und Schwartz 1994: Bowman, Mic C.; Danzig, Peter B.; Manber, Uli; Schwartz, Michael F.; Scalable Internet Resource Discovery: Research Problems and Approaches. Communications of the ACM (1994) 37: 8, August, S. 98-107

Böhret 1997: Böhret, Birgit; Interaktive Bürgerdienste sind noch rar. VDI Nachrichten (1997) 14.3.1997

Braverman 1980: Braverman, Harry; Die Arbeit im modernen Produktionsprozeß. Campus, Frankfurt, 1980

Brookes 1986: Brookes, Bertram C. (Hg.); Intelligent Information Systems for the Information Society. North Holland, Amsterdam, 1986

Buder, Rehfeld und Seeger 1991: Buder, Marianne; Rehfeld, Werner; Seeger, Thomas (Hg.); Grundlagen der praktischen Information und Dokumentation. Saur, München, 1991

Budde und Züllighoven 1990: Budde, Reinhard; Züllighoven, Heinz; Software-Werkzeuge in einer Programmierwerk-statt. R. Oldenbourg, München/Wien, 1990, GMD Bericht Nr. 182

Buder, Rehfeld, Seeger und Strauch 1997: Buder, Marianne; Rehfeld, Werner; Seeger, Thomas; Strauch, Dietmar (Hg.); Grundlagen der praktischen Information und Dokumentation. Saur, München, 1997, 4. Auflage

Bullinger 1993: Bullinger, Hans-Jörg; Qualität der Information - Information der Qualität. Erschienen in: Seghezzi und Hansen 1993, S. 73-93

Burkart 1988: Burkhart, Margarete; Neue Thesaurusansätze - frischer Wind in alten Segeln?. Nachrichten für Doku-mentation (1988) 39: S. 207-208

Burkart 1991: Burkart, Margarete; Dokumentationssprachen. Erschienen in: Buder, Rehfeld und Seeger 1991, S. 143-182

Burkart 1997: Burkart, Margarete; Thesaurus. Erschienen in: Buder, Rehfeld, Seeger und Strauch 1997, S. 160-179

Bush 1945: Bush, Vannevar; As we may think. Erschienen in: Nyce und Kahn 1991, S. 85-110

Bühl 1996: Bühl, Achim; CyberSociety. Papyrossa, Köln, 1996

Callan und Fuhr 1996: Callan, Jamie; Fuhr, Norbert (Hg.); Proceedings of the SIGIR '96 Workshop on Networked Information Retrieval.
URL: http://SunSITE.Informatik.RWTH-Aachen.DE/Publications/CEUR-WS/Vol-7, Abrufdatum: 28.12.1997

Capurro 1986: Capurro, Rafael; Hermeneutik der Fachinformation. Verlag Karl Alber, Freiburg / München, 1986

Chen 1976: Chen, Peter; The Entity-Relationsship Model - Toward a Unified View of Data. ACM Transactions on Database Systems 1976, 1: 1, March, S. 9-36

Conklin 1987: Conklin, Jeff; Hypertext: An Introduction and Survey. IEEE Computer (1987) September, S. 17-41

Cordes und Streitz 1992: Cordes, Ralf; Streitz, Norbert (Hg.); Hypertext und Hypermedia 1992. Springer, Berlin Hei-delberg New York, 1992

Coy u.a. 1992: Coy, Wolfgang; Nake, Frieder; Pflüger, Jörg-Martin; Rolf, Arno; Seetzen, Jürgen; Siefkes, Dirk; Stra (Hg.); Sichtweisen der Informatik. Vieweg, Braunschweig, 1992

Date 1990: Date, Christopher J.; An Introduction to Database Systems. Addison-Wesley, Reading, 1990, 5. Auflage

Date 1990a: Date, C.J.; An Introduction to Database Systems - Volume 2. Addison-Wesley, Reading, Mass., 1990, 5. Auflage

Date 1995: Date, C. J.; An Introduction to Database Systems. Addison-Wesley, Reading, Mass., 1995, 6. Auflage

Davenport und Murtaugh 1997: Davenport, Giorianna; Murtaugh, Michael; Automatist storyteller systems and the shifting sands of story. IBM Systems Journal (1997) 36: 3, S. 446-456

Denert 1992: Denert, Ernst; Software Engineering. Springer, Berlin Heidelberg New York, 1992, 1. korrigierte Auflage

Deutscher Städtetag 1981: Deutscher Städtetag (Hg.); Die Städte und die neuen Medien. Stuttgart, 1981

Diaper u.a. 1990: Diaper, D.; Gilmore, D.; Cockton, G.; Shackel, B. (Hg.); Human-Computer Interaction - INTERACT '90. North Holland, Amsterdam, 1990

Dieberger und Bolter 1995: Dieberger, Andreas; Bolter, Jay D.; On the Design of Hyper 'Spaces'. Communications of the ACM (1995) 38: 8, S. 98

Dillon, McKnight und Richardson 1990: Dillon, Andrew; McKnight, Cliff; Richardson, John; Navigating in Hypertext: A Critical Review of the Concept. Erschienen in: Diaper u.a. 1990, S. 587-592

Dohls 1997: Dohls, Martin; Integration von regionalen ÖPNV-Informationen in Stadtinformationssysteme am Beispiel der Bremer InfoThek. Universität Bremen, Fachbereich Mathematik und Informatik, Diplomarbeit, Bremen, 1997

Don 1990: Don, Abbe; Narrative and the Interface. Erschienen in: Laurel 1990, S. 367-382

Downs und Stea 1982: Downs, Roger M.; Stea, David; Kognitive Karten: Die Welt in unseren Köpfen. Harper & Row, New York, 1982

Dreyfus 1985: Dreyfus, Hubert; Die Grenzen der künstlichen Intelligenz. Athenäum, Königsstein/Ts., 1985

Dunkel 1993: Dunkel, Wolfgang; Stabilität und Flexibilität in der alltäglichen Lebensführung. Erschienen in: Jurczyk und Rerrich 1993, S. 162-174

Dürr und Neske 1990: Dürr, Martin; Neske, Rainer; Hypertext und Datenbanken: Gegensatz oder Symbiose?. Erschie-nen in: Gloor und Streitz 1990, S. 149-161

Eberleh, Oberquelle und Oppermann 1994: Eberleh, Edmund; Oberquelle, Horst; Oppermann, Reinhard (Hg.); Einfüh-rung in die Software-Ergonomie. de Gruyter, Berlin New York, 1994, 2., völlig neu bearbeitete Auflage

229

Ebnet 1995: Ebnet, Peter; Der Informationsvertrag. Baden-Baden, 1995

Edwards und Hardman 1989: Edwards, Deborah M.; Hardman, Lynda; 'Lost in Hyperspace': Cognitive Mapping and Navigation in a Hypertext Environment. Erschienen in: McAleese 1989, S. 105-125

Egan et al. 1989: Egan, Dennis E.; Remde, Joel R.; Gomez, Louis M.; Landauer, Thomas K.; Eberhardt, Jennifer; Lochbaum; Formative Design-Evaluation of SuperBook. ACM Transactions on Information Systems (1989) 7: 1, January, S. 30-57

EG-Kommission 1993: EG-Kommission; Wachstum, Wettbewerbsfähigkeit, Beschäftigung - Weißbuch. Amt für Veröffentlichungen der Europäischen Gemeinschaften, Luxemburg

Ehn 1988: Ehn, Pelle; Work-oriented design of computer artifacts. Arbetslivscentrum, Stockholm, 1989, 2. Auflage

Elias 1978: Elias, Norbert; Zum Begriff des Alltags. Erschienen in: Hammerich und Klein 1978, S. 22-29

Ess 1994: Ess, Charles; The Political Computer: Hypertext, Democracy and Habermas. Erschienen in: Landow 1994, S. 225-267

Falkenstein, Schwabe und Krcmar 1997: Falkenstein, Frank; Schwabe, Gerhard; Krcmar, Helmut; Bürgerinformationen im Internet: Anspruch, Realität und Potential. Information Management (1997) 1, S. 36-42

Fischer 1988: Fischer, Karl-Heinz; Der BERLIN-THESAURUS als Beispiel für einen komplexen Regionalthesaurus. Nachrichten für Dokumentation (1988) 39: S. 245-248

Fuchs-Kittowski 1992: Fuchs-Kittowski, Klaus; Theorie der Informatik im Spannungsfeld zwischen formalem Modell und nichtformaler Welt. Erschienen in: Coy u.a. 1992, S. 71-82

Fuhr 1991a: Fuhr, Norbert; Tendenzen der Informationssysteme. Erschienen in: Buder, Rehfeld und Seeger 1991, S. 1172-1183

Fuhr, Dittrich und Tochtermann 1997: Fuhr, Norbert; Dittrich, G.; Tochtermann, K. (Hg.); Hypertext - Information Retrieval - Multimedia '97. Universitätsverlag Konstanz, Konstanz, 1997

Gabler 1997: Gabler Wirtschaftslexikon. 1997, 14. Auflage

Garvin 1988: Garvin, David A.; Managing Quality. The Free Press, New York, 1988

Garzotto, Paolini und Schwabe 1993: Garzotto, Franca; Paolini, Paolo; Schwabe, Daniel; HDM - A Model-Based Approach to Hypertext Application Design. ACM Trans. on Information Systems (1993) 11: 1, January, S. 1-26

Giddens 1995: Giddens, Anthony; Konsequenzen der Moderne. Suhrkamp, Frankfurt, 1995, 2. Auflage

Giesecke 1990: Giesecke, Michael; Als die Medien neu waren - Medienrevolutionen in der Geschichte. Erschienen in: Weingarten 1990, S. 75-98

GITS 1995: Government Information Services Working Group; The Kiosk Network Solution. An Electronic Gateway to Government Service. Government Printing Office, o. Ort, 1995

Gloor und Streitz 1990: Gloor, Peter A.; Streitz, Norbert A. (Hg.); Hypertext und Hypermedia. Springer, Berlin Heidelberg New York, 1990

Glöckner-Rist 1993: Glöckner-Rist, Angelika; Suchfragen im Information Retrieval. Universitätsverlag Konstanz, Konstanz, 1993

Görz 1995: Görz, Günther (Hg.); Einführung in die Künstliche Intelligenz. Addison-Wesley, Bonn - München - Paris, 1995, 2. Auflage

Greenbaum und Kyng 1991: Greenbaum, Joan; Kyng, Morten (Hg.); Design at Work: Cooperative Design of Computer Systems. Lawrence Erlbaum Associates, Inc., Hillsdale, New Jersey, 1991

Haake und Schütt 1990: Haake, Jörg; Schütt, Helge; Eine Systemarchitektur für ein wissensbasiertes Hypertext-Autorensystem. Erschienen in: Gloor und Streitz 1990, S. 65-78

Hake und Grünreich 1994: Hake, Günter; Grünreich, Dietmar; Kartographie. de Gruyter, Berlin New York, 1994, 7. Auflage

Halasz 1988: Halasz, Frank G.; Reflections on NoteCards: Seven Issues for the next Generation of Hypermedia Systems.. Communications of the ACM (1988) 31: 7, July, S. 836-852

Halasz 1991: Halasz, Frank G.; 'Seven Issues': Revisited. URL: http://www.parc.xerox.com/spl/projects/halasz-keynote/transcript.htm, Abrufdatum: 23.05.1997, 1991

Halasz und Schwartz 1994: Halasz, Frank; Schwartz, Mayer; The Dexter Hypertext Reference Model. Communications of the ACM 1994, 37: 2, February, S. 30-39

Hammer 1990: Hammer, Michael; Reengineering Work: Don't Automate, Obliterate. Harvard Business Review 1990, July-Augus, S. 104-112

Hammerich und Klein 1978: Hammerich, K.; Klein, M. (Hg.); Materialien zur Soziologie des Alltags. Opladen, 1978

Hartmann, Rohde und Wulf 1994: Hartmann, Anja; Herrmann, Thomas; Rohde, Markus; Wulf, Volker (Hg.); Menschengerechte Groupware - Software-ergonomische Gestaltung und partizipative Umsetzung. B. G. Teubner, Stuttgart, 1994

Hauck 1996: Hauck, Franz J.; Supporting Hierarchical Guided Tours in the World Wide Web. URL: http://www5conf.inria.fr/fich_html/papers/P30/Overview.htm, Abrufdatum: 23.05.1997, 1996

Hennings 1991a: Hennings, Ralf-Dirk; Informations- und Wissensverarbeitung. de Gruyter, Berlin New York, 1991

Henzler 1992: Henzler, Rolf G.; Information und Dokumentation. Springer, Berlin Heidelberg New York, 1992

Herrmann 1994: Herrmann, Thomas; Grundsätze ergonomischer Gestaltung von Groupware. Erschienen in: Hartmann, Herrmann, Rohde und Wulf 1994, S. 65-108

Hoffmann 1986: Hoffmann, Joachim; Die Welt der Begriffe. Beltz, Weinheim, 1986

Hoffmann und Demmer 1997: Hoffmann, Christoph; Demmer, Ralf; Masse statt Klasse. PC Magazin (1997) Dezember, S. 86-101

Hohler 1994: Hohler, Bernd; Zertifizierung und Prüfung von Softwareprodukten. Handbuch der modernen Datenverarbeitung (1994) 175, S. 20-37

Hohler 1995: Hohler, Bernd; Software-Qualitätsmodelle: Capability Maturity Model (SEI), Bootstrap Methode, ISO 9000 ff.. Informatik Spektrum (1995) 18: S. 324-334

Hooffacker und Lokk 1997: Hooffacker, Gabriele; Lokk, Peter; Politik & Gesellschaft. Rowohlt, Reinbeck, 1997

Horst und Komorowski 1996: Horst, Ulrich; Komorowski, Monice; Qualität von Informationen in Stadtinformationssystemen in Datex-J und Internet. Universität Bremen, Bremen, 1996, Dipomarbeit

Iglhaut, Medosch und Rötzer 1996: Iglhaut, Stefan; Medosch, Armin; Rötzer, Florian (Hg.); Stadt am Netz. Bollmann, Mannheim, 1996

Illich 1991: Illich, Ivan; Im Weinberg des Textes. Luchterhand, Frankfurt, 1991

Imai 1986: Imai, M.; Kaizen: Der Schlüssel zum Erfolg der Japaner im Wettbewerb. Ullstein, Frankfurt, 1996, 7. Auflage

Isakowitz, Stohr und Balasubramanian 1995: Isakowitz, Tomas; Stohr, Edward A.; Balasubramanian, P.; RMM: A Methodolgy for Structured Hypermedia Design. Communications of the ACM (1995) 38: 8, August, S. 34-44

Jansen 1993: Jansen, Rolf; Thesaurusrelationen als instrumentelle Hilfsmittel für Hypertext und Wissensbanken?. Nachrichten für Dokumentation (1993) 1993: 44, S. 7-14

Jerke u.a. 1990: Jerke, K.-H.; Szabo, P.; Lesch, A.; Rößler, H.; Schwab, T.; Herczeg, J.; Combining Hypermedia Browsing with Formal Queries. Erschienen in: Diaper u.a. 1990, S. 593-598

Joerges 1988: Joerges, B. (Hg.); Technik im Alltag. Frankfurt, 1988

Johnson 1996: Johnson, Deborah G.; Democracy and the Global Information Infrastructure. Erschienen in: Mayr 1996, S. 17-32

Juran 1993: Juran, Josef M.; Handbuch der Qualitätsplanung. Verlag Moderne Industrie, Landsberg/Lech, 1993, 3. durchgesehene Auflage

Jurczyk und Rerrich 1993: Jurczyk, Karin; Rerrich, Maria S. (Hg.); Die Arbeit des Alltags. Lambertus, Freiburg, 1993

Kapor 1996: Kapor, Mitch; A Software Design Manifesto. Erschienen in: Winograd 1996, S. 2-9

Kappe 1996: Kappe, Frank; The Design of Hyper-G. Erschienen in: Maurer 1996, S. 103-114

Kappe 1996a: Kappe, Frank; Inside Hyper-G. Erschienen in: Maurer 1996, S. 134-151

KGSt 1984: Kommunale Gemeinschaftsstelle für Verwaltungsvereinfachung; Bildschirmtext für Kommunalverwaltungen. Köln, 1984

Kittler 1996: Kittler, Friedrich; Das Internet ist eine Emanation. Erschienen in: Iglhaut, Medosch und Rötzer 1996, S. 196-203

Kleinsteuber 1996: Kleinsteuber, Hans-J. (Hg.); Der 'Information Superhighway'. Westdeutscher Verlag, Opladen, 1996

Kneuper und Sollmann 1995: Kneuper, Ralf; Sollmann, Frank; Normen zum Qualitätsmanagement bei der Softwareentwicklung. Informatik Spektrum (1995) 18: S. 314-323

Knolmayer und Myrach 1990: Knolmayer, G.; Myrach, T.; Anforderungen an Tools zur Darstellung und Analyse von Datenmodellen. Handbuch der modernen Datenverarbeitung (1990) 152, S. 90-102

Knorz 1997: Knorz, Gerhard; Indexieren, Klassieren, Extrahieren. Erschienen in: Buder, Rehfeld, Seeger und Strauch 1997, S. 120-140

Köhler, Nake, Schelhowe-Heyl und Voet 1986: Köhler, Doris; Nake, Frieder; Schelhowe-Heyl, Heidi; Voet, Ludwig; Orientierung an Gebrauchswerten. Zur Gestaltung der Informationstechnik am Beispiel der Herstellung von Dokumenten. Erschienen in: Schröder 1986, S. 177-186

Könken und Langhans 1994: Könken, Dietmar; Langhans, Uwe; Abschlußbericht des studentischen Projektes 'Infothek'. Universität Bremen, Studiengang Informatik, 1994

Kreowski u.a. 1995: Kreowski, Hans-Jörg; Risse, Thomas; Spillner, Andreas; Streibl, Ralf; Vosseberg, Karin (Hg.); Realität und Utopien der Informatik. agenda Verlag, Münster, 1995

Kubicek 1995a: Kubicek, Herbert; Kommunale Informationsinfrastruktur als Gestaltungsaufgabe. Verwaltung und Management (1995) 1: 6, S. 347-354

Kubicek et al. 1997: Kubicek, Herbert; Horst, Ulrich; Redder, Volker; Schmid, Ulrich; Schumann, Ingo; Taube, Wolfgang; Wagner, Heiderose; www.stadtinfo.de. Hüthig, Heidelberg, 1997

Kubicek und Schmid 1996: Kubicek, Herbert; Schmid, Ulrich; Alltagsorientierte Informationssysteme als Medieninnovationen. Mitteilungen des Verbundes Sozialwissenschaftlicher Technikforschung 1996, 17, S. 6-44

Kubicek und Taube 1994: Kubicek, Herbert; Taube, Wolfgang; Die gelegentlichen Nutzer als Herausforderung für die Systementwicklung. Informatik Spektrum (1994) 17: S. 347-356

Kubicek und Taube 1996: Kubicek, Herbert; Taube, Wolfgang; Auf dem Weg zu informativen Informationssystemen: Inhalte, Organisation und Technik am Beispiel eines Stadtinformationssystems. Erschienen in: Mayr 1996, S. 465-484

Kubicek und Wagner 1995: Kubicek, Herbert; Wagner, Heiderose; Community Networking und Universal Service in den U.S.A.. Erschienen in: Kreowski u.a. 1995, S. 175-187

Kuhlen 1991: Kuhlen, Rainer; Hypertext: ein nichtlineares Medium zwischen Buch und Wissensbank. Springer, Berlin Heidelberg New York, 1991

Kuhlen 1994: Kuhlen, Rainer; Annäherung an Informationsutopien über offene Hypertextsysteme. Erschienen in: Wille und Zickwolff 1994, S. 191-224

Kuhlen 1995: Kuhlen, Rainer; Informationsmarkt. Universitätsverlag Konstanz, Konstanz, 1995

Kuhlen 1995a: Kuhlen, Rainer; Elektronische regionale Märkte als kooperative Netze. Erschienen in: Schieber 1995, S. 302-325

Kuhlen, Rittberger und Bekavac 1996: Kuhlen, Rainer; Rittberger, Marc; Bekavac, Bernard; Complex Operations in a Distributed, Network-Like Information Space. Resource Selection, Searching, Structuring and Visualization in an Electronic Market Place. Erschienen in: Callan und Fuhr 1996, URL: http://SunSITE.Informatik.RWTH-Aachen.DE/Publications/CEUR-WS/Vol-7/bekavac.ps, Abrufdatum: 28.12.1997

Landow 1994: Landow, George P. (Hg.); Hyper/Text/Theory. John Hopkins University Press, Baltimore & London, 1994

Landow 1994a: Landow, George P.; What's a Critic to Do?: Critical Theory in the Age of Hypertext. Erschienen in: Landow 1994, S. 1-50

Large und Pfohl 1997: Large, Rudolf; Pfohl, Hans-Christian; Logistik. Erschienen in: Gabler 1997, S. 2474-2477

Laurel 1990: Laurel, Brenda (Hg.); The Art of Human-Computer Interface Design. Addison-Wesley, Reading, Mass., 1990

Laurel 1990a: Laurel, Brenda; Interface Agents: Metaphors with Character. Erschienen in: Laurel 1990, S. 355-366

Lenk 1990: Lenk, Klaus (Hg.); Neue Informationsdienste im Verhältnis von Bürger und Verwaltung. Decker & Müller, Heidelberg, 1990

Lenk, Brüggemeier, Hehmann und Willms 1990: Lenk, Klaus; Brüggemeier, Martin; Hehmann, Margret; Willms, Werner; Bürgerinformationssysteme. Westdeutscher Verlag, Opladen, 1990

Levy 1996: Levy, Pierre; Städte, Territorien und Cyberspace. Erschienen in: Iglhaut, Medosch und Rötzer 1996, S. 151-162

Levy 1996a: Levy, Pierre; Cyberkultur. Erschienen in: Bollman und Heibach 1996, S. 56-82

Lopez-Huertas 1997: Lopez-Huertas, Maria; Thesaurus Structure Construction - A Conceptual Approach for Improved Interaction. Journal of Documentation (1997) 53: 2, March, S. 139-177

Luft 1992: Luft, Alfred Lothar; 'Wissen' und 'Information' bei einer Sichtweise der Informatik als Wissenstechnik. Erschienen in: Coy u.a. 1992, S. 49-70

Lufter, Schaarschmidt und Küspert 1997: Lufter, Jens; Schaarschmidt, Ralf; Küspert, Klaus; Aktive Datenbankmechanismen: Stand in Forschung, Produkten und Entwicklung. Handbuch der modernen Datenverarbeitung (1997) 195, S. 102-127

Luhmann 1981: Luhmann, Niklas; Kommunikation mit Zettelkästen. Erschienen in: Luhmann 1992, S. 53-61

Luhmann 1992: Luhmann, Niklas; Universität als Milieu. Haux, Bielefeld, 1992

Lukat 1986: Lukat, A.; Öffentlicher Bildschirmtext? Anmerkungen zu Einsatzbeispielen und Möglichkeiten. Verwaltungsführung, Organisation, Personal (VOP) (1986) 2, S. 56-60

Machlup und Mansfield 1983: Machlup, Fritz; Mansfield, Una (Hg.); The Study of Information. John Wiley, New York, 1983

Manecke 1997: Manecke, Hans-Jürgen; Klassifikation. Erschienen in: Buder, Rehfeld, Seeger und Strauch 1997, S. 141-159

Manecke und Seeger 1997: Manecke, Hans-Jürgen; Seeger, Thomas; Zur Entwicklung der Information und Dokumentation in Deutschland. Erschienen in: Buder, Rehfeld, Seeger und Strauch 1997, S. 16-60

Marshall and Shipman 1995: Marshall, Catherine C.; Shipman, Frank M.; Spatial Hypertext: Designing for Change. Communications of the ACM (1995) 38: 8, S. 88-97

Martin und McClure 1985: Martin, James; McClure, Carma L.; Diagramming techniques for analysts and programmers. Prentice-Hall, Englewood Cliffs, NJ, 1985

Marx 1859: Marx, Karl; Einleitung zur Kritik der Politischen Ökonomie. Erschienen in: MEW 13, S. 615-644

Masser und Gerhards 1997: Masser, Kai; Gerhards, Ralf; Kommunen im WEB-TEST. Die innovative Verwaltung (1997) 3

Maturana und Varela 1987: Maturana, Humberto; Varela, Francisco; Der Baum der Erkenntnis. Scherz, Bern - München - Wien, 1987, 3. Auflage

Maurer 1996: Maurer, Hermann (Hg.); Hyperwave. Addison Wesley Longman, Harlow, 1996

Maurer, Schinnerl und Tomek 1990: Maurer, Hermann; Schinnerl, W.; Tomek, I.; Kommunikation in einem Hypermedia-System. Erschienen in: Gloor und Streitz 1990, S. 124-133

Mayr 1996: Mayr, Heinrich C. (Hg.); Beherrschung von Informationssystemen. R. Oldenbourg, München/Wien, 1996

McAleese 1989: McAleese, Ray (Hg.); Hypertext theory into practice. Blackwell, Oxford, 1989

McKnight, Richardson und Dillon 1989: McKnight, Cliff; Richardson, John; Dillon, Andrew; The Authoring of HyperText Documents. Erschienen in: McAleese 1989, S. 138-147

Melton und Simon 1993: Melton, Jim; Simon, Alan R.; Understanding the new SQL. Morgan Kaufman, San Francisco, 1993

Mendner 1975: Mendner, Jürgen H.; Technologische Entwicklung und Arbeitsprozeß. Fischer, Frankfurt, 1975

Mesaric und Schinnerl 1996: Mesaric, Gerald; Schinnerl, Walter; Structuring Information using Hyper-G. Erschienen in: Maurer 1996, S. 317-344

MEW 13: Marx-Engels-Werke Band 13. Dietz Verlag, Berlin, 1972

Meyer 1996: Meyer, Manfried; Deutschlands Online Hauptstadt. DOS (1996) August, S. 62-78

Meyrowitz 1989a: Meyrowitz, Norman; Hypertext - Does It Reduce Cholesterol, Too?. Erschienen in: Nyce und Kahn 1991, S. 287-318

Milville und von Gustke 1994: Milville, Franz Peter; Gustke, Rüdiger von; Was ist Qualität, und wie sollte man Qualität verstehen, um erfolgreiches Qualitätsmanagement zu betreiben?. Handbuch der modernen Datenverarbeitung (1994) 175, S. 8-19

Mitter 1996: Mitter, Steven; Hpyer-G as a standalone server. Erschienen in: Maurer 1996, S. 165-173

Müller und Schmidt 1996: Müller, Günter; Schmidt, Helmut (Hg.); Zukunftsperspektiven der digitalen Vernetzung. dpunkt, Heidelberg, 1996

Nake 1992: Nake, Frieder; Informatik und die Maschinisierung von Kopfarbeit. Erschienen in: Coy u.a. 1992, S. 181-201

Nelson 1972: Nelson, Theodor H.; As We Will Think. Erschienen in: Nyce und Kahn 1991, S. 245-260

Nelson 1995: Nelson, Theodor Holm; The Heart of Connection: Hypermedia Unified by Transclusions. Communications of the ACM (1995) 38: 8, S. 31-33

Nielsen 1996: Nielsen, Jakob; Multimedia, Hypertext und Internet. vieweg, Braunschweig, 1996

Nilsson 1990: Nilsson, Peter; The Distortion of Information. Erschienen in: Berleur, Clement, Sizer und Whitehouse 1990, S. 449-459

Nohr 1993: Nohr, Holger; Ordnung schaffen - Thesauri in integrierter Dokumentationssoftware für den PC. cogito (1993) 3, S. 28-30

Nyce und Kahn 1991: Nyce, James M.; Kahn, Paul (Hg.); From Memex to Hypertext. Academic Press, Boston u.a., 1991

Oess 1991: Oess, Attila; Total Quality Management. Gabler, Wiesbaden, 1991, 2. erweiterte Auflage

Ortner und Söllner 1989: Ortner, E.; Söllner, B.; Semantische Datenmodellierung nach der Objekttypenmethode. Informatik Spektrum (1989) 12: S. 31-42

Paul 1995: Paul, Hansjürgen; Exploratives Agieren. Peter Lang, Frankfurt, 1995

Porter 1986: Porter, Michael E.; Wettbewerbsvorteile. Campus, Frankfurt, 1996, 4. durchgesehene Auflage

Rammert 1993: Rammert, Werner; Technik aus soziologischer Perspektive. Westdeutscher Verlag, Opladen, 1993

Rasch 1992: Rasch, Manfred; Theobald - ein EDV-gestützter Thesaurus. Nachrichten für Dokumentation (1992) 43: S. 11-18

Rautenstrauch 1992: Rautenstrauch, Claus; Neue und bekannte Softwarequalitätsmerkmale für betriebliche Anwendungssysteme. Handbuch der modernen Datenverarbeitung (1992) 163, S. 31-39

Rayward 1983: Rayward, Boyd; Library and Information Sciences: Disciplinary Differentation, Competition and Convergence. Erschienen in: Machlup und Mansfield 1983, S. 343-364

Reimer 1997: Reimer, Ulrich; Neue Formen der Wissensrepräsentation. Erschienen in: Buder, Rehfeld, Seeger und Strauch 1997, S. 180-207

Reisin 1994: Reisin, Fanny-Michaela; Software-Ergonomie braucht Partizipation. Erschienen in: Eberleh, Oberquelle und Oppermann 1994, S. 299-334

Riehm, Böhle, Gabel-Becker und Wingert 1992: Riehm, Ulrich; Böhle, Knud; Gabel-Becker, Ingrig; Wingert, Bernd; Elektronisches Publizieren. Springer, Berlin Heidelberg New York, 1992

Rizk, Streitz und André 1990: Rizk, A.; Streitz, N.; André, J. (Hg.); Hypertext - concepts, systems and applications. Cambridge University Press, Cambridge, 1990

Robertson et al. 1990: Robertson, Scott P.; Zachary, Wayne; Black, John B. (Hg.); Cognition, computing, and cooperation. Ablex Publishing Corp., Norwood, NJ, 1990

Sackman und Nie 1970: Sackman, H.; Nie, N. (Hg.); The Information Utility and Social Choice. Montvale (NJ), 1970

Salton und McGill 1987: Salton, Gerard; McGill, Michael J.; Information Retrieval - Grundlegendes für Informationswissenschaftler. McGraw-Hill, Hamburg u.a., 1987

Scheer 1995: Scheer, August-Wilhelm; Wirtschaftsinformatik. Springer, Berlin Heidelberg New York, 1995, Studienausgabe nach der 6. Auflage

Scheer 1996: Scheer, August W.; Data Warehouse und Data Mining: Konzepte der Entscheidungsunterstützung. Information Management (1996) 1, S. 74-75

Schelhowe 1997: Schelhowe, Heidelinde; Das Medium aus der Maschine. Campus, Frankfurt, 1997

Schieber 1995: Schieber, Peter (Hg.); Informationsmanagement in der Informationsgesellschaft. Universitätsverlag Konstanz, Konstanz, 1995

Schmiede 1996: Schmiede, Rudi (Hg.); Virtuelle Arbeitswelten. edition sigma, Berlin, 1996

Schneider 1997: Schneider, Hans-Jochen; Lexikon Informatik und Datenverarbeitung. Oldenbourg, München, 1997, 4. Auflage

Schönfeldt 1994: Schönfeldt, René; Mathematische Eigenschaften für Thesaurusrelationen. Nachrichten für Dokumentation 1994, 45, S. 203-212

Schönfeldt 1995: Schönfeldt, Rene; Thesaurus-Software: Ein Vergleich. Nachrichten für Dokumentation 1995, 46: S. 177-186

Schönthaler und Nemeth 1990: Schönthaler, Frank; Nemeth, Tibor; Software-Entwicklungswerkzeuge: Methodische Grundlagen. B. G. Teubner, Stuttgart, 1990

Schreier 1996: Schreier, Ulf; Verarbeitungsprinzipien in Data-Warehousing-Systemen. Handbuch der modernen Datenverarbeitung (1996) 187, S. 78-93

Schröder 1986: Schröder, Klaus Theo (Hg.); Arbeit und Informationstechnik. Springer, Berlin Heidelberg New York, 1986

Schuler 1994: Schuler, Doug; Community Networks: Building a New Participatory Medium. Communications of the ACM 1994, 37: 1, January, S. 39-51

Schütt 1992: Schütt, Helge; HyperBase - eine Hypertext-Maschine im praktischen Einsatz. Erschienen in: Cordes und Streitz 1992, S. 114-124

Schütt und Streitz 1990: Schütt, Helge; Streitz, Norbert; HyperBase: A Hypermedia Engine Based on a Relational Database Management System. Erschienen in: Rizk, Streitz und André 1990, S. 95-108

Seeger 1991a: Seeger, Thomas; Grundbegriffe der Information und Dokumentation. Erschienen in: Buder, Rehfeld und Seeger 1991, S. 1-8

Seeger 1991b: Seeger, Thomas; Zur Entwicklung der Information und Dokumentation. Erschienen in: Buder, Rehfeld und Seeger 1991, S. 9-59

Seghezzi 1993: Seghezzi, Hans Dieter; Konzepte, Strategien und Systeme qualitätsorientierter Unternehmen. Erschienen in: Seghezzi und Hansen 1993, S. 1-46

Seghezzi und Hansen 1993: Seghezzi, Hans Dieter; Hansen, Jürgen Rolf (Hg.); Qualitätsstrategien: Anforderungen an das Management der Zukunft. Carl Hanser, München Wien, 1993

Spillner 1994: Spillner, Andreas; Kann eine Krise 25 Jahre dauern?. Informatik Spektrum (1994) 17: 1, S. 48-52

Stahlknecht 1995: Stahlknecht, Peter; Einführung in die Wirtschaftsinformatik. Springer, Berlin Heidelberg New York, 1995, 7. Auflage

Steinberg 1996: Steinberg, Steve G.; Seek and ye shall find (maybe). Wired (1996) May

Steinbuch 1979: Steinbuch, Karl; Maßlos informiert. Goldmann, München, 1979

Steinmüller 1981a: Steinmüller, Wilhelm; Eine sozialwissenschaftliche Konzeption der Informationswissenschaft (Informationstechnologie und Informationsrecht I). Nachrichten für Dokumentation (1981) 32: 2, S. 69-77

Steinmüller 1993: Steinmüller, Wilhelm; Informationstechnologie und Gesellschaft. Wissenschaftliche Buchgesellschaft, Darmstadt, 1993

Strauß, Schoder und Kohl 1996: Strauß, Ralf E.; Schoder, Detlef; Kohl, Ulrich; Wired Cities - Chancen für Klein- und Mittelstädte auf der Infobahn. Erschienen in: Müller und Schmidt 1996, S. 235-253

Streitz 1990: Streitz, Norbert; Hypertext: Ein innovatives Medium zur Kommunikation von Wissen. Erschienen in: Gloor und Streitz 1990, S. 10-27

Strube 1996: Strube, Gerhard (Hg.); Wörterbuch der Kognitionswissenschaft. Klett-Cotta, Stuttgart, 1996

Strube u.a. 1995: Strube, Gerhard; Habel, Christopher; Hemforth, Barbara; Konieczny, Lars; Becker, Barbara; Kognition. Erschienen in: Görz 1995, S. 299-360

Strube und Schlieder 1996: Strube, Gerhard; Schlieder, C.; Wissen und Wissensrepräsentation. Erschienen in: Strube 1996, S. 799-815

Suchman 1987: Suchman, Lucy; Plans and situated actions. Cambridge University Press, Cambridge, 1987

Suchman 1990: Suchman, Lucy; What is Human - Machine Interaction. Erschienen in: Robertson et al. 1990, S. 25-55

Trigg 1988: Trigg, Randall H.; Guided Tours and Tabletops: Tools for Communicating in a Hypertext Environment. ACM Transactions on Office Information Systems (1988) 6: 4, October, S. 398-414

Trigg 1991: Trigg, Randall H.; Trom Trailblazing to Guided Tours: The Legacy of Vannevar Bush's Vision of Hypertext Use. Erschienen in: Nyce und Kahn 1991, S. 353-365

Vetter 1991: Vetter, Max; Aufbau betrieblicher Informationssysteme. B. G. Teubner, Stuttgart, 1991, 7. Auflage

Vickery 1969: Vickery, Brian Campbell; Facettenklassifikation. Verlag Dokumentation, Pullach, 1969

Voß 1991: Voß, Gerd-Günter; Lebensführung als Arbeit. Ferdinand Enke Verlag, Stuttgart, 1991

Wagner und Kubicek 1996: Wagner, Heiderose; Kubicek, Herbert; Community Networks und der Information Highway. Von der Counterculture zum Mainstream. Erschienen in: Kleinsteuber 1996

Wall und Schwartz 1991: Wall, Larry; Schwartz, Randall L.; Programming Perl. O'Reilly, 1991

Wallmüller 1995: Wallmüller, Ernest; Ganzheitliches Qualitätsmanagement in der Informationsverarbeitung. Carl Hanser, München Wien, 1995

Wegner 1996: Wegner, Ullrich; Einführung in das Logistik-Management. Gabler, Wiebaden, 1996

Weingarten 1990: Weingarten, Rüdiger (Hg.); Information ohne Kommunikation?. Fischer, Frankfurt, 1990

Wersig 1985: Wersig, Gernot; Thesaurus-Leitfaden. Saur, München, 1985

Wersig 1990: Wersig, Gernot; Orientierungsinformation und neue Technologien: Einkreisung eines sensiblen Problemraumes. Erschienen in: Lenk 1990, S. 17-32

Wersig 1991a: Wersig, Gernot; Informationstechnik und Informationsarbeit. Erschienen in: Buder, Rehfeld und Seeger 1991, S. 1124-1156

Wille und Zickwolff 1994: Wille, Rudolf; Zickwolff, Monika (Hg.); Begriffliche Wissensverarbeitung: Grundlagen und Aufgaben. BI-Wissenschaftsverlag, Mannheim, 1994

Willms 1987: Willms, Wilhelm; Bildschirmtext als Bürgerservice. Verwaltungsführung, Organisation, Personal (VOP) (1987) S. 120-123

Wilmes 1997: Wilmes, Volker; Behördengang im WWW. Internet World (1997) Juli

Wingert 1993: Wingert, Bernd; Äußerer und innerer Hypertext: Eine notwendige Differenzierung, verdeutlicht am Flusser-Hypertext. Nachrichten für Dokumentation (1993) 44: S. 29-36

Winograd 1996: Winograd, Terry (Hg.); Bringing Design to Software. Addison-Wesley, Reading, Massachusets, 1996

Winograd und Flores 1989: Winograd, Terry; Flores, Fernando; Erkenntnis Maschinen Verstehen. Rotbuch, Berlin, 1989

236